Lutz Röllke

Fabelhafte
Welt der Orchideen

Alles über Pflege, Vermehrung und die besten Arten

Ulmer

AF637741

7

25

So sind Orchideen

Pflege, Kauf und Krankheiten

Orchideen von A bis Z

Service

Zauber der Orchideen

Orchideen – einst ein Synonym für Pflanzen voller Ästhetik und Mystik, ein Sinnbild **unbeschreiblicher Schönheit** in allen Farben und Formen in Verbindung mit dem **Zauber des Unbekannten** aus den fernen Tropen. Heute steht das Wort Orchidee in den Köpfen Vieler leider für ein Sonderangebot in Möbel- oder Lebensmitteldiscountern, im Extremfall als Beigabe zum Kauf einer Bohrmaschine oder eines Weihnachtsbaumes. Es handelt sich zwar immer noch um Pflanzen derselben Familie, allerdings stellen die als Massenware angebotenen Orchideen nur 0,01 % des gesamten Orchideenspektrums dar. Nimmt man sich die Zeit, etwas tiefer in die Materie einzudringen, kommen ganz schnell die Begeisterung, der Zauber und die Faszination für die Welt der Orchideen zurück.
Orchideen bieten **Entspannung** und **Ruhe** in einer Zeit der Reizüberflutung durch Internet, Kabel- und Satelliten-TV mit gefühlten 1000 Sendern, unzähligen Zeitschriften, Filmen mit immer schnelleren Schnitten sowie weltweiten Krisen und Konflikten.

Durch ihre unendlich vielfältigen Erscheinungsformen, ihre Anpassungsfähigkeit und ihre variierenden Ansprüche kann jeder in der Familie der Orchideen seine Lieblingssorten finden. Intensität und Aufwand, mit der das Hobby Orchideen betrieben wird, sind individuell wählbar. Ob für den einfachen Kulturraum auf der **Fensterbank**, den beheizten oder unbeheizten **Wintergarten**, die **Vitrine** oder sogar das **Gewächshaus** – für jeden Bereich gibt es unzählig viele verschiedene Orchideen, die nicht nur durch die Blüte, sondern manchmal auch durch attraktive Blattfärbungen begeistern.

Dieses **Nachschlagewerk** hilft Ihnen, bei der Vielzahl der Orchideen, die man in den Spezialgärtnereien, auf Ausstellungen oder im Internet angeboten bekommt, den Überblick zu behalten. Mit diesem kleinen Ratgeber können Sie die passenden Sorten auswählen und die wichtigsten Informationen über die Kultur gleich nachschlagen. Ob Sie nun schon seit Jahren erfolgreich Orchideen kultivieren und nach neuen Arten suchen oder gerade einsteigen, er wird Sie dabei unterstützen, viel Freude an Orchideen zu haben.

Sie werden sehen: Der Spaß an den Orchideen wächst mit dem Erfolg. Wenn sich die Pflanzen entwickeln und die Blütenmenge Jahr für Jahr zahlreicher wird, erleben viele Orchideenliebhaber ein inneres Wohlbefinden, das sich von Außenstehenden nur schwer nachempfinden lässt.
In diesem Sinne wünsche ich Ihnen viel Spaß und Erfolg mit Ihrem Hobby!

Lutz Röllke

So sind Orchideen

Lebensweise und Aufbau von Orchideen

Meist hat man heute seine erste Begegnung mit einer Orchidee in einem Gartencenter oder Supermarkt. Und es ist fast immer handelt es sich um eine Topforchidee. Allerdings wachsen Orchideen am Naturstandort nicht in Töpfen und nur sehr selten in Erde.

Wo und wie Orchideen wachsen

Entgegen der weit verbreiteten Meinung sind Orchideen keine rein tropischen Pflanzen. Sie sind Kosmopoliten und kommen auf der ganzen Welt in allen Klimabereichen vor. Eine Besonderheit aber ist ihr häufig epiphytisches Wachstum. „Epiphytisch“ heißt aufsitzend, die Orchideen sitzen also häufig auf anderen Pflanzen auf. Orchideen haben keine Verteidigungsmechanismen wie Stacheln, Dornen oder übelschmeckende Blätter. Darum haben viele von ihnen den Boden verlassen: Man findet sie unzugänglich auf Bäumen (Epiphyten) oder Felsen (Lithophyten), wo sie keine Tiere erreichen und fressen können. Nur wenige sind auf dem Boden geblieben, tarnen sich aber hier durch buntes Laub, damit sie nicht gefunden werden. Humus-Epiphyten bilden ihre Wurzeln in der obersten Schicht aus und finden Nahrung und Schutz in der verrottenden Laub- oder Moosschicht. In diesen Gefilden ist das Leben sehr karg, denn große Nahrungsvorkommen gibt es nicht. Die Orchideen sind echte Überlebenskünstler, die mit sehr wenig Nährstoffen und Licht zurechtkommen.

Während einige Orchideen ein großes Verbreitungsgebiet haben, kommen andere Arten sehr häufig endemisch vor. Das heißt, dass ihr Verbreitungsgebiet auf nur wenige Quadratkilometer beschränkt ist. Ist diese Fläche zerstört, kann man die Orchi-

Diese Orchidee sitzt auf dem Stamm des Baumes auf – sie wächst also epiphytisch.

dee als ausgestorben bezeichnen. Allerdings kommt es gelegentlich vor, dass Jahrzehnte später wieder neue kleine Gebiete mit dieser Art entdeckt werden.

Wir sehen, Orchideen sind sehr robuste, anpassungsfähige Pflanzen, die nur wenig benötigen. Aber dieses Wenige richtig zu geben, ist die Aufgabe des Orchideenfreundes.

Wie Orchideen aufgebaut sind

Wurzeln

Auffällig an den Wurzeln ist ihr Durchmesser, der deutlich über dem anderer Pflanzen liegt. Die Ursache ist in dem Velamen zu finden. Das Velamen ist ein schwammähnlicher Speicher, der den in der Mitte liegenden Wurzelfaden schützt und gleichmäßig mit Feuchtigkeit versorgt.

Orchideen aus Gebieten mit ausgeprägten Jahreszeiten sind außerhalb der Regenzeit auf den Morgen- und Abendtau angewiesen. Dieser wird vom Velamen aufgesaugt und gespeichert. An der Spitze der Wurzel befindet sich der meist grüne, sehr empfindliche Vegetationspunkt. An dieser Stelle findet das Wachstum statt. Er sollte möglichst nicht berührt werden, denn selbst unsichtbare Verletzungen können zu einem Wachstumsstopp führen.

Die Wurzeln der Orchideen haben aber noch eine zweite Aufgabe: Sie sorgen für den Halt auf dem Untergrund. Die Wurzel kann dazu kleine Mengen an Lösungsmitteln freisetzen, was den Grund für eine optimale Haftung vorbereitet. So können Orchideenwurzeln auf einer entsprechenden Unterlage so festwachsen, dass sie nur noch mit grober Gewalt von ihr zu entfernen sind.

Monopodialer Wuchs

Monopodial wachsende Orchideen stammen fast immer aus Asien und Afrika und kommen zumeist aus Gegenden mit ganzjährig gleichmäßigem Klima. Sie bilden einen dicht beblätterten „Stamm“, der nur nach oben weiterwächst. Die Wurzeln finden sich entlang dieses Stammes und entspringen entsprechend dem Längenwachstum der Pflanzen immer höher. Monopodial wachsende Orchideen haben keinen ausgesprochenen Wachstumsrhythmus, sie besitzen auch keine Pseudobulben, die sie als Nahrungs- oder Wasserspeicher nutzen könnten. Bei älteren Pflanzen bilden sich unten an den Stämmen neue Pflanzen, die dann zu einem buschigen Aussehen führen können.

Sympodialer Wuchs

Sympodial wachsende Pflanzen stammen meist aus Süd- und Mittelamerika, können aber auch asiatischer Herkunft sein. Diese Orchideen haben meist einen ausgeprägten Wachstumsrhythmus: Nach Ende der Vegetationspause erscheint der Neutrieb. Wenn die Umweltbedingungen günstig sind (Regenzeit), wächst der Neutrieb heran. Nach Beendigung der Wachstumsphase bilden sich die Speicherorgane (Pseudobulben) aus und füllen sich mit Vorräten für die bevorstehende Pause, die meist mit einer kühleren Trockenzeit in der Natur einhergeht.

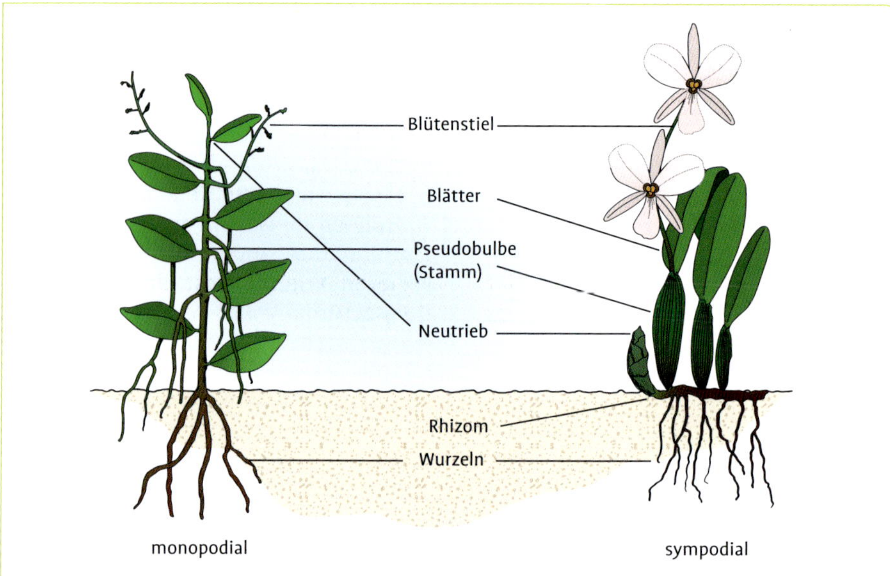

Aufbau einer monopodialen und einer sympodialen Orchidee.

monopodial	sympodial
Aerangis	*Bulbophyllum*
Angraecum	*Cattleya*
Ascocentrum	*Coelogyne*
Doritis	*Dendrobium*
Malleola	*Masdevallia*
Phalaenopsis	*Odontoglossum*
Renanthera	*Oncidium*
Rhynchostylis	*Paphiopedilum*
Vanda	*Zygopetalum*

Die Witterungsbedingungen bei sympodial wachsenden Orchideen sind also jahreszeitlich abhängig und können stark variieren.

Die Verbindung zwischen den einzelnen Pseudobulben nennt man Rhizom. Diese können je nach Art kletternd, kriechend, kurz oder lang sein. Nur in ganz wenigen Ausnahmen bilden sich an den Rhizomen neue Wurzeln, meist entstehen sie aus dem neuen Austrieb.

Blätter

Die Blätter der Orchideen können sowohl in der Größe als auch in der Dicke stark variieren. Die kleinsten Blätter sind nur wenige Millimeter groß, es können aber auch Längen von über 2 m erreicht werden. Die Blätter haben sich, wie auch der Rest der Pflanze, den Umweltbedingungen angepasst. Pflanzen aus feuchten, kühlen, halbschattigen bis schattigen Standorten weisen meist weiche Blätter auf, wohingegen Pflanzen aus trockenen, sehr hellen Gebieten feste, ledrige Blätter haben. Zwischen diesen beiden Extremen ist jeder weitere Standort möglich. Mit etwas Erfahrung kann man von der Beschaffenheit des Blattes bereits auf die Bedingungen schließen, die die Pflanze für ihr Wachstum benötigt.

Für viele ist gerade zum Anfang der Beschäftigung mit Orchideen die Blüte das alles entscheidende Merkmal, um sich eine Pflanze auszuwählen. Aber im Laufe der Zeit entdeckt man, dass auch gut gepflegte Pflanzen mit gesundem Laub attraktiv sein können. Und Orchideen sparen nicht mit Überraschungen: Es gibt eine große Anzahl von Gattungen in dieser Familie, die insbesondere wegen ihrer ausfallend schönen Blattzeichnungen gepflegt werden. Viele Frauenschuhe (*Paphiopedilum*) und Falterorchideen (*Phalaenopsis*) weisen eine interessante Laubmusterung auf, und Gattungen wie *Ludisia* und *Macodes* erwecken bei vielen das Interesse, weil das zartgrüne oder kräftigbraune Blatt von goldfarbenen Adern durchzogen ist.

Im Laufe der Jahre werden bei den Orchideen aus den alten Blättern die verfügbaren Nährstoffe abgezogen und für die Entwicklung des Neutriebes verwendet. Dabei sterben die alten Blätter ab. Wenn man genau hinschaut, kann man Sollbruchstellen entdecken, an denen die Blätter abbrechen oder abfallen. Dieser Vorgang ist völlig normal und stellt keine Pflanzenkrankheit dar. Um den Nährstofftransport in die neuen Blätter nicht zu unterbinden, sollten normal absterbende Blätter auch nie vorzeitig abgeschnitten werden.

Blüte

Die Blüte ist für fast alle Liebhaber der Grund, sich mit Orchideen zu beschäftigen. Gerade diese Pflanzenfamilie bietet eine Pracht und Vielzahl an Blütenformen, -farben und -größen, die immer wieder aufs Neue fasziniert. Da Orchideen meist sehr fruchtbar sind, lassen sich Hybriden mit Eigenschaften kreieren, wie sie sonst nirgends im Pflanzenreich zu finden sind.

Bei aller Verschiedenheit der Blüten gibt es aber Merkmale, die bei allen Orchideen, gleichgültig ihrer Herkunft, immer gleich sind. Es gibt zwei Blütenkreise:

- den äußeren oder hinteren (= Sepalen) und
- den inneren oder vorderen Blütenblätterkreis, bestehend aus zwei Petalen und der Lippe.

Petalen und Sepalen werden gelegentlich zusammengefasst, dann heißen sie Tepalen. Ihre Funktion besteht nicht nur darin, den Menschen mit der Fär-

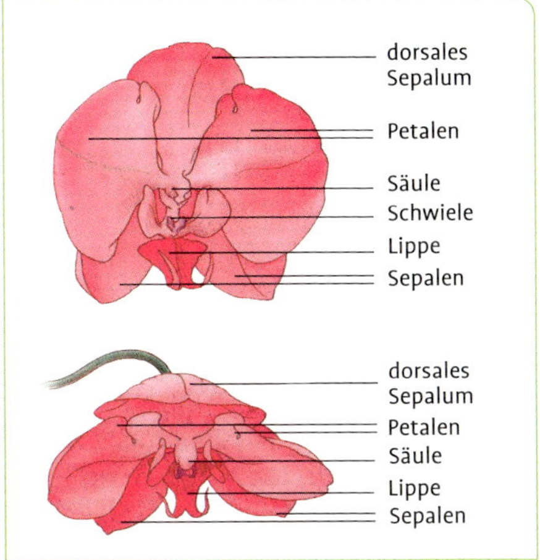

Aufbau einer *Phalaenopsis*-Blüte.

bung zu erfreuen, sondern vor allem den Bestäuber (Insekten oder Vögel) anzulocken. Orchideen sind zwittrig, das heißt, dass sowohl das männliche als auch das weibliche Geschlecht in einer Blüte zu finden sind. Wie so oft bestätigen auch hier Ausnahmen die Regel: Es sind einige Orchideen bekannt, die gleichzeitig oder nacheinander an derselben Pflanze männliche und weibliche Blüten hervorbringen, die sich sichtbar voneinander unterscheiden.

Der optimale Landeplatz für den Bestäuber, also meist das Insekt, ist die Lippe. Auf ihr finden sich häufig Strukturen oder Düfte, die das Tier in eine ganz bestimmte Richtung zwingen oder locken. Dabei wird es meist erst an der Narbe (weibliches Geschlecht) vorbeigeführt, um dann an den Pollinien (männliches Geschlecht) entlang zu kommen. Diese bleiben bei Kontakt auf dem Rücken des Insektes kleben. Nun fliegt dieser „Bote“ die nächste Blüte an und wird wieder zuerst an der Narbe vorbeigelockt, streift dort die Pollinien ab, muss beim Verlassen der Blüte aber schon wieder ein neues Pollenpaket mitnehmen. So verhindert die Blüte die Eigenbestäubung.

Die meisten Orchideen sind von der Blütenstruktur her so beschaffen, dass sie nur von ganz bestimmten Tieren, die genau zu der Blüte passen müssen, bestäubt werden können. So kommt es vor, dass große Insekten in den Gängen stecken bleiben und verhungern.

Häufig lassen sich auch bei mehrmaligem Nachzählen nicht alle sechs Blütenblätter entdecken. Das liegt daran, das Blütenblätter entweder zusammengewachsen sind oder so stark zurückentwickelt sind, dass sie kaum noch zu erkennen sind. Auch sind die Blütenblätter gelegentlich so grotesk geformt, dass der oben beschriebene Blütenaufbau ebenfalls schwer erkennbar ist.

Bedeutung der Blütenform

Im Pflanzenreich werden seit Carl von Linné Pflanzen mit größeren Gemeinsamkeiten in Gattungen zusammengefasst. Das heißt, dass wesentliche Merkmale bei den Blüten übereinstimmen müssen. Ein einfaches Beispiel mag der Frauenschuh sein, denn alle tropischen asiatischen Orchideen mit einer schuhartigen Lippe werden zur Gruppe der *Paphiopedilum* zusammengefasst. Im Laufe der Zeit wurden aber immer mehr Pflanzen einer Gattung gefunden, und einige Unterschiede, die man bis dahin nicht erkannt hatte, traten nun deutlich zutage. So kann es vorkommen, dass aus einer Gattung plötzlich zwei oder drei werden. So ist die Blüte auch das wichtigste Merkmal, um Pflanzen in Gattungen einzuteilen.

Der Name der Orchidee

Durch die Genforschung werden viele Pflanzen nicht mehr hinsichtlich ihrer Blütenstruktur eingeteilt, sondern infolge von Ähnlichkeiten im Erbgut. Dies führt zu zahlreichen Umbenennungen, die für einige Verwirrung unter den Orchideennamen sorgen. Im Moment ist noch unklar, ob sich dieses Prinzip durchsetzen wird, sodass nachfolgend die klassischen Namen verwendet werden.

Orchideen in Wohnraum und Gewächshaus

Orchideen auf der Fensterbank

Die meisten Orchideenliebhaber haben mit einer Orchidee auf der Fensterbank angefangen. Da viele Orchideen sehr anspruchslose Pflanze sind, ist dies mit wenig Aufwand möglich.

Zunächst einmal ist es wichtig, sich darüber klar zu werden, zu welcher Seite die Fenster gehen: Nordfenster mit nur wenig Licht sind auch etwas kühler und eignen sich gut für die Pflege von Orchideen, die gerne kühler und schattig bis halbschattig wachsen. Die Ostseite mit Morgensonne bis 12.00 Uhr mittags eignet sich für die meisten Orchideen, die sich im temperierten Bereich wohl fühlen. Die Westseite mit Abendsonne bis nach 18.00 Uhr sollte mit temperiert bis warm wachsenden und lichthungrigen Pflanzen bestückt werden. Schwierig ist die Südseite, insbesondere in den Sommermonaten Mai bis August. Grundsätzlich eignet sie sich für die Pflege lichthungriger und temperiert bis warm zu haltender Orchideen.

Mögliche Standorte auf der Fensterbank

	Ostseite (Morgensonne)	**Südseite (Mittagsonne)**	**Westseite (Abendsonne)**	**Nordseite (keine oder wenig Sonne)**
Phalaenopsis	ja	ja	ja	bedingt
Cattleya	ja	ja	ja	nein
Dendrobium nobile	ja	nein	bedingt	bedingt
Dendrobium phalaenopsis	bedingt	bedingt	ja	nein
Odontoglossum	ja	nein	nein	ja
Vanda	bedingt	ja	ja	nein
Zygopetalum	ja	nein	bedingt	ja
Masdevallia	ja	nein	bedingt	ja
Oncidium	ja	nein	ja	bedingt
Paphiopedilum	ja	nein	ja	ja

Allerdings sollte man in den Sommermonaten Abhilfe gegen die starke Sonneneinstrahlung schaffen. Bei dichten Laubbäumen vor dem Fenster ist die Pflanze im Sommer gegen die Sonne geschützt, weitere Maßnahmen sind nicht nötig. Hat das Haus einen weiten Dachüberstand, liegt das Fenster zur Mittagszeit im Schatten. Auch hier sind keine weiteren Maßnahmen notwendig. An ungeschützten Südfenstern können die Pflanzen durch Herunterlassen der Rollläden oder das Anbringen von Schutzfolien in der Mittagszeit schattiert werden. Außerdem können die Pflanzen den Sommer auch im Freien verbringen. Sind alle diese Möglichkeiten nicht durchführbar, sollte man keine Orchideen auf der Südseite kultivieren.

Es wird häufig übersehen, dass alle Pflanzen für ein optimales Wachstum Licht benötigen. Deshalb sollten bei dunklen Fenstern die Pflanzen nicht weiter als 50 cm, bei hellen Fenstern nicht weiter als 1 m vom Fenster entfernt stehen. Nach 1 m Abstand nimmt (für das menschliche Auge nicht sichtbar) die Lichtmenge so stark ab, dass es für ein gesundes Wachstum und insbesondere die Blütenbildung nicht mehr ausreicht.

Auch das Einrichten der Fensterbank will gut überlegt sein. Sehr häufig stehen die erworbenen Pflanzen in Übertöpfen. Hier sollte man beachten, dass die Pflanzen auf keinen Fall im Wasser stehen dürfen. Man sollte also unbedingt unten in den Übertopf Steine oder andere Abstandhalter füllen, sodass die Pflanzen über dem abtropfenden Gießwasser stehen. Es gibt mittlerweile Übertöpfe speziell für Orchideen in vielen Ausführungen und Farben, die unten einen Absatz haben, sodass die Pflanzen immer etwas höher stehen. Allerdings sind diese Übertöpfe sehr eng geschnitten, sodass kein Wasser seitlich verdunsten kann. Bei trockener Heizungsluft kann dies zu mangelnder Luftfeuchte führen.

Fensterbankschalen erleichtern die Pflege erheblich. Es handelt sich dabei um Kunststoffschalen, die innen mit einem Gitter versehen sind. Das Wasser kann leicht abtropfen, aber auch genauso leicht verdunsten, womit das Raumklima nicht nur für die Pflanzen angenehmer wird.

Um das Fenster attraktiver zu gestalten und mehr Pflanzen unterzubringen, ist es ohne Weiteres möglich, Orchideen in Ampeltöpfen aufzuhängen (siehe auch Seite 33). Hierfür eignen sich sehr viele Orchideen, die zum Teil nicht in Ampeltöpfen angeboten werden. Viele *Phalaenopsis* können sich hier eingewöhnen – dann einfach den Blütenstiel nicht, wie sonst üblich, anbinden. Er zieht sich durch das Gewicht der Blüten nach unten und kann sehr attraktiv aussehen. Auch zahlreiche Mini-*Cattleya* geben aufgehängt ein schönes Bild.

Dichte Fenster

Bei vielen Altbauwohnungen sind die Fenster sehr kalt und zugig, dies mögen Orchideen überhaupt nicht. Es gibt im Handel günstige Möglichkeiten, die Fenster abzudichten und zu isolieren. Bei schlechter Luftumwälzung kann es manchmal auf der Fensterbank sehr kalt werden – hier lohnt es sich einmal, im Winter das Thermometer direkt auf der Fensterbank zu platzieren.

Viele Orchideen gedeihen auf der Fensterbank; hier kann man ihre Blüten dann auch fast auf Augenhöhe bewundern.

Im Badezimmer lassen sich häufig Orchideen gut kultivieren, die eine hohe Luftfeuchtigkeit mögen. Man sollte unbedingt darauf achten, dass bei Milchglasscheiben genug Licht zur Verfügung steht. Auch Küchenfenster eignen sich für viele Orchideen, die höhere Luftfeuchte mögen. Voraussetzung ist dabei, dass der beim Kochen entstehende Wasserdampf entweichen kann. Allerdings kann Obst und Gemüse, das offen gelagert wird, durch seine frei werdenden Reifegase zu Blütenfall führen.

Orchideen in der Vitrine

In den letzten Jahren nimmt das Interesse an einer Kultur in Vitrinen oder Paludarien stetig zu (siehe Seite 20). Unter den Orchideen gibt es zahlreiche kleinwüchsige Pflanzen, die sich hierfür anbieten. Neonlicht ist eine geeignete Lichtquelle, da die Lichtausbeute sehr hoch, der Stromverbrauch relativ niedrig und die Wärmeabgabe gering ist. Bei der Auswahl der richtigen Neonröhre sollte man das Internet zur Hilfe nehmen. Auf den Websites zu Orchideen und Terrarien finden sich Tipps zu den neuesten Produkten und deren Handhabung. Der Abstand zum Licht sollte mindestens 30 cm, aber auch nicht mehr als 80 cm betragen. Gleichzeitig ist unbedingt auf eine maßvolle Luftumwälzung zu achten. Zwischen der Tages- und der Nachttemperatur sollte ein Temperaturunterschied von 5–8 °C liegen, sonst kann es zu einer Blühunwilligkeit der Pflanzen kommen. Es dauert einige Zeit, herauszufinden, welche Orchideenarten sich innerhalb der Vitrine besonders gut zurechtfinden. Manchmal reicht ein einfaches Umhängen innerhalb der Vitrine aus, damit die Pflanze deutlich besser wächst. Häufig wird der Fehler gemacht, Rückwände und eingelegte Stämme direkt zu bepflanzen. Pflanzen wachsen und verändern sich, deshalb sind Pflege- und Kontrollmaßnahmen zur Gesunderhaltung des Bestandes unbedingt nötig. Die Orchideen sollten deshalb leicht zu entnehmen sein. Denn wenn die Pflanzen festgewachsen sind, lässt sich die Kontrolle nicht mehr durchführen oder aber die Pflanzen erleiden dabei große Schäden.

Eine reizvolle Miniaturorchidee, die sich in der Vitrine wohlfühlt: *Pleurothallis strobelii.*

Häufig werden Vitrinen am Fenster aufgestellt. Grundsätzlich spricht nichts dagegen, man muss aber bedenken, dass Sonnenlicht die Temperatur in einer Vitrine auf über 40 °C ansteigen lassen kann, was zu erheblichen Pflanzenschäden führen kann. Daher sollte man erst den Temperaturverlauf einige Wochen im Sommer testen, um Erfahrungen zu sammeln. Eine geöffnete Vitrine ist keine echte Alternative: Sie wird zwar nicht zu warm, aber die Luftfeuchtigkeit sinkt so rapide, dass erheblich mehr gesprüht werden muss.

Orchideen im Wintergarten

Bevor man sich über die Gestaltung eines Wintergartens Gedanken macht, sollte man sich über dessen Höhe und Verlauf der Jahrestemperatur klar werden. Neben ungeheizten Wintergärten, die im Winter gerade frostfrei gehalten werden, gibt es temperierte und warme Varianten sowie alle Übergangsstufen. Auch in punkto Lüftung und Schattierung von Wintergärten gibt es Unterschiede. Sinnvoll ist die Installation von Klappen oder Lüftungsfenstern, die Querlüften ermöglichen, damit eine gute Klimatisierung gewährleistet ist. Man kann zwischen innen und außen angebrachten Schattiereinrichtungen wählen: Innen liegende Lamellen lassen das Licht eindringen, wobei es beim Passieren des Glases in langwellige Wärmestrahlen umgewandelt wird. Außen liegende Schattierungen filtern das Licht vorzeitig, ver-

So üppig kann es im Wintergarten blühen.

schmutzen aber sehr schnell. In jedem Fall sollten diese Lüftungs- und Schattiereinrichtungen unkompliziert an die Gegebenheiten angepasst werden können, oder besser noch, diesen Schritt vollautomatisch vollziehen.

Es gibt Orchideen für alle Sorten von Wintergärten, aber die Auswahl muss sorgfältig getroffen werden. Wenn der Gärtner bei der Auswahl vernünftig helfen soll, muss er die Bedingungen während des ganzen Jahres kennen.

Wichtig ist die Entscheidung, ob der Wintergarten mehr als Wohnraum oder als Gewächshausersatz genutzt wird. Häufig wird der ursprünglich geplante Wohnraum oder die großzügige Sitzecke immer weiter zusammengerückt, weil die Pflanzen wachsen und auch mengenmäßig zunehmen. Und da mit der Gießkanne einmal die Woche eine Stunde gießen nicht mehr ausreicht, wird ein Gießgerät mit Schlauch angeschafft. Allerdings kann man hiermit nicht mehr so vorsichtig gießen, sodass Wasser auf die frisch geputzten Fliesen kommt. Daher ist ein Konzept bei der Erstellung des Wintergartens enorm wichtig. Richtige Tische mit Gittern und eingebautem Wasserablauf und Hängevorrichtungen für Ampeltöpfe, die dann auch mal tropfen dürfen, ersparen viel Ärger.

Häufig besteht der Wunsch, Teile des Gewächshauses oder Wintergartens wie einen „Urwald“ zu gestalten. Hierfür bedarf es einer genauen Planung. Wie bei der Vitrine muss auch hier davor gewarnt werden, die Pflanzen fest zu montieren. Für die Pflege ist es unbedingt erforderlich, die Pflanzen einzeln bearbeiten zu können. Abhilfe kann man durch montierte oder in Beeten eingelassene Töpfe schaffen, die dann mit den Orchideen bestückt werden.

Gerade in Wintergärten kann man aufgrund unterschiedlicher Kulturhöhen auch viele unterschiedliche Orchideen unterbringen. Es ist also sinnvoll, Stellagen in unterschiedlichen Höhen anzubringen, um z. B. die lichthungrigen *Cattleya* und *Vanda* in Dachnähe, *Phalaenopsis* an warmen Standorten mit mittelmäßiger Lichtmenge und *Paphiopedilum* oder andere schattig wachsende Pflanzen auf tieferen Stellagen unterzubringen. Hierzu sollte man immer die Temperaturen und Lichtverhältnisse zu verschieden Tages- und Jahreszeiten in den unterschiedlichen Höhen messen.

Orchideen im Gewächshaus

Da Nonplusultra für den Orchideenliebhaber ist immer noch das eigene Gewächshaus. Leider nimmt die Anzahl der Liebhaber mit eigenem Gewächshaus aufgrund hoher Energiepreise ständig ab. Eine ansprechende Alternative ist der Bau eines Gewächshauses im alten „englischen“ Stil, das Gewächshaus wird dabei ca. 1–1,5 m tief in die Erde eingesenkt. Das spart enorm an Heizkosten im Winter und sorgt für ein gleichmäßiges Klima im Sommer. Wenn das Gewächshaus geplant wird, sollte man sich unbedingt die Möglichkeit einer Erweiterung offenhalten. Informationen erhalten Sie auf Messen oder im Fachhandel. Was für Viele am Anfang unvorstellbar ist, wird mit zunehmender Sammelleidenschaft für Orchideen vielleicht zum unbedingten Muss.

Eine Einrichtung, die es ermöglicht, an die Pflanzen leicht heranzukommen, hält die Freude für viele Jahre aufrecht. Vielfach wird ein Arbeitsplatz zum Umpflanzen vergessen. Dieser sollte nicht zu klein sein, denn man will hier eine Menge Töpfe, Pflanzsubstrat, Unterlagen zum Aufbinden und vieles mehr unterbringen.

Ein Gewächshaus wird oft mit Pflanzen überfüllt. Die Orchideen wachsen nicht mehr richtig, die Blüte fällt aus, Krankheiten breiten sich schneller aus und mit schwindender Übersichtlichkeit schwindet auch die Freude am Hobby. Eine übersichtliche Pflanzenmenge macht die Pflege leichter, lässt den Pflanzen Platz, sich zu entwickeln, und das Hobby wird nicht zur Last. Den Platz im Gewächshaus kann man durch das Anbringen von Stellagen, seitlichen Gittern oder treppenartig aufgebauten Tischen optimal nutzen. Stellagen bzw. Regale und Ampeltöpfe sind dabei so anzubringen, dass es nach dem Gießen nicht auf darunterstehende Pflanzen tropft.

Eine günstige Breite für ein Gewächshaus liegt bei 2–2,20 m, rechts

Tipp

Rat vom Profi

Erkundigen Sie sich vor dem Bau eines Gewächshauses nicht nur bei dem Hersteller, sondern fragen Sie auch einmal bei einem Orchideengärtner an, welche Ausstattung, Ausrichtung und Größe er zur Kultivierung der Lieblingsorchideen empfehlen würde.

Im Gewächshaus kann man optimale Bedingungen schaffen.

Dazu muss häufig entsprechende Technik, zumindest eine Heizung, installiert werden.

und links Tischflächen von 70–80 cm Breite und mittig ein Weg von ca. 50–60 cm. Unter den Tischen kann ein Regenwasserauffangbecken platziert werden. Man sollte unbedingt darauf achten, dass Gießwasser nicht mehr in das Becken zurückläuft, da die Verbreitung von Krankheiten so gefördert wird. Unter die Tische gehört auch die Heizung. Im Zweifelsfall sollten so viele Rohre wie möglich gelegt werden. Eine geringe Vorlauftemperatur und gleichmäßige Wärme sind dem Wachstum förderlich.

Vielfach wird eine ausreichende Lüftung vergessen. Man sollte unbedingt möglichst viele Fenster einplanen. Hilfreich ist auch eine Unterlüftung, die seitlich ins Mauerwerk oder Fundament einströmt. Nur so kann ein gesunder, gleichmäßiger Luftaustausch entstehen. Zwangsentlüftung durch Ventilatoren ist nur eine Notlösung, denn im Luftstrom stehende Pflanzen trocknen meistens aus, und Schädlinge wie die Rote Spinne und Thripse fühlen sich gerade in diesem Milieu besonders wohl.

Um die Orchideen im Sommer vor Verbrennungen zu schützen, ist wie auch beim Wintergarten eine Schattierung erforderlich. Eine Innenschattierung isoliert und spart nachts enorm an Heizkosten. Leider ist sie häufig hinderlich und bei einem vollen Gewächshaus nur noch schwer bedienbar. Eine Außenschattierung ist für die Klimaführung wesentlich vorteilhafter, bringt aber keine Energieersparnis und muss, da sie den Witterungseinflüssen ausgesetzt ist, regelmäßig ausgetauscht oder repariert werden.

Orchideen in Vitrinen?!

Hobbygewächshäuser und beheizte Wintergärten sind für Orchideenliebhaber zwar ein Traum, aber auch sehr teuer in Bau und Unterhalt. Hier bietet sich eine preiswerte und interessante Alternative an, wenn man sich trotzdem intensiv mit Orchideen beschäftigen möchte: die Vitrinenkultur – Miniaturorchideen in der Vitrine. Ein schöner und überraschender Blickfang im Wohnzimmer.

Eine Vitrine mit Miniaturorchideen ist ein echter Hingucker.

Wo steht die Vitrine richtig?

Eine Vitrine können Sie sowohl am Fenster als auch im Keller oder sogar als Raumteiler mitten im Zimmer aufstellen. Wenn Sie die Vitrine direkt ans Fenster stellen, so ist die Erwärmung durch das Sonnenlicht das größte Problem, andererseits reicht das Licht häufig nicht aus, wenn Sie die Vitrine als Raumteiler verwenden. Dann muss den Orchideen ausreichend Kunstlicht zur Verfügung stehen. Aber egal, wo Sie die Vitrine platzieren möchten – eine schön eingerichtete Vitrine ist immer ein Blickfang und Zimmerschmuck.

Wie viel Technik ist nötig?

Sie müssen nicht unbedingt mit einer voll technisierten und perfekt ausgerüsteten Vitrine starten. Auch gibt es keine „Vorschriften“, wie eine Vitrine auszusehen hat – das bleibt ganz Ihrem Geschmack und Ihrer Fantasie überlassen. Eine Vitrine kann aus Vollglas sowie aus Kunststoff bestehen, wichtig ist nur, dass alle Bauteile aus wasserunempfindlichem Material bestehen. Auch die Größe ist frei wählbar, Vitrinen können flach, aber auch hoch sein. Höhen über einem Meter sind nicht zu empfehlen, da die Leuchtkraft des Lichtes nach einem Meter sehr stark nachlässt.

Zu beachten ist, dass es in einer Vitrine unterschiedliche Kleinstklimabereiche gibt. So ist es in der Nähe der Beleuchtung meist wärmer und trockener, während auf dem Boden wesentlich weniger Licht, aber meist mehr Luftfeuchte vorhanden ist. Deshalb sollten Sie schon bei der Einrichtung der Vitrine überlegen, wie sie optimal ausgestattet werden kann, damit alle künftigen exotischen Bewohner ihren Bedürfnissen entsprechend untergebracht werden können.

Kunstlicht oder Sonne?

Wenn Sie nicht die Möglichkeit haben, Ihre Vitrine so zu stellen, dass die Orchideen genug, aber nicht zu viel Sonnenlicht erhalten, so ist Kunstlicht eine gute Alternative. Dieses wurde in den letzten Jahren stark weiterentwickelt und so gibt es heute Energiesparlampen, die völlig ausreichende Lichtmengen zur Verfügung stellen. Auch die LED-Technik macht im Moment große Fortschritte und sollte beobachtet werden.

Kompaktleuchtstofflampen sind derzeit die beste Lösung. Es gibt sie mit verschiedenen Farbtemperaturen, Tageslicht liegt bei 5800–7000 Kelvin. Pflanzen benötigen Licht insbesondere im roten und im blauen Spektrum. Die Hersteller der Lampen bieten dementsprechende Informationen im Internet an, hier können Sie leicht herausfinden, welche Lampen für Sie die richtigen sind.

Die Leuchtmittel können entweder auf oder in der Vitrine angebracht werden, denken Sie bitte in beiden Fällen an Reflektoren. Innenliegende Leuchtmittel geben gleichzeitig Wärme von oben an die Pflanzen ab, was für ein gutes Pflanzenwachstum vorteilhaft ist – allerdings ist Elektrizität in Feuchträumen immer ein Problem, es kommt über kurz oder lang zu Korrosion und im Extremfall zu Kurzschlüssen. Bei aufgelegten Lampen ist die Wärmestrahlung wesentlich geringer, allerdings ist es deutlich sicherer.

Die Leuchtdauer sollte immer etwas über 12 Stunden betragen. Ist die Beleuchtungszeit zu kurz, gibt es Schwierigkeiten mit der Blütenbildung, allerdings sollten es auch nicht

So kann eine Vitrine eingerichtet sein – ein schöner Lebensraum für Ihre Miniaturorchideen.

mehr als 14 Stunden sein, da es sonst unter Umständen zu Stoffwechselstörungen bei den Pflanzen kommen kann.

Im Frühtau …

Orchideen lieben besonders in den Morgen- und Abendstunden eine hohe Luftfeuchte. Zu diesen Zeiten fällt in der Natur der Tau, also sollte auch in der Vitrine ausreichend Luftfeuchte (um 80 bis 90 %) vorhanden sein. Während des Tages sollte die Luftfeuchte deutlich niedriger sein (ca. 60%). Um dies zu erreichen, können Sie die Frontscheibe öffnen, oder aber einen Ventilator verwenden. Allerdings sollten die Laufzeiten für Ventilatoren stark begrenzt sein, denn Pflanzen im Luftstrom können leicht vertrocknen.

Wenn Ihnen das Besprühen der Pflanzen zu zeitaufwendig ist, so können Sie mit wenig Aufwand Nebel- oder Sprühanlagen in die Vitrine einbauen. Bei Anbietern von Terrarienzubehör finden Sie feine Sprühdüsen oder Nebelpumpen in allen Varianten.

Gerade in Vitrinen können Sie aufgebundene Orchideen gut kultivieren, aber Vitrinen sind natürlich auch für Pflanzen in Töpfen geeignet. Sie müssen allerdings beachten, dass Orchideen in Töpfen einen anderen Wasserhalt haben. In einer Vitrine mit hoher Luftfeuchte darf das Substrat nicht zu nass gehalten werden, denn es trocknet wesentlich langsamer als auf der Fensterbank aus – und die wenigsten Orchideen mögen nasse Füße.

An der frischen Luft

Frischluft ist für die Gesunderhaltung der Pflanzen unbedingt erforderlich. Bei jeder Vitrine müssen Sie also für eine gute Durchlüftung sorgen. Deshalb sollten bei Ihrer Vitrine immer auf einer Seite unten ein Lüftungsschlitz und auf der gegenüberliegenden Seite oben ein freiliegender Lüftungsschlitz zu finden sein.

Normalerweise reicht diese Durchlüftung aus, nur in ganz seltenen Fällen muss für eine Zwangsentlüftung mit einem Ventilator gesorgt werden. Diese sollten aber nie im Dauerbetrieb laufen, da die Pflanzen im Luftstrom austrocknen.

Temperatur

Da die Vitrinen fast immer in beheizten Räumen aufgestellt werden, herrscht auch in der Vitrine eine Temperatur von 20 bis 25 °C – je nach Beleuchtung. Für diesen Bereich sollten Sie dann auch Ihre Pflanzen auswählen.

Tipp

Wichtiger Temperaturunterschied!

Ganz wichtig ist ein spürbarer Temperaturunterschied zwischen Tag und Nacht! Dieser sollte mindestens 5 °C betragen, da die Pflanzen sonst sehr blühfaul werden.

Einzug Schritt für Schritt

Ist die Vitrine fertiggestellt, soll sie natürlich so schnell wie möglich attraktiv aussehen und mit Orchideen bestückt werden. Das ist nachvollziehbar, aber sinnvoll ist es, damit vorsichtig und langsam zu beginnen. Für die unterschiedlichen Höhen, Temperatur- und Feuchtigkeitsbereiche sollten Sie zunächst nur einige wenige Pflanzen auswählen und Wachstum und Entwicklung für einige Wochen beziehungsweise Monate erst einmal beobachten. So erwerben Sie sich Wissen um Erfolg und Misserfolg und können dann langsam anfangen, weitere Pflanzen zu erwerben oder zu tauschen.

Welche Orchideen für die Vitrine?

Eine gut bestückte Vitrine ist auch bei praktischer Einrichtung immer ein echter Blickfang. Selbst in eine kleine Vitrine passen schnell einige Dutzend bis hundert Pflanzen. Da Pflanzen sich aber durch Wachstum verändern, sollten Sie dies schon bei der Pflanzenauswahl berücksichtigen. Nicht immer bleiben angebotene Miniorchideen auch im Alter „Mini". Fragen Sie beim Kauf ruhig, wie die Pflanzen sich entwickeln, und suchen Sie in Büchern oder im Internet nach den Pflanzennamen. Meistens findet man Bilder von ausgewachsenen Pflanzen und nicht selten birgt eine gut kultivierte Pflanze eine Überraschung in ihrem Platzbedarf.

Eine Vitrine sollte sehr natürlich aussehend eingerichtet werden, was ein verständlicher Wunsch ist. Die Grundeinrichtung kann auch natürlich gestaltet werden, die Orchideen und auch das Beiwerk sollten aber immer frei zu entnehmen sein. Pflanzen verändern sich, es entwickeln sich Neutriebe, Wurzeln wachsen, Blütenstände entwickeln sich und sterben ab. Und auch Pflanzen können krank werden. So muss eine Pflanze zur Behandlung gegen Läuse oder zum erneuten Aufbinden auch entnommen werden können. Bei festgewachsenen Pflanzen kann das ein großes Problem werden und schnell die Freude am Hobby verderben.

Besonders vorsichtig sollten Sie bei der Auswahl von Begleitpflanzen wie Farnen und anderen Grünpflanzen sein. Sie wachsen schneller als die Orchideen und nehmen Ihnen Licht und Wasser weg. Empfehlenswerte Mitbewohner sind kleinbleibende Trichterpflanzen aus der Familie der Bromelien. In ihren Kelchen sollte regelmäßig Wasser stehen, das dann über die Verdunstung für ein gutes Kleinklima und optimale Luftfeuchte sorgt.

Tipp

Tipp vom Profi

Machen Sie sich vor dem Kauf von Pflanzen in Büchern oder im Internet schlau – so sind Sie vor unliebsamen Überraschungen gefeit.

Pflege, Kauf und Krankheiten

Was Orchideen zum Gedeihen brauchen

Leider werden von den meisten Orchideenliebhabern die Wachstumsfaktoren immer getrennt voneinander betrachtet. Dies ist nicht richtig, denn es besteht eine direkte Abhängigkeit untereinander. Mehr Licht bedeutet meist mehr Wärme, was schnelleren Stoffwechsel zur Folge hat. Das wiederum führt zu einer erhöhten Wasser- und Nährstoffaufnahme, dies zu schnellerem Wachstum etc. Wird ein Glied in dieser Kette vernachlässigt, führt dies zu Kulturfehlern und damit häufig zu Pflanzenkrankheiten.

In der Natur findet sich immer die höchste Artendichte an Plätzen mit gleichbleibenden Bedingungen – oder anders gesagt: Je extremer die Schwankungen, desto geringer die Artenzahl von Flora und Fauna.

Licht

Licht ist der Energielieferant der Pflanze. Ohne Licht kann keine Photosynthese stattfinden, das ist der Aufbau von Traubenzucker aus Kohlendioxid und Wasser als Energiequelle für das Wachstum.

Unter den Orchideen gibt es lichthungrige Pflanzen wie *Vanda*, aber auch schattig wachsende wie *Masdevallia* oder *Odontoglossum*. Leider kann man dies nicht innerhalb der Gattungen vereinheitlichen, denn z. B. bei *Paphiopedilum* und *Dendrobium* gibt es Arten, die es gerne schattig mögen, andere wiederum benötigen sehr viel Licht. Pflanzenkenntnis ist also sehr wichtig. Grundsätzlich sollte man den Pflanzen so viel Licht wie irgend möglich genehmigen, darf aber nicht vergessen, dass zu viel Licht zu Verbrennungen auf den Blättern führt. Die Oberseite eines Blattes ist durch eine Wachsschicht (Cuticula) geschützt. Werden die Pflanzen vom Frühjahr an bei stetig steigender Sonne langsam an mehr Licht gewöhnt, dann bildet sich diese Cuticula verstärkt aus, und die Pflanze kann deutlich mehr Licht vertragen. Orchideen, die preiswert produziert werden und daher meist dunkel wachsen, haben keine stabile Cuticula und verbrennen häufig sehr schnell, wenn sie auf eine helle Fensterbank gestellt werden. Stehen die Pflanzen zu dunkel, werden die Blätter dunkelgrün, länglich und weich. Stehen sie dagegen zu hell, werden die Blätter erst hellgrün, sehr hart und dick und können sich später rötlich färben.

Düngung

Eigentümlicherweise erscheint es vielen Orchideenliebhabern am Anfang nur schwer vorstellbar, dass auch

Orchideen Dünger benötigen. Aber auch sie wachsen und bilden im Laufe der Zeit neue Blätter und Pseudobulben aus. Und was sie hierfür benötigen, sind nicht nur Luft, Kohlendioxid und Wasser, sondern auch jede Menge andere Nährstoffe. Diese Nährstoffe werden unterteilt in Stickstoff (N), Phosphor (P) und Kalium (K) als Hauptnährstoffe und Magnesium (Mg), Kupfer (Cu), Eisen (Fe), Mangan (Mn), Molybdän (Mb), Schwefel (S) und Bor (B) als Mikronährelemente. Von den Hauptnährstoffen wird viel benötigt, denn sie sind wichtig für den Pflanzenaufbau und die Bildung der Blüte und Blattmasse. Aber ohne Mikronährstoffe, die für viele Stoffwechselvorgänge und Chlorophyllbildung verantwortlich sind, geht es ebenfalls nicht. Man kann immer wieder erleben, dass gerade *Phalaenopsis* jahrelang ohne Dünger, nur mit Leitungswasser gegossen, an Fensterbänken wachsen und blühen. Diese Pflanzen aber zehren von den Nährstoffen, die sie gespeichert haben. Sie können somit zwar einige Jahre überleben, aber verzeichnen keinen Zuwachs an Blättern und Blütenanzahl.

In keinem noch so guten Substrat sind alle Nährstoffe in der Menge enthalten, wie die Pflanze sie für ein optimales Wachstum benötigt. Sie müssen künstlich in Form von Dünger zugeführt werden. Es gibt feste und flüssige Düngeformen. Flüssige Salzdünger sind leicht an den Verkrustungen oben am Deckel zu erkennen, feste Salzdünger müssen in Wasser gelöst und mit dem Gießwasser verabreicht werden. Sie lagern sich im Substrat an und können von der Orchideenwurzel aufgenommen werden. Allerdings kann man nicht erkennen, wie viel Salz im Substrat gespeichert wurde, sodass irgendwann die Gefahr der Überdüngung besteht.

Gute Lichtverhältnisse danken die Pflanzen mit gesundem, grünem Laub und vielen Blüten.

Bei Chelatdüngern sind die Nährstoffe von einer Eiweißhülle umlagert. Daher werden sie nicht im Substrat gespeichert, die Wurzel kann die Nährstoffe aufnehmen, mit denen sie beim Gießen in Berührung kommt. So ist die Gefahr der Überdüngung fast ausgeschlossen.

Für welchen Dünger man sich entscheidet, ist letztendlich jedem selber überlassen. Manche Dünger sind Langzeitdünger, werden nur alle vier bis acht Wochen gegeben, andere wiederum müssen bei jedem Gießen verabreicht werden.

Die Angaben für die richtige Dosierung stehen auf der Verpackung. Hier finden sich auch drei Zahlen, z. B. 15–5–10. Diese Zahlen geben das Verhältnis der Hauptnährstoffe zueinander an. Die erste Zahl steht für den Stickstoff (N), die zweite für Phosphor (P) und die dritte für Kalium (K). Ist das Verhältnis von NPK ungefähr bei 3–1–2, dann sind Sie beim Düngen auf der sicheren Seite. Bei guten Düngern findet sich auch noch die Angabe „mit allen Spurenelementen" – dann wird die Pflanze optimal versorgt.

Häufig werden Blühdünger angeboten, gelegentlich auch mit dem Hinweis, dass die Pflanze dies zur Blütenbildung braucht. Das ist falsch. Die Blüteninduktion erfolgt durch Perioden von Lang- oder Kurztagen, Temperaturgefälle, Trockenzeiten oder Ähnlichem. Es ist in der Natur nicht möglich, dass sich die Nährstoffangebote für die Pflanze so ändern, dass es zur Blütenbildung kommen kann. Blühpflanzen benötigen für eine optimale Blütengröße, -färbung und Haltbarkeit Phosphor und Kalium. In einem ausgewogenen Ganzjahresdünger ist dies zur Genüge vorhanden, lediglich bei Monokulturen bietet sich aus Kostengründen der Einsatz von phosphor- und kalibetonten Düngern an.

Temperatur

Man kann die Orchideen in drei Temperaturgruppen unterteilen:
- kühl: 4 bis 15 °C
- temperiert: 14 bis 24 °C
- warm: > 20 °C

Temperaturbereiche

Gattung	kühl	temperiert	warm
Dendrobium	je nach Art/Sorte	je nach Art/Sorte	je nach Art/Sorte
Phalaenopsis	nein	gut	möglich
Paphiopedilum	je nach Art/Sorte	je nach Art/Sorte	je nach Art/Sorte
Odontoglossum und Verwandte	je nach Art/Sorte	je nach Art/Sorte	nein
Vanda und Verwandte	nein	möglich	gut
Cattleya	nein	je nach Art/Sorte	je nach Art/Sorte
Coelogyne	je nach Art/Sorte	je nach Art/Sorte	nein
Bulbophyllum	nein	je nach Art/Sorte	je nach Art/Sorte
Cymbidium	gut	je nach Art/Sorte	nein

Die meisten Orchideen, die auf unseren Fensterbänken wachsen, gehören dem temperierten Bereich an. Sie fühlen sich innerhalb dieses Bereiches bei Temperaturen zwischen 18 und 22 °C wohl. Kurzfristig werden auch Temperaturen außerhalb dieses Bereiches ertragen, als Dauerzustand darf es aber nicht der Fall sein.

Die Pflanze besitzt wie der Mensch einen Stoffwechsel. Dieser läuft bei der optimalen Temperatur problemlos. Ist es längere Zeit zu kalt, ist der Stoffwechsel gebremst und Krankheiten, die bei einer gut wachsenden Pflanze gar nicht zum Vorschein gekommen wären, können die Pflanze befallen.

Bei zu hohen Temperaturen stellen die meisten Orchideen ihren Stoffwechsel ein. Sie gehen in eine Art Ruhepause über oder nutzen ihre gesamte Kraft für die Kühlung. Kurzfristig stellt dies kein Problem dar, langfristig führt es zu einer Art „Kreislaufzusammenbruch" in der Pflanze und sie stirbt.

Leider ist es nur eingeschränkt möglich, den optimalen Temperaturbereich für alle Orchideen zu schildern. Viele Arten kommen sowohl in temperierten Bereichen als auch in kühlen Gegenden vor. Als Beispiel mag *Dendrobium cyanocentrum* dienen, sie soll sowohl auf Meereshöhe bei durchschnittlich 28 °C als auch im Nebelwald bei durchschnittlich 14 °C gefunden worden sein.

Augen auf!
Schauen Sie, wo die Pflanzen in einer Gärtnerei stehen. Entwickeln sie sich hier prächtig, ist der Standort gut und sollte zu Hause nachempfunden werden.

Diese *Paphiopedilum*, eine amerikanische Hybride, kommt auch mit Temperaturschwankungen zurecht.

Für die Fensterbankpflanzen ist es etwas einfacher, aber auch hier kommt man nicht ohne Beratung aus. Bei *Cattleya*, *Paphiopedilum*, *Dendrobium* und *Odontoglossum* gibt es zahlreiche Hybriden, die entweder kühl oder temperiert wachsen, bei einigen ist auch beides möglich.

Luftfeuchtigkeit

Wie viel Luftfeuchte Orchideen wirklich benötigen, ist eine Frage mit vielen möglichen Antworten. Häufig geht

Dicke Wurzeln speichern das Wasser lange.

Orchideen mit dünnen Wurzeln sind auf morgendlichen Tau angewiesen.

mit der Idee von Orchideen an Naturstandorten immer die Annahme von hoher Luftfeuchtigkeit einher. Dies ist nicht ganz richtig.

Viele tropische Orchideen stammen aus Gebieten von Meereshöhe bis zu 2000 m Höhe. Außer in der Regenzeit ist gerade in diesen Gebieten die Luft tagsüber sehr trocken, und es ist ständig eine Thermik oder Wind vorhanden, die die Orchideen austrocknet. Aber in den Morgen- und Abendstunden ist die Taubildung so stark, dass die Pflanzen die Wurzeln und Blätter sich vollsaugen können. Anders sieht es bei den Nebelwaldpflanzen in über 2500 m Höhe aus. Hier ist die Luft ständig feucht, aber auch immer in Bewegung.

Beide Pflanzentypen lassen sich leicht anhand der Wurzeln unterscheiden. Dicke, fleischige (sukkulente) Wurzeln sind ein Zeichen der Anpassung an längere Trockenzeiten, die Wurzel ist als Wasserspeicher umgebaut. Sind die Wurzeln fein und zahlreich, können sie die Feuchtigkeit nicht lange speichern, sondern sind immer auf feuchte Frischluft angewiesen.

Dies sollte bei der Pflanzenzusammenstellung berücksichtigt werden. Pflegt man „normale" Orchideenhybriden, spielt die Luftfeuchte eine untergeordnete Rolle. Der trockenen Heizungsluft im Winter kann man durch das Aufstellen von Verdunstungsschalen sowie durch regelmäßiges Besprühen der Blattunterseiten in den Morgen- und Abendstunden vorbeugen. Will man aber feinwurzelige Orchideen pflegen, so sollte man darauf achten, dass die Luft immer leicht feucht ist. Dies darf aber nur mit ausreichend Frischluft einhergehen, ansonsten leiden die Pflanzen, Schaderreger können sich optimal vermehren und die Pfleglinge vernichten.

Das Aufstellen von Luftbefeuchtern kann in beiden Fällen Abhilfe schaffen, aber ist auch nicht ganz ohne Risiko. Im Wohnraum und Wintergarten kann es dadurch schnell zu Verunreinigungen kommen. Außerdem ist es direkt um den Luftbefeuchter sehr nass, 1 m weiter kann es schon wieder zu trocken sein.

Luftbefeuchtung durch Sprühanlagen kann eine wirkliche Alternative sein. Wichtig ist eine gute Verteilung. Wie viel Wasser und wie lange gesprüht werden sollte, ist ein Erfahrungswert, für den es seine Zeit braucht, um die optimale Einstellung herauszufinden. Tröpfchenbildung auf den Pflanzen oder Wasseransammlungen in den Blattachseln sollten auf jeden Fall vermieden werden.

Wasser

Wichtig für die Orchideenkultur ist die Wasserqualität. Für viele Naturformen ist das Leitungswasser zu hart, die Ablagerungen verkrusten die feinen Wurzeln und machen die Blattoberfläche unansehnlich. Viele Orchideenhybriden, die durch Züchtungsarbeit entstanden, sind inzwischen so robust, dass ihnen das Leitungswasser nicht mehr viel ausmacht. Man sollte jedoch möglichst Regenwasser verwenden. Dies sollte am besten in Kunststoffbehältern aufgefangen und gelagert werden. Wer diese Möglichkeit hat, sollte aber beachten, dass der erste Regen nach einer längeren trockenen Wetterphase häufig Verunreinigungen mit sich bringt. Dieses Wasser sollte man ablaufen lassen. Speichert man das Regenwasser in einer Tonne und steht es dort für längere Zeit, kann das Wasser faulig werden. Krankheitskeime entwickeln sich und schaden auch den Orchideen. Hier sollte das Wasser mit einer Pumpe regelmäßig umgewälzt werden.

Steht kein Regenwasser zur Verfügung, dann kann man sich mit destilliertem oder teilentsalztem Wasser behelfen. Reines destilliertes Wasser ist pflanzenschädlich und sollte daher mit Leitungswasser gemischt werden. Aquarium- oder Teichwasser als Ersatz ist ebenfalls gut möglich, allerdings muss man mit der Düngung vorsichtig sein, denn hier kann der Stickstoffanteil sehr hoch liegen. Vorsicht bitte auch bei Brunnenwasser, dies ist meist noch salzhaltiger und teilweise auch härter als Leitungswasser.

Substrat

Orchideensubstrat ist eins der schwierigsten Themen bei der Orchideenkultur. Unzählige Versuche zu geeigneten Substraten sind über die Jahre angestellt worden. Letztendlich hat sich Rinde mit einem Zuschlagstoff, der Wasser hält, am besten bewährt. Die Rinde sollte frisch und hart sein. Vielfach bekommt man Abfüllungen zu kaufen, die schon mehrere Wochen unter Luftabschluss gelagert wurden. Hier ist die Rinde häufig schon fast zerfallen. Die Luftführung ist nicht mehr gewährleistet, und durch die einsetzende Verrottung ist der Salzgehalt in dem Substrat so hoch, dass es für Orchideen ungeeignet ist. Deshalb sollte man erworbenes Orchideensubstrat unbedingt luftig aufbewahren und auf gar keinen Fall in der geschlossenen Tüte belassen.

Die Zuschlagstoffe können verschiedenartig sein. Am besten haben sich bis heute Neuseeland- oder Chile-*Sphagnum,* zwei Torfmoos-Arten, bewährt. Sie nehmen eine Sonderposition innerhalb der Zuschlagstoffe ein. Es kann längere Zeit feucht gehalten werden, ohne dass die Pflanzen, die man damit getopft hat, zu faulen beginnen. Kranke Pflanzen, die man zur Erholung in dieses *Sphagnum* setzt, bilden häufig leicht neue Wurzeln und erholen sich rasch. *Sphagnum* ist mehrere Jahre strukturstabil, hält ausreichend Feuchtigkeit und ist sehr wurzelfreundlich. Man kann, wenn die Wasserhaltekraft des Substrates nicht ausreichend ist, noch *Sphagnum* dazumischen. Allerdings nimmt Torfmoos, wenn es erst einmal richtig trocken ist, kaum noch Wasser an, daher sollte man es nie ganz durchtrocknen lassen. Es ist im Handel erhältlich.

Ein weiterer häufig genutzter Zuschlagstoff ist Styropor. Es verbessert die Luftdurchlässigkeit und infolge seiner Strukturstabilität ist es fast endlos haltbar. Das ist aber auch der Grund, warum es nur noch selten verwendet wird: Es lässt sich nicht kompostieren.

Außerdem gibt es neben Bims, Vermiculite, Perlite, Zedernussschalen viele weitere Zuschlagstoffe, die man untermischen kann. Immer wieder findet man Kokoschips als Substrat oder als Zuschlagstoff. Kokoschips sind in den ersten sechs Monaten gut für die Wurzelbildung geeignet, fangen dann aber schnell an, sich zu zersetzen. Bei dieser Zersetzung werden größere Mengen an Nährstoffen unkontrolliert frei, die zu massiven Wurzelschäden führen können. Vielfach findet man diese Schäden schon an Pflanzen, die billig in Discountläden angeboten werden. Wer sich auskennt, kann das zerstörte Wurzelwerk bereits erkennen.

Richtig durchgesetzt hat sich jedoch bis heute nichts von diesen alternativen Materialien, auch die Erwerbsgärtner bleiben bei Rinde von guter Qualität, gemischt mit Torf oder *Sphagnum*.

Eigenschaften von gutem Orchideensubstrat

- es soll Wasser halten, dabei aber eine gute Luftführung besitzen,
- es soll über mehrere Jahre strukturstabil sein, also nicht verrotten,
- es muss wurzelfreundlich sein,
- es sollte gut im Handel verfügbar oder einfach selbst zu mischen sein.

Welcher Topf für Orchideen?

Die meisten Orchideen kommen zwar in der Natur epi- oder lithopyhtisch vor, bekommen aber in unseren Kulturräumen ein neues Zuhause, den Topf. Überraschend ist immer wieder, dass zwar viel Geld für die Orchideen ausgegeben wird, aber an den Töpfen gespart wird.

Für einige Gattungen ist eine Kultur im Körbchen zwingend nötig.

Kunststoff- oder Tontopf: Tontöpfe sind wasser- und luftdurchlässig und haben eine raue Oberfläche. Zudem laufen sie konisch nach unten zu. Die raue Oberfläche wird nur von wenigen Wurzeln gerne angenommen. Meistens entwickeln die Pflanzen hier keinen richtigen Halt und fallen häufig während der Blüte aufgrund der Schwerpunktverlagerung aus dem Topf. Zudem wird durch die Luft- und Wasserdurchlässigkeit eine relativ hohe Verdunstungskälte erzielt, die ebenfalls von den meisten Pflanzen nicht vertragen wird. Vorteilhaft ist auf jeden Fall der Kunststofftopf. Hier ist die Wurzeltemperatur stets etwas höher als die Umgebungstemperatur – und dies ist immer wachstumsförderlich. Ein guter Topf besteht aus stabilem Kunststoff und ist unten stark durchlöchert. Der Boden ist hochgezogen um zu verhindern, dass sich nach dem Gießen ein Wasserfilm bildet, der die Luftzufuhr blockiert. Leider gibt es diese Topfsorte erst ab einer Größe von 12 cm. Daher sollten kleinere Töpfe auf Gitterrosten stehen, damit das Wasser abtropfen kann und die Durchlüftung gewährleistet ist.
Klarsichttopf: In den letzten Jahren sind Klarsichttöpfe immer populärer geworden. Es gibt sie inzwischen in fast allen Größen. Durch die Verwendung verbesserter Materialien sind sie mehrere Jahre haltbar. Sie haben den großen Vorteil, dass man das Wurzelwachstum besser beobachten kann. Des Weiteren kann man auch leichter erkennen, wie nass die Pflanze noch ist. Der erfahrene Orchideenfreund merkt dies jedoch sofort am Gewicht des Topfes. Häufig heißt es, die Wurzeln würden das Licht für ein besseres

Wachstum benötigen. Kommen jedoch Licht und Feuchtigkeit zusammen, wachsen als erstes Algen und Moose. Steht der Topf also frei, bilden sich bei ausreichend Feuchtigkeit Algen und Moose in dem Topf, die den Orchideen Nahrung, Wasser und auch Licht, vor allen Dingen aber die Luft wegnehmen. Stellt man den Klarsichttopf aber in einen so engen Übertopf, dass sich Algen und Moose nicht bilden können, dann ist es so dunkel, dass auch die Wurzeln kein Licht mehr bekommen. Der eigentliche Vorteil der Klarsichttöpfe bleibt so auf der Strecke.

Körbchen: Aus Gründen der Attraktivität kann man viele Orchideen auch in Körbchen pflanzen. Besonders bei den Arten, die mit der Rispe nach unten blühen (z. B. *Stanhopea*), ist dies zwingend erforderlich.

Körbchen auf der Fensterbank zu pflegen, kann zu Problemen führen, denn sie tropfen nach dem Gießen lange nach. Und da Körbchen sehr schnell austrocknen, müssen sie auch wesentlich öfter gegossen werden.

Zudem wurzeln die Pflanzen gerne auf dem Körbchen fest. Wenn man sie dann früher oder später umpflanzen muss, wird das je nach Holzbeschaffenheit schwierig. Die Pflanzen sind so festgewachsen, dass sie nur noch mit Gewalt und Schere gelöst werden können. Deshalb sollten nur Pflanzen, die es dringend benötigen, in Körbchen gepflanzt werden. Werden Körbchen aus dekorativen Zwecken verwendet, sollte man einen Kunststofftopf in das Körbchen stellen.

Körbchen werden aus vielen Holzarten gefertigt. Am günstigsten sind meist Nadelhölzer, die allerdings schon nach kurzer Zeit (zwei bis drei Jahren) so verrottet sind, dass sie auseinanderfallen. Körbchen aus Meranti, einem tropischen Hartholz, sind nicht immer zu bekommen. Körbchen aus Buche oder Eiche können ohne Weiteres verwendet werden. Wurzelschäden durch Gerbsäure wurden bis jetzt nicht beobachtet.

Gießtöpfe: Eine schöne Möglichkeit, auch empfindlichere Orchideen ohne viel Aufwand zu pflegen, sind Gießtöpfe. Hierbei handelt es sich um Tonröhren, die aus einem bestimmten weißen oder roten Ton gebrannt sind. Sie werden mit Wasser gefüllt, das langsam verdunstet und den Außenbereich immer leicht feucht hält. Mithilfe dieser Töpfe können gerade feinwurzelige Orchideen aufgebunden werden und lassen sich meist erfolgreich kultivieren. Empfehlenswert ist es, die Gießtöpfe zwei bis drei Monate mit Wasser gefüllt stehen oder hängen zu lassen, bis sich ein Moosteppich gebildet hat. Viele Pflanzen mögen dies gerne und wachsen sehr schön darauf fest. Hat man die Zeit nicht, kann man mit feuchtigkeitsspeichernden Unterlagen wie Vlies oder Moos die Orchideen sofort aufbinden.

Viele Tonröhren vertragen kein salzhaltiges Wasser, daher die Röhren nie mit Dünger im Wasser auffüllen – sie werden dann porös und brechen.

Säulen einer erfolgreichen Kultur:

- Verwendung eines geeigneten Substrates,
- maßvolle Gaben eines Düngers im richtigen Nährstoffverhältnis,
- Eintopfen in eine Sorte Töpfe mit wenigen Umpflanzterminen.

Orchideen pflegen

Zu den Pflegemaßnahmen gehören das Gießen oder Sprühen, Anbinden oder Stäben, Umpflanzen, das richtige Beschneiden sowie die regelmäßige Kontrolle. Auch wenn die Orchideen aufgrund ihres langsamen Wachstums nur sehr wenig Pflege benötigen, sollte sie doch richtig durchgeführt werden.

Dünger sollte immer von außen zugeführt werden.

Gießen

Orchideen haben seit vielen Jahren Einzug auf fast jeder Fensterbank gehalten. Es sind unzählige Bücher über das Gießen geschrieben und zahlreiche Vorträge gehalten worden. Dennoch gehört richtiges Gießen anscheinend zur schwersten Aufgabe der Pflege überhaupt. Dies liegt zum einen an den vielen unterschiedlichen Substraten, zum anderen an den verschiedenen Topfgrößen, die unterschiedlich schnell austrocknen. Aber unter Umständen auch an der „Nachbarin“, die mit ihren Tipps und Hausmitteln wie „ein Eierbecher oder Schnapsglas die Woche“ seit Jahren angeblich guten Erfolg hat. Orchideen sind, wie mehrfach geschrieben, sehr robuste Pflanzen. Aber solch eine Behandlung halten sie nicht ewig durch. Wenn man sich einmal eine gesunde Pflanze mit gutem Wurzelwerk anschaut, stellt man fest, dass die frischen Wurzeln sich unten im Topf befinden. Bei der Minimalmenge an Wasser bekommen sie nichts davon ab, und es ist zwangsläufig nur eine Frage der Zeit, bis die Pflanze eingeht.

Die Orchideen dürfen ruhig abtrocknen, sollten aber nie ganz trocken werden. Bei vollkommen trockenen Orchideen nimmt das Substrat überhaupt kein Wasser mehr auf. Für

Lieber seltener, aber dafür durchdringend gießen und das Wasser ablaufen lassen.

Pflanzen aufstellen

Tipp

Die Pflanzen nach dem Gießen immer genau so wieder an das Fenster stellen, wie sie vorher standen. Sie danken es durch besseres Wachstum und schönere Blüten.

den normalen 12-cm-Topf, in dem die meisten blühenden Pflanzen verkauft werden, gilt als Faustregel: Einmal die Woche richtig kräftig von oben durchgießen, das Wasser ablaufen lassen und die Pflanze erst dann wieder auf die Fensterbank stellen.

Der 12-cm-Topf ist der Standardtopf für die meisten Fensterbank-Orchideen; hier reicht wöchentliches Gießen. Kleinere Pflanzen in kleineren Töpfen trocknen viel schneller aus, 8–9 cm große Töpfe müssen unter Umständen zweimal die Woche gegossen werden, 6-cm-Töpfe oder noch kleinere je nach Bedingungen sogar dreimal die Woche. Gelegentlich sind die Töpfe aber auch größer, 14 cm oder sogar 16 cm. Hier ist gründliches Gießen alle zwei Wochen völlig ausreichend. Genau kann man dies eigentlich nur am Gewicht des Topfes feststellen. Man kann sich auch damit behelfen, ein Stäbchen in den Topf zu stecken, um dann beim Herausziehen abzulesen, wie weit der Topf abgetrocknet ist.

Gießwasser abstehen lassen!

Tipp

Das Gießwasser immer erst einen Tag in der Kanne abstehen lassen. Das Wasser gleicht sich so der Zimmertemperatur an. Außerdem können eventuell enthaltene Gase, wie Chlor (bei Leitungswasser), entweichen.

Die Orchideen sollten von oben gegossen werden, und zwar über das ganze Substrat. Häufig wird nur einseitig gegossen, sodass die eine Seite im Topf immer zu feucht und die andere immer zu trocken ist. Dies führt zu einer massiven Störung im Wurzelwachstum. Vielfach werden die Pflanzen auch getaucht. Grundsätzlich ist dagegen nichts einzuwenden, aber ist eine Pflanze krank, dann ist auch jede weitere, die danach in dieses Wasser kommt, mit derselben Krankheit angesteckt. Außerdem werden immer mehr Nährstoffe in das Tauchwasser gespült und es kommt es leicht zu einer Nährstoffanreicherung, die unter Umständen stark pflanzenschädlich sein kann.

Lassen Sie die Pflanzen nach dem Gießen gut abtropfen (am besten hierbei über einen Eimer halten) und stellen Sie sie erst dann zurück an ihren angestammten Platz.

Sprühen

„Wie oft muss ich meine Orchideen sprühen?“ ist eine der häufigsten Fragen. Um sie beantworten zu können, muss man die Art der Orchidee und ihren Standort genauer kennen. Die meisten Hybriden für die Fensterbank müssen überhaupt nicht besprüht werden. Ist die Luftfeuchtigkeit zu niedrig, ist das Aufstellen von Fensterbankschalen wesentlich sinnvoller und effektiver. Handelt es sich aber um empfindliche Arten oder Hybriden, die von

In den Morgen- und Abendstunden können die Blattunterseiten besprüht werden.

Natur aus Luftfeuchtigkeit gewohnt sind, sollten sie morgens und abends besprüht werden. Lediglich Pflanzen, die über kein gesundes Wurzelwerk mehr verfügen, sollten mehrfach morgens und abends besprüht werden, damit sie – mangels Wurzeln – ausreichend über die Blätter mit Wasser versorgt werden. In Wohnungen, die über warme Heizungen direkt unter dem Fensterbrett und dazu luftdicht abschließende Fenster verfügen, sollte ebenfalls regelmäßig im Winter gesprüht werden. Die trockene Raumluft und die warme Thermik der Heizung fördern den Befall durch Thripse oder

Tipp

Richtig sprühen!

Wichtig ist, dass man auf die Blattunterseite sprüht, denn hier befinden sich die Schließzellen, die Feuchtigkeit aufnehmen können.

Rote Spinne, dem durch Besprühen vorgebeugt werden kann.

Auf gar keinen Fall sollte im Sommer bei Hitze auf die Blätter gesprüht werden, auch die Blüten darf man nicht besprühen. Es sollte sich kein Wasser in den Blattachseln sammeln, dies kann zu gravierenden Pflanzenkrankheiten wie Stammfäule führen.

Umpflanzen

Die Pflegemaßnahme, bei der die meisten Fehler gemacht werden, ist das Umpflanzen. Hier werden häufig Schäden verursacht, die viele Pflanzen nicht überleben.

Wie oft soll man umpflanzen?

Dies hängt stark von dem Wachstum der Pflanze und der Qualität des verwendeten Substrates ab. Durchschnittlich sollte man alle zwei Jahre umtopfen. Bei schlechten Pflanzsubstraten kann es aber sein, dass die Pflanzen schon wesentlich früher umgepflanzt werden müssen, zum Teil halbjährlich bis jährlich. Bitte immer darauf achten, wie stark das Substrat zersetzt ist und ob noch eine gute Luftführung besteht.

Manche Pflanzen entwickeln sich so schnell, dass viele von den neuen Wurzeln herausschauen und nicht mehr in dem Substrat wachsen. Auch hier ist dann der Zeitpunkt zum Umtopfen gekommen. Wurzeln, die lange in der Luft gewachsen sind, gewöhnen sich nicht mehr an das Substrat und verfaulen nach dem Topfen meist. So kann man durch verspätetes Umpflanzen die Orchidee im Wachstum hem-

Neue Pflanzen bald topfen!
Neu erworbene Pflanzen stehen meist schon ein Jahr im Substrat, also sollten die Pflanzen – je nach Zustand des Substrates – spätestens nach einem Jahr umgetopft werden.

men. Ungefähr ein Jahr braucht sie dann, um sich wieder zu erholen. Auch die Blüten lassen dann auf sich warten.

Einige Orchideenfreude topfen alle Pflanzen um, sobald sie sie erworben haben. Dies kann ein großer Fehler sein. Manche Pflanzen haben Wachstumszyklen, und zu denen gehören Ruhepausen. Wer seine Pflanzen in dieser Zeit umtopft, kann schwere Störungen auslösen, die bis zum Verlust der Pflanze gehen.

Wann soll man umpflanzen?

Die beste Zeit zum Umtopfen ist April bis September. Wenn die Tage länger sind, bekommen die Pflanzen durch mehr Licht mehr Energie zugeführt und können wesentlich leichter anwachsen. Im Winterhalbjahr fehlt es an Licht und die Orchideen müssen auf ihre Reserven zurückgreifen.

Allerdings sollte an heißen Tagen nicht getopft werden. In dieser Zeit sind die Pflanzen auf Feuchtigkeit enorm angewiesen. Nach dem Umtopfen benötigen sie – je nach Jahreszeit – zwei bis vier Wochen, um sich im Topf zu etablieren.

Monopodial wachsende Orchideen können von Frühjahr bis Herbst eigentlich immer umgetopft werden. Bei sympodial wachsenden Orchideen sollte man verstärkt darauf achten, dass der Neutrieb mit der Bildung von frischen Wurzeln einhergeht. Diese können gleich in das neue Substrat einwachsen und die Störung der Pflanze ist auf ein Minimum beschränkt. Topft man außerhalb dieser Zeit um, kommt es sehr häufig vor, dass der Neutrieb zwar entspringt und bis zu einer gewissen Größe heranwächst, dann aber schwarz wird und abstirbt (insbesondere bei *Dendrobium* und *Cattleya*). Hier hat man häufig Viren oder Pilze im Verdacht, der tatsächliche Fehler liegt aber im falschen Umpflanztermin. Bitte aber beachten, dass diese neuen Wurzeln, besonders an der Spitze, sehr empfindlich sind. Verletzungen sollte man hier unbedingt vermeiden.

Darf man Orchideen während der Blüte umpflanzen?

Jede Umtopfaktion bedeutet eine Störung im normalen Wachstum der Pflanze, und nicht selten kann es zu

Wachsen die Pflanzen aus dem Topf, sollte alle zwei Jahre zwischen April und September umgetopft werden.

einem Verlust der Blüte führen. Auf jeden Fall ist die Haltbarkeit der Blüte deutlich geringer. Gerade bei *Phalaenopsis* kommt es häufig vor, dass die Pflanzen nach der Blüte schon wieder eine neue Rispe hervorbringen. In diesem Fall kann man versuchen, die Pflanze auch mit der neuen Rispe umzupflanzen. Das ist auf jeden Fall vorteilhafter, als sie über mehrere Jahre aus dem Topf herauswachsen zu lassen. Auch wenn es schwerfällt: Es empfiehlt sich, beim Umpflanzen die Rispe zu entfernen. Die Pflanze kann in Ruhe anwachsen und dankt es hinterher mit wesentlich schöneren Blüten und längerer Haltbarkeit.

Was muss man beim Umtopfen abschneiden?

Grundsätzlich wird alles, was matschig, faul oder in schlechtem Zustand ist, mit einer sauberen Schere entfernt. Pflanzt man diese Teile wieder mit ein, kann es schnell zu einer weitreichenden Fäulnis führen. Nach dem Beschneiden sollte man die Pflanze ein paar Minuten bis eine halbe Stunde an die Seite legen, damit die Schnittwunden etwas abtrocknen und sich verschließen können. Die Scheren und Messer sollten regelmäßig desinfiziert werden. So wird die Übertragung von Krankheiten verhindert.

Grüne Pflanzenteile werden grundsätzlich nicht entfernt. Gerade bei *Dendrobium* und *Cattleya* werden häufig alte Bulben mit abgeschnitten. Dies sollte tunlichst unterlassen werden. In diesen Teilen stecken die Reserven der Pflanzen, die dringend für ein schnelles Anwachsen und die gute Ausbildung der Neutriebe benötigt werden.

Braucht die Pflanze beim Umpflanzen einen größeren Topf?

Auch diese Frage kann eigentlich nur vor Ort entschieden werden. Grundsätzlich sollte die alte Topfgröße so lange wie möglich beibehalten werden. Wenn nach dem Beschneiden die Wurzeln (bei monopodialen Pflanzen) nicht mehr in den Topf passen oder sympodiale Orchideen so stark in die Breite gewachsen sind, dass sie nicht mehr in den alten Topf passen, kann die nächste Topfgröße genommen werden. Bitte aber dann dementsprechend das Gießverhalten ändern!

Wie topfe ich Orchideen um?

Das Substrat sollte noch leicht feucht sein. Ist die Pflanze ganz trocken, sind die Wurzeln spröde und brechen leicht. Und wer einmal eine klatschnasse Orchidee umgetopft hat, der weiß, dass dies nicht die helle Freude ist.

Bevor die Pflanze dem Topf entnommen wird, sollte der Topf leicht gedrückt oder geknetet werden. So lösen sich die Wurzeln vom Topfrand, falls sie festgewachsen sein sollten. Anschließend wird die Pflanze ausgetopft und das Wurzelwerk komplett vom alten Substrat befreit. Bei stark durchwurzelten Pflanzen kann es durchaus etwas länger dauern, denn der Wurzelballen muss vorsichtig behandelt und die Wurzeln müssen zum Teil einzeln losgelöst werden.

Nach dem Austopfen ist es wichtig, zwischen monopodialen und sympodialen Orchideen zu unterscheiden. Ist das Wurzelwerk komplett gesäubert, können bei monopodialen Orchideen die ältesten Wurzeln (dies sind die untersten) entfernt werden. Dies gilt

Monopodiale Orchidee umtopfen: Wenn reichlich Wurzeln über den Topfrand wachsen, muss umgetopft werden.

Das alte Substrat und schlechte Wurzeln werden vollständig entfernt.

Die Pflanze wird mittig in frisches Substrat getopft.

aber nur bei gut bewurzelten Pflanzen. Die älteren Wurzeln wachsen meist nicht mehr an und würden im Topf verrotten.

Nun werden die Wurzeln langsam und vorsichtig in den Topf gedreht. Reicht der Platz für die Wurzeln nicht aus, darf eine größere Topfnummer gewählt werden. Auch die Luftwurzeln kommen mit in den Topf, die Pflanze sollte mittig eingesetzt werden.

Bei sympodial wachsenden Orchideen werden die ältesten Wurzeln (das sind die an den Bulben, die am weitesten vom Neutrieb entfernt sind) abgeschnitten. Sie wachsen auf keinen Fall mehr an. Nun wird die Pflanze wieder in den Topf gesetzt, die Wurzeln können hineingedreht werden. Bitte unbedingt darauf achten, dass der Neutrieb in der Mitte sitzt, sonst ist der nächste Trieb gleich wieder aus dem Topf herausgewachsen. Die Rhizome und neuen Augen dürfen nach dem Topfen nicht mit Substrat bedeckt sein. Sie fangen sonst an zu faulen, die Augen würden ohne Licht nur schwer oder gar nicht mehr austreiben. Eine Ausnahme bilden die Frauenschuh-Orchideen (Gattung *Paphiopedilum*), hier sollte das Substrat immer gut einen Daumen breit höher als die oberste Wurzel liegen. Frauenschuhwurzeln wachsen nicht durch die Luft, und gerade Vertreter dieser Gattung überleben es selten, wenn sie zu hoch getopft werden.

Fehler vermeiden

Nun kommt der Punkt, an dem die meisten Fehler gemacht werden. Hat man aus Versehen etwas zu viel abgeschnitten oder ist etwas gebrochen,

Umpflanzen unter Anleitung

Umpflanzen ist neben Gießen das Wichtigste bei der Pflege der Orchideen. Sprechen Sie einmal mit Ihrem Orchideengärtner und lassen Sie es sich in Ruhe zeigen. Auch wenn Substrat und Topf etwas kosten, es ist gut angelegtes Geld.

kann die Pflanze sich schnell erholen. Aber damit das Wachstum nicht zu stark gestört wird, muss das frische Substrat zwischen die Wurzeln gefüllt werden. Dies liest sich viel leichter, als es umzusetzen ist. Der Topf darf geschüttelt, geklopft oder aufgestoßen werden. Mit den Fingern können Sie die Wurzeln auseinanderziehen, damit das frische Substrat wirklich zwischen die Wurzeln kommt. Häufig wird das Substrat von oben eingefüllt und nach unten gedrückt. Dabei werden die Wurzeln in der Mitte zusammengeschoben und fangen unweigerlich zu faulen an. Oder es wird nicht genug oder zu schnell eingefüllt, und es entstehen große Hohlräume. Hier kann dann auch nach dem Gießen kein Wasser mehr gespeichert werden, und die Pflanzen vertrocknen trotz reichhaltiger Wassergaben.

Was muss man nach dem Umpflanzen beachten?

Je nachdem, in welchem Zustand sich die Pflanze vorher befunden hat, kann die Störung durch das Umtopfen von größerem oder kleinerem Ausmaß sein. Auf jeden Fall werden die Pflanzen mindestens 24 Stunden nach dem Topfen nicht gegossen. Eventuelle Schnittwunden oder andere Verletzungen müssen sich in Ruhe schließen

Sympodiale Orchidee umtopfen: Erscheinen frische Wurzeln am Neutrieb, ist der ideale Umpflanzzeitpunkt gekommen.

Substrat und schlechte Wurzeln vollständig entfernen, die Wurzeln an den Fronttrieben nicht beschädigen.

Der Neutrieb sollte sich in der Mitte des Topfes befinden.

können. Auch sollten die Pflanzen vier bis sechs Wochen nicht gedüngt werden. Wenn die Wurzeln „Hunger“ haben, entwickeln sie sich schneller und wachsen besser an.

Sympodial wachsende Orchideen wie *Cattleya* oder *Dendrobium* dürfen, wie oben erwähnt, nicht zu tief getopft werden. Sie tendieren nach dem Pflanzen leicht dazu, aus dem Topf zu fallen. Daher sollte die Pseudobulben mit Stäben gestützt werden bis die Pflanze wieder fest angewachsen ist.

War das Wurzelwerk stark geschädigt oder bestand nur noch aus Luftwurzeln, dann muss die Pflanze täglich zur Unterstützung morgens und abends auf der Blattunterseite besprüht werden. Man kann damit langsam wieder aufhören, wenn sich die neuen Wurzeln gebildet haben. Das Gießen erfolgt zusätzlich weiterhin im normalen Rhythmus, denn die neuen Wurzeln entwickeln sich im feuchten Substrat wesentlich besser als in einem zu trockenen.

Frisches Substrat hält häufig in den ersten zwei bis vier Wochen das Wasser nicht sehr lange. In dieser Zeit sollte man öfter kontrollieren und zusätzlich zu dem normalen Gießrhythmus Wasser geben.

Frischimporte richtig behandeln

Gelegentlich werden, gerade auf Orchideenausstellungen, Orchideenarten und -hybriden direkt aus dem Herkunftsland gehandelt. Da Luftfracht teuer ist, werden sie fast immer „bare root“, also wurzelnackt ohne Substrat angeboten. Hier ist es sinnvoll, solche Pflanzen im Frühjahr oder Sommer zu erwerben, im Herbst und Winter wachsen sie mangels Licht wesentlich langsamer an.

Sind die Pflanzen sehr trocken, kann man sie für 24 Stunden in handwarmes Regenwasser legen. Meistens saugen sich Bulben und Blätter wieder richtig voll, und die Orchidee hat wieder mehr Reserven. Pflanzen, die hierbei faulig werden, hätten meist die nächsten vier Wochen bei anderer Kultur auch nicht überlebt.

Diese Frischimporte können danach zur Wurzelbildung zunächst einmal in reines *Sphagnum* gepflanzt werden (siehe Seite 32). Nach zwei bis drei Monaten sollte man sie aber in normales Substrat setzen. Auch diese Pflanzen sollten zur Unterstützung bis zur Wurzelbildung morgens und abends auf die Blattunterseiten gesprüht werden, ebenso darf man Dünger erst nach einer ausreichenden Wurzelbildung verabreichen.

Orchideen aus Flaschen

Für viele ist es auch reizvoll, sich Orchideen aus Flaschen selber großzuziehen, ob sie nun von der Asienreise mitgebracht oder im Inland erworben wurden. Diese Zöglinge bedürfen in den ersten Tagen erhöhter Aufmerksamkeit.

Viele Flaschen, die gerade in Südostasien gekauft wurden, beinhalten Pflanzen, die für die dortigen Lichtverhältnisse gezüchtet wurden und hier meist nur sehr schwer zur Blüte gelangen. Orchideen, die vom Jungpflan-

Orchideen-Jungpflanzen in einer verschlossenen Flasche.

zenstadium an zu Hause gezogen wurden, sind häufig robuster als im Endzustand erworbene Pflanzen. Häufig hängt das Herz besonders an diesen Winzlingen, und es ist eine Riesenfreude, wenn sie dann das erste Mal blühen.

Wie bei Frischimporten gilt auch hier, dass die Sämlinge von Frühjahr bis Herbst deutlich besser anwachsen als im Winter. Man kann sie in dem Glas oder der Flasche meist problemlos im Winter auf der Fensterbank bis zum nächsten Frühjahr aufheben. Bitte darauf achten, dass die Flasche nicht der direkten Sonne ausgesetzt ist, sie würde überhitzen!

Die Flasche wird nicht geöffnet, es sei denn, man will die Orchideen auspflanzen. Dies kann beispielsweise nötig werden, wenn sie verpilzen. Die Flaschen sind innen keimfrei, aber trotzdem kann es vorkommen, dass Pilze oder Bakterien eindringen. Sie entwickeln sich auf dem Nährboden, der die Orchideen versorgt, wesentlich schneller als die Orchideenjungpflanzen. Sie würden sie bald vernichten. Falls Sie Anzeichen bemerken, die Flasche sofort öffnen und die Jungpflanzen entnehmen.

Hat man einen günstigen Zeitpunkt festgelegt, an dem die Pflänzchen umgepflanzt werden können, wird die Flasche geöffnet; man entnimmt die Orchideen und reinigt sie mit handwarmem Wasser von dem Nährboden. Danach legt man sie zum Trocknen auf ein Küchenpapier oder eine alte Zeitung. Eine chemische Behandlung zur Abhärtung der Pflanzen ist meist überflüssig.

Sind die Pflanzen abgetrocknet, können sie in feines Orchideensubstrat oder *Sphagnum* eingepflanzt werden. In diesem Stadium dürfen mehrere Pflanzen in einen Topf. Die Wurzeln der Pflänzchen wachsen meist nicht weiter, aber es bilden sich relativ schnell neue. Auch bei diesen Pflanzen kann man zur Unterstützung neben den normalen Wassergaben morgens und abends die Blattunterseite benetzen.

Häufig werden die getopften Pflänzchen in geschlossene Minigewächshäuser gesetzt. Das ist nicht zu empfehlen, da diese nicht über ausreichenden Luftaustausch verfügen. Sinnvoller sind offene Aquarien oder Einmachgläser. Diese werden unten mit Kies gefüllt, in dem Wasser stehen darf. Aber die Töpfe müssen über dem Wasser stehen. So entsteht eine höhere Luftfeuchte ohne stauende Luft. Mit einem durch den Topf gesteckten und unten umgebogenen Draht kann man die Pflanzen den Einmachgläsern leichter zum Sprühen entnehmen.

Haben sich die ersten frischen Wurzeln gebildet, wird das Sprühen reduziert. Jetzt kann angefangen werden, sehr vorsichtig zu düngen – Jungpflanzen werden bis zum Vereinzeln nur sehr sparsam gedüngt. Wenn in dem Topf nicht mehr genügend Platz für alle Pflanzen bleibt, wird es Zeit, sie auseinander zu topfen, um ihnen eine gesunde Entwicklung zu ermöglichen. Meistens sind sie dann auch so stabil, dass sie auf der Fensterbank bis zur Blüte weitergepflegt werden können.

Augen auf beim Pflanzenkauf!

Die so genannten „Fensterbank-Orchideen“ werden heute fast überall angeboten. Die Preise sind häufig sehr unterschiedlich und liegen oftmals unter den Entstehungskosten. Daher ist es gerade für den Anfänger verlockend, wahllos zuzugreifen.

Worauf sollte man achten?

Achten Sie bitte darauf, wie die Orchideen angeboten werden: Stehen sie noch in Klarsichtfolie verpackt auf dem Container oder unter Kunstlicht im Mitnahmebereich der Kasse, braucht man sich auf eine lange Blütezeit gar nicht mehr freuen. Die Klarsichttüten sind zwar ein guter Transportschutz, mindern aber bei längerer Verpackungsdauer die Haltbarkeit der Blüten. Und werden die Pflanzen nicht im Gewächshaus, sondern im Geschäft unter Kunstlicht angeboten, sind Transport und Zwischenlagerung fast immer genauso lieblos erfolgt. Knospenfall und Stammfäule sind dann häufig zu finden. Und der Kauf einer solchen Pflanze macht keinen Sinn.

In vielen Gartencentern werden die Pflanzen auf Tischen in Gewächshäusern angeboten, allerdings meist noch in Folie gehüllt. Auch hier ist Vorsicht angesagt. Denn bei Sonne heizt es sich in der Folie auf, die Pflanzen werden sehr heiß und die Blühdauer ist meist beschränkt. Achten Sie auch darauf, ob das Gewächshaus normal beheizt wird. Häufig werden die Anlagen nur durch das Tageslicht geheizt und kühlen nachts aus. All dies schränkt die Haltbarkeit der Pflanzen ein.

Vernünftig angebotene Pflanzen werden ausgepackt, ohne Folie in einem geheizten Gewächshaus so aufgestellt, dass die Blüten sich präsentieren und entfalten können. Der Abstand zwischen den Pflanzen ist so groß, dass sie gegossen werden können, ohne dass sich das Wasser auf den Blättern sammelt. So kann man die Orchidee aussuchen, die Wurzeln anschauen und auf Schädlinge achten. Dann hat man das Gefühl, etwas

Kräftige und gesunde Pflanzen bringen mehr Blüten hervor.

Vernünftiges für sein Geld bekommen zu haben.

Gut beraten: Die Orchideengärtnerei

In den wenigen Orchideengärtnereien, die es heute noch gibt, kann man fachkundig beraten werden. Hier ist auch ist die Auswahl an Orchideenarten und -hybriden viel größer als bei einem Baumarkt. Neue, ungewöhnliche Sorten oder besonders gut gewachsene Pflanzen sind oft nur hier zu bekommen. Auch ein spezieller Service, das heißt ausführliche Beratung zu Dünger und Substrat bzw. praktische Hilfe beim Umpflanzen und die Pflege während Ihres Urlaubs wird kaum anderswo geboten.

Nehmen Sie sich Zeit, wenn Sie eine Gärtnerei besuchen. Schauen Sie aufmerksam, wo die Pflanzen platziert sind. Wärmeliebende Pflanzen hängen meistens höher, kühlere sind häufig tiefer und schattiger zu finden. Wurden die Pflanzen in Containertöpfe oder Schalen getopft? Dies kann ein Hinweis dafür sein, wie viel Platz die Pflanze später einmal benötigt. In vielen Gärtnereien gibt es große Schaupflanzen, die meist nicht für den Verkauf gedacht sind. Häufig werden hiervon Teilstücke oder Jungpflanzen angeboten. Aber daran, wo die Schaupflanze steht, kann man schon sehr viel über ihre Bedingungen lernen.

An Algen bzw. Moosbewuchs unter den Tischen oder an den Stehwänden kann man etwas über den Feuchtigkeitsbedarf der Pflanzen ablesen. Dort, wo regelmäßig gesprüht wird, siedeln sich meist kleine Farne, Moose oder Algen an. Man kann dann daraus schlussfolgern, dass diese Orchideen auf jeden Fall mehr Wasser benötigen. Dort, wo weniger gegossen werden muss, findet man dieses „grüne Beiwerk" nicht.

Sollten Sie die Möglichkeit haben, dieselbe Gärtnerei regelmäßig zu besuchen, kann man noch viel mehr über die Entwicklung der Pflanzen lernen. Auch Gärtner hängen gelegentlich Pflanzen um, weil sie merken, dass sie sich an anderen Stellen besser entwickeln.

„Kunden-Knigge"

In einer Orchideengärtnerei wird vom Gärtner eine Menge Fachwissen verlangt. Meist ist er gerne bereit, dieses weiterzugeben. Allerdings gibt es auch für den Kunden einige Spielregeln, die er beim Besuch einer Orchideengärtnerei berücksichtigen sollte:

- Grundsätzlich sollten weite Mäntel und Taschen nicht mit in eine Gärtnerei genommen werden. Die Gewächshäuser sind geheizt, und es gibt keinen Grund, den Mantel anzubehalten – außer dem, sich eine Pflanze nach Hause zu holen und dabei „vergessen" zu zahlen.
- Bitte nicht schon beim Kauf einer Flasche Dünger nach Prozenten fragen. Fast immer wird bei einem guten Einkauf ohnehin ein Preisnachlass gewährt oder eine Extra-Pflanze dazugepackt. Auch der Gärtner hat Interesse, dass der Kunde wiederkommt.
- Schauen Sie sich die Pflanzen in einer Gärtnerei in Ruhe an. Nutzen Sie die Gelegenheit, durch Beobach-

Eine große Auswahl und fachkundige Beratung bietet die Orchideengärtnerei.

ten des Standortes viel über die Pflanzen zu lernen. Aber fassen Sie bitte nicht jede Orchidee an, heben sie hoch und stellen sie wieder hin. Die Pflanzen bilden ihre Blätter zum Licht aus und mögen es gar nicht, wenn sie dauernd umgestellt werden.

- Wenn die Pflanzen blühen, ist es ein normaler Wunsch, sie sich näher anschauen zu wollen. Aber dazu bitte nicht am Blütenstiel, dem anfälligsten Pflanzenteil, hochheben!
- Besondere „Freude“ bereitet man dem Gärtner, wenn die Etiketten herausgezogen und falsch zurückgesteckt werden, weil man nicht mehr ganz sicher weiß, wo man sie hergenommen hat.
- Mit Baumarktpflanzen zum Umpflanzen zu kommen wird nicht immer gern gesehen, ebenso wenig wie der Versuch, dabei noch die Beratung kostenlos dazu zu bekommen, die man beim Discount-Pflanzenkauf gespart hat.

- Auf gar keinen Fall sollten Sie versuchen, trockene Pflanzenteile in der Gärtnerei zu entfernen oder ähnliche „Aufräumarbeiten" zu unternehmen. Durch solche gut gemeinten Maßnahmen werden die Pflanzen oft empfindlich geschädigt.
- Sollte bei einer Besichtigung einer Gärtnerei einmal eine Pflanze herunterfallen, so nehmen Sie sie und bringen sie zum Gärtner. Fast immer wird er mit Nachsicht reagieren, denn so etwas kann passieren, und in den Gärtnereien ist es häufig sehr eng. Aber kein Verständnis hat der Gärtner, wenn die Pflanze anschließend achtlos mit dem Fuß unter den Tisch gestoßen wird und man einfach weitergeht.

Wenn Sie diese Hinweise beherzigen, dürfen Sie vom Gärtner eine gute Beratung bei allen Fragen rund um die Orchidee erwarten, zudem gesunde, kräftige Pflanzen und viele Tipps und Ideen, die das Hobby wirklich erfreulich machen.

Gerne wird ihr Orchideengärtner auch bei besonderen Problemen mit den Pflanzen helfen, aber geben Sie ihm bitte auch die Chance, die entsprechende Orchidee zu begutachten. Es hat nur selten Sinn, telefonisch oder per Email eine Auskunft bekommen zu wollen. Die Wahrscheinlichkeit eines Fehlers bei einer Ferndiagnose ist sehr hoch und kann letztendlich den Totalverlust der Pflanze bedeuten. Auch abgeschnittene Pflanzenteile mitzubringen, ist nur selten sinnvoll. Meist muss die Pflanze in ihrer Gesamtheit betrachtet werden. Bei Befall mit Insekten auf jeden Fall vorher anfragen, ob Sie die Pflanzen mit ins Gewächshaus bringen dürfen – die Ansteckungsgefahr ist hoch!

Orchideenversand

In Zeiten des Internets nehmen die Möglichkeiten zu, sich über Orchideen zu informieren und sie sich schicken zu lassen. Der Versand von Orchideen ist Vertrauenssache. Grundsätzlich sind die Erfahrungen mit durch Versandhandel erworbene Orchideen eher positiv, allerdings gibt es auch unter den Händlern schwarze Schafe. Schützen kann man sich davor nur, wenn man vorher einmal die Gärtnerei oder den Versandhandel besucht hat und sich so von der Qualität der Pflanzen und der Kompetenz des Verkäufers überzeugt hat. Hat man nicht die Möglichkeit dazu, dann kann man es auf einen Versuch ankommen lassen. Lesen Sie vorher aufmerksam die Geschäftsbedingungen. Bei einem seriösen Geschäft können die Pflanzen bei Nichtgefallen problemlos innerhalb einer kurzen Frist wieder zurückgeschickt werden. Reklamationen nach einem längeren Zeitraum werden nur selten anerkannt, weil nicht mehr feststellbar ist, bei wem der Fehler gelegen hat.

Bei Unsicherheiten bezüglich der Größenangaben der Pflanzen sollten Sie sicherheitshalber den Kontakt mit der Versandgärtnerei aufnehmen. Nicht selten kommt es hier zu Missverständnissen, die schnell geklärt sind.

Wenn die Pflanzen eingetroffen sind, sollte man sie sofort auf Schädlinge oder andere Krankheiten kontrollieren und gegebenenfalls behandeln oder zurückschicken. Auf keinen Fall sollten die Pflanzen sofort umgetopft werden, in den meisten Fällen werden dann zu Recht Rücknahme oder Ersatz verweigert. Ein einigermaßen erfahrener Orchideenliebhaber kann – auch ohne die Pflanze auszutopfen – erkennen, ob sie bewurzelt ist oder nicht. In vielen Fällen sollten die Pflanzen einen Tag nach Erhalt der Sendung gegossen werden. Meistens werden sie trocken eingepackt, um Pflanzenschäden während des Transports zu vermeiden.

Bestellt man Frischimporte per Versand, sollte man sich darüber im Klaren sein, dass man keine etablierte Pflanze mit Wurzeln bekommt. Bei Importen gibt es immer das Risiko, dass die Pflanzen noch anwachsen müssen, dies aber leider nicht immer tun. Reklamationen sind hier nur sehr schwer durchzusetzen.

Die streng geschützte *Cypripedium fargesii* darf nicht am Naturstandort entnommen werden, beim Kauf sollte man daher auf die CITES-Bescheinigung achten.

Artenschutz

Orchideen stehen unter Artenschutz. Das heißt, dass die Entnahme von Pflanzen oder Pflanzenteilen aus der Natur und der Handel damit verboten ist. Innerhalb der Europäischen Union sind im Moment alle Orchideen frei handelbar, solange sie aus künstlicher Vermehrung stammen oder legal eingeführt wurden.

Will man jedoch Pflanzen aus dem Ausland einführen – und sei es nur aus dem Nicht-EU-Land Schweiz – kann dieses sehr schwierig werden. Zuerst benötigt man aus dem Land, aus dem man die Pflanze mitbringen möchte, eine CITES-Bescheinigung. Dieses Zertifikat belegt, dass die Pflanze auch in dem Herkunftsland gehandelt werden darf und aus künstlicher Vermehrung stammt. Mit einer Kopie des CITES kann ein Antrag an das zuständige Bundesamt mit der Bitte um eine Einfuhrerlaubnis gestellt werden. Dieser kostenpflichtige Vorgang kann bis zu vier Wochen dauern. Wenn die Einfuhrgenehmigung erteilt wurde, darf die offizielle Einfuhr erfolgen. Allerdings muss noch ein Gesundheitszeugnis aus dem Ursprungsland und eine offizielle Rechnung den

Papieren beigelegt sein. Es gibt bestimmte CITES-Bereiche innerhalb von Flughäfen oder Grenzübergänge, die dafür benutzt werden müssen. An anderen Stellen kann keine Pflanzenbeschau durchgeführt werden, und im schlimmsten Fall muss man die Heimreise ohne Orchidee antreten.

Diese Maßnahmen sollen verhindern, dass man aus dem Urlaub ein paar „Mitbringsel" importiert. Sicherlich erscheinen zwei bis drei Pflanzen pro Urlauber nicht viel, aber wenn jeder der zwei bis drei Millionen Südostasienbesucher drei Wildpflanzen mitbringt, sind die Bestände dort schnell ausgelöscht.

Die Importerlaubnis und das CITES werden auch für Hybriden aus dem nicht-europäischen Ausland benötigt. Die Strafen für das Schmuggeln von Pflanzen können recht empfindlich ausfallen. Im Ernstfall ist eine höhere Geldsumme fällig, im Wiederholungsfall muss auch mit Freiheitsstrafen gerechnet werden.

Trifft man auf einer Orchideenausstellung auf einen Verkäufer, dessen Pflanzen offensichtlich frisch eingeführt wurden, empfiehlt es sich auf jeden Fall, die CITES- und Importerlaubnis-Nummer auf das Etikett der erworbenen Pflanze zu schreiben, um jederzeit nachweisen zu können, dass diese legal gekauft wurde. Bei streng geschützten Pflanzen – man spricht hier auch von Anhang-1-Pflanzen – wie *Paphiopedilum, Phragmipedium* und wenigen anderen, empfiehlt es sich immer, einen Herkunftsnachweis wie z. B. die Rechnung mit den entsprechenden Nummern zu besitzen.

Pflanzenkrankheiten

Eine gute Kultur ist die Voraussetzung für gesunde Pflanzen. Und gut gepflegte Pflanzen sind erheblich widerstandsfähiger gegen zahlreiche Krankheiten. Schlecht kultivierte Pflanzen werden um ein Vielfaches häufiger befallen.

Grundsätzlich unterscheidet man zwischen nichtparasitären und parasitären Krankheiten. Nichtparasitäre Krankheiten sind die, die direkt auf Kulturfehler wie falsches Gießen oder ungünstige Temperatur am Standort zurückzuführen sind. Parasitäre Erkrankungen entstehen aufgrund von Erregern tierischer, bakterieller oder pilzlicher Natur.

Krankheiten durch Kulturfehler

Die meisten Erkrankungen bei Pflanzen sind auf Fehler in der Kultur zurückzuführen. Oberstes Ziel muss dementsprechend sein, die Pflanze so zu pflegen, dass sie sich durch ihre eigenen Widerstandkräfte gesund erhalten kann.

Dünger

Auch Orchideen benötigen Nährstoffe. Nun kann es vorkommen, dass zu wenig oder zu viel gedüngt wird. Wird zu viel Dünger gegeben, werden als erstes die Wurzeln dick, sehr steif und sind kaum noch geschmeidig und biegsam. Das Blatt wird meist dunkelgrün, hart und brüchig. Hier hilft nur, sofort die Düngung einzustellen und auf reines Regenwasser umzustellen bis sich dieser Pflanzenschaden herausgewachsen hat. Plötzliche hohe Düngegaben oder Überdüngung durch massive Zersetzung des Substrates führen zu einem Absterben der Wurzeln. Die Wurzeln sind meist noch weiß, aber ohne Substanz und sehen aus wie leergesaugt. Hier sollte sofort umgetopft werden, egal zu welcher Jahreszeit. Bis zu einer neuen Wurzelbildung unbedingt Blattunterseiten morgens und abends besprühen.

Wird zu wenig gedüngt, erhalten die Pflanzen nicht alle Nährstoffe in ausreichender Menge. Sie kümmern, blühen seltener und sind besonders anfällig für Krankheiten.

Mangelerscheinungen an einer Orchideenpflanze.

Temperatur

Alle Orchideen bevorzugen einen bestimmten Temperaturbereich. Wird dieser über- oder unterschritten, beeinflusst das den Stoffwechsel der Orchideen. Absterbe-Erscheinungen auf den Blättern werden sichtbar, die Pflanze wird empfindlich gegenüber parasitären Einflüssen. Pilzliche und bakterielle Erkrankungen sind die direkte Folge.

Erfrierungen bei falschem Pflanzentransport im Winter (im Kofferraum des Autos) oder Überhitzungen (im Wageninnern bei Sonne) führen zu einem sofortigen Zellzusammenbruch, die Pflanzen sind nicht mehr zu retten. Sobald die Pflanzen zu nahe am Fenster stehen, können im Winter bei schlechter Temperaturführung teilweise Erfrierungen am Blatt auftreten. Stehen die Pflanzen zu warm, kann es zu Verbrennungen kommen. Das Blattgewebe wird erst weich und matschig, trocknet nach zwei bis vier Tagen ein und bildet an der Verbrennungsstelle einen weißen Fleck mit einem schwarzen Rand.

Licht

Orchideen benötigen eine bestimmte Lichtmenge, um optimal wachsen zu können. Wird diese unterschritten, werden die Blätter erst dunkelgrün, dann zeigen sie ein auffälliges Längenwachstum und werden weich in der Substanz. Durch mangelnde Widerstandskraft werden sie empfindlich gegenüber Krankheiten pilzlicher oder bakterieller Herkunft sowie gegenüber Schadinsekten.

Bei zu viel Licht entsteht erst eine Rotfärbung der Blätter, dann sind Verbrennungen die unweigerliche Folge, die sowohl punktuell als auch großflächig auftreten können. Die Blätter sterben ab, und nur selten gelingt es, die Pflanze wieder zum Leben zu erwecken.

Vorsicht auf der Fensterbank: Zu viel Sonne führt zu Verbrennungen.

Wasser

Zu wenig Wasser führt erst zu einem Vertrocknen der Wurzeln, der sichtbare Teil der Pflanze folgt kurze Zeit später. Hierfür muss man aber sehr lange nicht gegossen haben, denn die meisten Orchideen können lange ohne Wasser aushalten. Viele Pflanzen kann man durch regelmäßiges Sprühen auf die Blattunterseiten wieder retten.

Zu viel Wasser führt zu einem Absterben der Wurzeln. In dem feuchten

Milieu sind die Wurzeln mangels Luft geschwächt, auftretenden und hier bestens gedeihenden pilzlichen Krankheiten können sie kaum Paroli bieten. Ebenso darf kein Wasser in den Blattachseln stehen bleiben, auch dies führt zu Fäulnis durch pilzliche Erkrankungen.

Nicht ganz richtig ist die Aussage, dass Pflanzen nicht nass in die Nacht gehen dürfen. Solange genügend Frischluft (keine Umluft) zur Verfügung steht, können die Pflanzen auch spät abends noch – gerade im Sommer – überbraust werden.

Substrat

Der Pflanzstoff sollte gut durchlüftet und nährstoffarm sein, der Säuregrad (pH-Wert) muss im richtigen Bereich liegen. Schlechte Durchlüftung führt zu Fäulnis. Zu viele Nährstoffe verhindern das Wurzelwachstum genauso wie ein falscher pH Wert, der häufig durch Beimischungen wie Lecaton oder Ähnliches verschoben wird. Auch harzhaltige, begaste oder gerbsäurehaltige Rinden führen zu einem schlechten Wurzelwachstum.

Blütenfall

Gerade in den dunklen Wintermonaten kommt es oft zu vorzeitig abfallenden Blüten oder sich nicht öffnenden Knospen. Hierfür gibt es mehrere Ursachen, und nicht immer kann Abhilfe geschaffen werden.

- Ausdünstungen von Obst, Gemüse, Kleber, Farben und Ähnlichem führen zu Knospen- und Blütenfall. Hier sollte man Obst und Gemüse woanders unterbringen, Bastelarbeiten in einem anderen Raum erledigen.
- Kohlendioxidanreicherungen in der Luft führen zu Knospen- und Blütenfall. Zahlreiche Kerzen, ständiger Zigarettenrauch und schlechte Lüftung sollten vermieden werden.
- Liegt die Ursache generell im Lichtmangel, kann dies zwar über Zusatzlicht geändert werden. Für Tageslicht gibt es jedoch nur sehr teuren künstlichen Ersatz. Verfügen Sie nur über sehr dunkle Räume, sollten Sie doch eher von der Anschaffung von Orchideen Abstand nehmen.

Parasitäre Erkrankungen

Parasiten treten vorwiegend bei geschwächten Pflanzen auf. Dies ist häufig die Folge von Kulturfehlern.

Pilzliche Erkrankungen (Mykosen)

Hier unterscheidet man zwischen Wurzel-, Stamm- und Blattpilzen. Wurzelpilze sind eine Folge von schlechtem Substrates oder von zu viel Feuchtigkeit bzw. falscher Temperatur. Die Pflanze sollte sofort umge-

Die Wollaus ist ein lästiger Schädling.

Trockene Luft führt zu einem Befall mit Roter Spinne.

Raupen mögen Blütenblätter.

pflanzt werden. Dabei werden alle befallenen Wurzeln entfernt, die Pflanze neu getopft, und man kann versuchen, sie bis zur Wurzelbildung über Besprühen der Blätter zu ernähren.

Bei Stammpilzen, die sich bei monopodial wachsenden Orchideen im Stamm und bei sympodial wachsenden Orchideen in dem Rhizom oder den Pseudobulben entwickeln, ist meist jede Gegenmaßnahme vergeblich. Diese Pilze sind nicht zu bekämpfen und haben, wenn man sie entdeckt, die Orchidee meist so durchwachsen, dass sie nicht mehr zu retten ist.

Bei *Phalaenopsis* und *Vanda* (inklusive deren Verwandte) gibt es eine pilzliche Erkrankung, bei der die zentralen Blätter, das „Herz" der Pflanze, plötzlich verloren gehen. Hier gilt es, die entstandene Wunde sofort trockenzulegen. Die Pflanze wird danach möglichst aufmerksam gepflegt und in nicht wenigen Fällen bilden sich unten an der Basis neue Austriebe, die relativ schnell wieder heranwachsen. Ein zusätzliches Umtopfen hat sich nicht bewährt, im Gegenteil, meist gehen die Pflanzen danach zugrunde.

Blattpilze sind in ihrem Erscheinungsbild sehr unterschiedlich, und ihr Aussehen hängt auch sehr stark von der befallenen Pflanzengattung ab. Sie sind in erster Linie ein Hinweis darauf, dass die Pflanze besser gepflegt werden muss, insbesondere was Licht und Luftfeuchte angeht. In ganz seltenen Fällen führen diese Blattpilze zu einem vollständigen Verlust der Pflanzen. In vielen Fällen kann man bei starkem Fortschreiten der Absterbe-Erscheinungen das Blatt oder die befallene Stelle mit einer sauberen Schere oder einem Messer entfernen und so einen weiteren Verlauf stoppen.

Bakterielle Erkrankungen (Bakteriose)

Erwähnenswert ist hier eine Bakteriose, *Pseuodmonas*, die gelegentlich an *Phalaenopsis* oder *Paphiopedilum* auftritt. Die Blätter werden im befallenen Bereich weich, schmierig, und bei Berührung mit der Hand kann man einen üblen Geruch wahrnehmen. Zur

Rettung der Pflanze sollte man sofort überlegen, welcher Pflegefehler vorliegen könnte, und diesen abstellen. Das befallene Blatt wird großzügig mit sauberem Schnittwerkzeug entfernt und die Schnittwunde mit Aktivkohle behandelt. In den meisten Fällen erholen sich die Pflanzen danach.

Viruserkrankungen (Virosen)

In Bezug auf Viruserkrankungen herrscht eine große Unsicherheit unter den Orchideenliebhabern. Grundsätzlich ist mit Virosen nicht zu spaßen, aber man muss sich darüber im Klaren sein, dass Pflanzen genauso wie Menschen Viren in sich tragen. In den häufigsten Fällen ist der gesunde Organismus – und auch das trifft auf Mensch und Pflanze gleichermaßen zu – in der Lage, den Virus zu bekämpfen oder zu unterdrücken.

Die Viren lagern sich in den Zellen dem Erbgut an, verhindern die Zellteilung und bringen so die Zelle zum Absterben. Sie greifen immer die benachbarten Zellen an, was zu einem kreis- oder streifenförmigen Erscheinungsbild der Krankheit führt.

Viren sind die Verbreitung durch Wirtsorganismen angewiesen. Dies können Insekten, insbesondere Läuse und Thripse sein, aber auch Schnittwerkzeuge und Tropfwasser. Da es keine chemischen Mittel zur Bekämpfung gibt, bleibt nur die Vorbeugung. Man sollte alles unternehmen, dass Virosen sich nicht verbreiten können. Dazu gehören Reinlichkeit und Desinfektion der Werkzeuge, Bestandskontrolle und eine schnelle Bekämpfung bei tierischem Befall, des Weiteren die Vermeidung von Tropfwasser.

Sollte man wirklich eine Pflanze besitzen, die mit hoher Wahrscheinlichkeit virös infiziert ist, wird diese Orchidee isoliert, sorgfältig weiterkultiviert und ihr die Möglichkeit gegeben, mit ihren eigenen Abwehrkräften diese Erkrankung zu bekämpfen. Hat sie den Virus besiegt, ist sie häufig resistent gegen eine Neuerkrankung.

Die meisten Viruserreger sind pflanzenspezifisch, so greift ein typischer *Odontoglossum*-Virus nur selten auf *Cattleya* über. Die große Gefahr besteht für Gärtnereien, die Tausende von Meristemen mit demselben Erbgut heranziehen; dort kann sich eine viröse Erkrankung in Windeseile verbreiten und so den ganzen Bestand gefährden.

Der „Paprika-Virus“

Er wird immer dann aktiv, wenn die Pflanzen starken Stress haben. Auffällig oft findet man ihn nach einem langen, heißen Sommer bei *Phalaenopsis*, wenn diese zu warm standen und beispielsweise im Urlaub nicht ausreichend gepflegt wurden. Er äußert sich in zahlreichen kleinen bis größeren eingefallenen Stellen auf dem Blatt. Die Flecken sind gelb oder schwarzbräunlich. Man kann versuchen, diese Erkrankung aus der Pflanze „herauszukultivieren“: Bei stressfreier Kultur bilden sich die neuen Bilder grün und augenscheinlich gesund aus. Sobald sie ausreifen, fängt jedoch die Fleckung wieder an. Allerdings wird sie bei jeder Blattneubildung schwächer, und nach ein bis zwei Jahren ist von dieser Erkrankung nichts mehr zu sehen. Pflanzen, die diese Kur einmal durchgemacht haben, erkranken nur selten ein zweites Mal.

Schnecken

Nackt- oder Gehäuseschnecken lieben den feuchtwarmen Lebensraum der Orchideen und werden in jeder Kultur früher oder später auftauchen. Zu erkennen sind die Nacktschnecken meist an ihren Fraßspuren an Blüten oder Blättern, während die kleinen Gehäuseschnecken eher im Wurzelbereich zu finden sind. Die Bekämpfung kann mit Schneckenfallen oder Bierfallen erfolgen, es gibt auch weitere Erfolg versprechende Hausmittel. Im Handel sind außerdem diverse chemische Mittel erhältlich. Am besten hilft zwischendurch immer ein Austrocknen der Kultur (Vorsicht, manche Orchideen vertragen das nicht!), denn Trockenheit gefällt den Schnecken überhaupt nicht.

Woll- oder Schmierläuse

Dies sind die häufigsten und unangenehmsten Insekten unter den Orchideenschädlingen. Sie sitzen meist versteckt in den Blattachseln und verbreiten sich von dort schnell über die ganze Pflanze. Sie schützen sich durch ihre wachsartigen Ausscheidungen, sodass sie nur sehr schwer zu bekämpfen sind.

Abstreifen der Tiere hilft nicht viel, auch das Abtupfen mit Wattestäbchen und Brennspiritus hilft nicht auf Dauer. Man kann versuchen, mit biologischen, ölhaltigen Mitteln vorzugehen, dabei besteht aber immer die Gefahr von Pflanzenschäden. Wie auch bei Schildläusen kann es helfen, die Pflanzen einen Tag unter Wasser zu halten, damit die Tierchen ersticken. Aktuelle Tipps zur Bekämpfung erfährt man auch bei seinem Orchideengärtner.

Schildläuse

Häufig findet man sie auf der Unterseite von hartlaubigen Pflanzen wie *Cattleya* oder *Phalaenopsis*. Bei starkem Befall wandern sie aber auf alle anderen Pflanzen ab. Meistens sieht man nur die braunen Deckel, unter denen die Tiere geschützt leben. Die Tiere sitzen zahlreich unter diesen Deckeln und wandern umher, stechen in die Pflanze und saugen den Saft. Häufig wird versucht, sie durch Absuchen oder Entfernen mit dem Fingernagel zu bekämpfen. Da man meist nur die Deckel abhebt, bleiben die Tierchen, mit Sicherheit aber deren Eier auf der Pflanze zurück und entwickeln sich weiter. Ihres Hauses beraubt, müssen sie sich nun auf Wanderschaft begeben. Und so hat man, statt eine zu bekämpfen, einige Dutzend mobilisiert. Es sind leider nur noch sehr wenige Spritzmittel im Handel, die für die Bekämpfung von Schildläusen für den Hobbygärtner zugelassen sind. Richtig ist, diese braunen Deckel mit Öl zu betupfen: Die Tiere ersticken unter dem Ölfilm. Es kann auch helfen, die befallene Pflanze komplett für 24 Stunden in Regenwasser (ohne Dünger) zu legen.

Rote Spinne

Die Rote Spinne ist kein Insekt, sondern ein Spinnentier, das auf der Blattunterseite lebt, besonders *Cymbidium*, *Odontoglossum* und *Miltonia* werden gern befallen. Wie Thripse saugen sie die Zellen leer, die sich dann mit Luft füllen und so den silbrigen Glanz hervorrufen. Wenn man die Rote Spinne erkennt, ist meist schon das ganze Blatt oder die ganze Pflanze

betroffen. Diese Spinnentiere benötigen für ihre Entwicklung und Verbreitung trockene Zugluft und mögen gerne höhere Temperaturen. Die Bekämpfung bei leichtem Befall kann durch Erhöhung der Luftfeuchte und regelmäßiges Sprühen mit Wasser erfolgen. Im Handel gibt es systemisch wirkende Insektizide, die über die Wurzeln aufgenommen und in der ganzen Pflanze verteilt werden. Sobald eine Rote Spinne am Pflanzensaft saugt, nimmt sie den Wirkstoff auf und geht ein.

Springschwänze, Trauermücken

Obwohl es sich um zwei völlig verschiedene Insekten handelt, können sie zusammen behandelt werden. Beide Tiere mögen ein schlecht durchlüftetes, feuchtes bis nasses Substrat. Sie reagieren aber sehr empfindlich auf Trockenheit. Wenn beim Gießen plötzlich kleine, kaum sichtbare Tierchen umherspringen (Springschwänze) oder fliegend aufsteigen (Trauermücken), dann weiß man, dass es Zeit zum Umtopfen ist. Zur Bekämpfung kann man aber auch Gelbtafeln oder andere Ködermittel ausbringen. Allerdings wird das Substrat davon nicht besser durchlüftet, man bekommt nur einen Aufschub und sollte bald umtopfen.

Thripse

Thripse sind kleine, 1–2 mm lange, gebänderte Insekten, die gerne auf der Unterseite von weichlaubigen Pflanzen wie *Lycaste* sitzen, aber auch auf *Dendrobium phalaenopsis*-Hybriden und Antilopen-*Dendrobium*. Diese Insekten saugen die Zellen leer, die sich anschließend mit Luft füllen. So bekommt die Unterseite des Blattes ein silbriges Aussehen. Da Thripse für ihre Entwicklung trockene Zugluft benötigen, kann bei leichtem Befall schon regelmäßiges Sprühen für Abhilfe sorgen. Auf alle Fälle sollte man für eine Erhöhung der Luftfeuchte sorgen. Bei starkem Befall sind einige Insektizide auch für den Hobbygärtner zugelassen, die man gegen diese Schädlinge ausbringen kann. Wenden Sie sich für ein geeigenetes Präparat an den Gartenfachhandel oder den zuständigen Pflanzenschutzdienst.

Blattläuse

Diese auf Orchideen nur selten vorkommenden, kleinen, grünen, gelben oder schwarzen Läuse sind in erster Linie als Virusüberträger verrufen. Sie haben die Eigenschaft, in die Zellwand der Pflanze einzustechen, Pflanzensaft zu saugen und dann zur nächsten Pflanze überzugehen. Dadurch tragen sie mögliche Viren weiter. Sie sind häufig auf roten Blütenteilen zu finden, können aber leicht mit einem handelsüblichen Präparat bekämpft werden. Man kann auch versuchen, die Pflanzen unter fließendem Wasser von den Blattläusen zu befreien.

Spritzmittel ausbringen

Durch die strengen umweltschützenden Vorschriften sind viele Spritzmittel vom Markt genommen worden. Aber auch die noch im Handel erhältlichen sind giftig, und man sollte sich dementsprechend schützen. Jeder Kontakt mit der Haut, Schleimhäuten oder den Augen ist dringend zu vermeiden, Gummihandschuhe sind nicht immer ausreichend. Tragen Sie einen Mundschutz beim Ausbringen.

Damit die Spritzmittel auch wirken, sollte die Pflanze vor dem Spritzen gut gewässert werden, auch die Blätter sollten nass sein. Je länger das Spritzmittel die Pflanze mit einem feuchten Film umgibt, umso besser kann es wirken. Auf gar keinen Fall sollte man im Sommer in der Mittagshitze spritzen, die Wirkung ist dann am geringsten und Pflanzenschäden unausweichlich. Spät abends in der Dämmerung bei Temperaturen zwischen 18–22 °C ist ideal. Ist es kälter, werden die Mittel von den Insekten nicht aufgenommen. Beim Ausbringen der Spritzbrühe ist auf eine gleichmäßige Benetzung der Pflanze zu achten: nicht nur über das Blatt, sondern auch unter das Blatt und in die Blattachseln spritzen! Nach dem Behandeln sollte man die Pflanzenspritze gut reinigen und auch sich selbst gründlich waschen.

Aus Gründen der Umweltverträglichkeit werden einige ölhaltige Mittel angeboten. Sie legen einen Ölfilm über das Insekt, unter dem es erstickt. Da die Tierchen aber häufig auf der Blattunterseite sitzen und der Ölfilm dort auch die Atemöffnungen der Pflanzen verklebt, können sie – besonders bei warmer Witterung – zu einem kompletten Pflanzenverlust führen, denn die Pflanzen ersticken ebenfalls.

Probespritzung

Unbedingt immer erst eine Probespritzung mit dem vorgesehenen Präparat an wenigen Pflanzen durchführen! Der Saft einer speziellen Chrysanthemen-Art (Pyrethrine) galt einmal als biologischer Geheimtipp gegen Blattläuse. Aber einige Pflanzen der Gattung *Dendrobium* haben diesen überhaupt nicht vertragen und sind ebenso wie die Blattläuse eingegangen. Bedenken Sie immer: Wirkstoffe sind genauso unterschiedlich wie die Orchideen und sollten deshalb auch differenziert betrachtet und behandelt werden.

Orchideen von A bis Z

Erklärung der Stichpunkte und Symbole

Gruppe

Ist die Bezeichnung der Gruppe *kursiv* geschrieben, weist dies auf eine taxonomische Einteilung hin. Die Mitglieder dieser Gruppe sind in ihren Kulturbedingungen einander sehr ähnlich. Ist die Bezeichnung nicht kursiv geschrieben, handelt es sich um eine willkürliche Einteilung entsprechend den Kulturbedingungen.

Anzahl der Arten

Fast immer ist die genaue Anzahl der Arten nicht bekannt. Hierfür gibt es verschiedene Ursachen:

1. Es gibt Herbarbelege, die vermuten lassen, dass es weitere Arten gegeben hat, und die eventuell wiederentdeckt werden müssen.
2. Die Gattung ist überarbeitet worden: Manche Arten sind in andere Gattungen überführt, dies wird aber nicht immer anerkannt.
3. Manche Arten werden manchmal als Varietät geführt, von anderen Botanikern aber eigenständig geführt.
4. Die Gattung ist nicht ausreichend untersucht oder bearbeitet worden.

Verbreitung

Hier finden sich neben der geografischen Angabe zahlreiche Hinweise auf die Kultur.

Temperatur: Die Fundort-Höhenangaben geben wichtige Hinweise über die Temperaturen am Standort: Von Meereshöhe bis 1000 m herrscht meistens ein warmes bis heißes Klima vor, zwischen 1000 bis 2500 m ist das Klima überwiegend temperiert, während über 2500 m doch eher kühlere Temperaturen vorherrschen. Diese Angaben sind nur Anhaltspunkte, je nach Entfernung zum Äquator sind die Temperaturwerte unterschiedlich, mit steigender Entfernung sinken die Jahresdurchschnittstemperaturen.

Niederschläge: Finden sich im Text Hinweise wie „tropisch“, „Nebelwald“ oder „Regenwald“, so sind dies eindeutige Hinweise darauf, dass diese Pflanzen mehr Wasser benötigen. Ebenso weisen „bemooste Zweige oder Äste“ auf gleichmäßig feuchte Standorte hin. Standortbeschreibungen wie „exponierte Lage“ oder „sonnige Stelle“ verweisen auf trockenere Gebiete, die niederschlagsarm sind. In diesen Gegenden fällt aber meist so starker Tau, dass die Pflanzen sich in den frühen Morgen- und Abendstunden vollsaugen können. „Subtropen“ weist auf trockenere Lagen mit unterschiedlichen Jahreszeiten hin.

Luftfeuchte: Häufig finden sich Hinweise wie „entlang von Wasser- oder Bachläufen“. Dies sind eindeutige Hinweise, dass diese Orchideen eine höhere Luftfeuchte mögen. Auch Angaben über starke Taubildung sind für die Kultur sehr wichtig, sie zeigen, dass die Pflanzen morgens und abends stark besprüht werden sollten, aber auch schnell wieder abtrocknen müssen. Bitte nicht vergessen: In den natürlichen Heimatgebieten gibt es auch an feuchten Standorten andauernde Luftbewegungen!

Wuchsform

Hier kann man Größenangaben finden, um sich grob über den Platzbedarf der Pflanzen zu informieren. Krautige Blätter zeigen an, dass die Pflanzen lichtempfindlicher sind und meist mehr Feuchtigkeit benötigen; ledrige oder harte Blätter weisen auf geringere Ansprüche bezüglich Luftfeuchtigkeit und auf Lichthunger hin. Die Angaben beziehen sich auf den Durchschnitt innerhalb der Gattung, Abweichungen sind durchaus wahrscheinlich.

Blüte

Ein stellvertretendes Bild kann nur ein Hinweis auf die Gattung sein. Hier gibt es weitere Hinweise, wie man sich die Vertreter dieser Gattung oder Gruppe vorzustellen hat. Die Angaben beziehen sich auf den Durchschnitt, Abweichungen sind wahrscheinlich.

Besonderheiten bei Orchideen: Die Blüte mancher Arten resupiniert; das bedeutet, dass sich die Blüte durch Drehung des Blütenstiels umkehrt, so dass ihr unterer Teil nach oben gerichtet wird.

Besonderheiten

Die im nachfolgenden Teil beschriebenen Orchideen sind ein großer Querschnitt aus dem Reich der Orchideen. Über 330 Gattungen sind in kurzen Stichworten dargestellt und beschrieben. Hier sind in Kurzform Hinweise aufgeführt, die besondere Beachtung verdienen.

Es würde den Umfang eines jeden Buches sprengen, für alle Gattungen und Arten komplette Kulturanleitungen anzugeben. Die meisten Gattungen kommen in geografisch begrenzten Gebieten vor, die relativ identische Klimabedingungen haben. In diesem Buch findet man die wichtigsten Grundlagen für eine erfolgreiche Kultur, die bei Interesse oder Gefallen an einer Blüte eine wichtige Entscheidungshilfe geben können.

Verwendete Symbole

Die Symbole sollen eine Unterstützung zum Text sein. Selbstverständlich kann für eine große Gattung keine allgemeingültige Aussage getroffen werden. Die gewählten Symbole beziehen sich auf die Erfahrungen mit denen am häufigsten im Handel befindlichen Arten.

Temperatur

kühl: Pflanzen aus Höhenlagen über 2500–3000 m sollten kühl kultiviert werden. Diese Pflanzen benötigen meist im Winter eine trockene Ruhephase, die Sommertemperaturen sollten 22–25 °C nur kurzfristig übersteigen. Bei langen heißen Sommern muss man durch Nebelanlagen oder ähnliches Erleichterung schaffen.
temperiert (temp.): Temperiert wachsende Orchideen fühlen sich bei Temperaturen um 20 °C wohl, die Nachttemperaturen können auf 15 °C fallen, die Höchsttemperaturen sollten nicht für längere Zeit über 28 °C liegen.
warm: Diese Orchideen kommen aus Gebieten mit hohen Jahresdurchschnittstemperaturen. Die meisten warm wachsenden Orchideen kommen aber gut im temperierten Bereich zurecht. Einige von ihnen können sogar

problemlos kühler kultiviert werden. Hierfür ist einige Erfahrung nötig. Nicht immer lassen sich die Orchideen genau klassifizieren, sodass gelegentlich das Kürzel k–t oder t–w gewählt wurde. Die Mitglieder dieser Gattung sind entweder sehr unterschiedlich in der Kultur oder der Temperaturbereich dieser Gattung ist deutlich größer.

Licht

Die Lichtverhältnisse in der Natur entsprechen nicht den Lichtverhältnissen in unseren Breiten. Die Werte „Schatten", „Halbschatten" und „Sonne" wurden nach den Standortangaben und eigenen Kulturerfahrungen erstellt.
Schatten (Sch): Diese Pflanzen haben meistens weiches Laub und sollten nicht für längere Zeit dem Sonnenlicht ausgesetzt sein. Frühe Morgensonne und späte Abendsonne sind aber auf keinen Fall schädlich.
Halbschatten (HS): Entspricht Morgen- und Abendsonne am Ost- oder Westfenster. Die Pflanzen können einiges an Licht vertragen, sollten aber von Mai bis September tagsüber schattiert werden.
Sonne (Sonne): Diese Orchideen stehen in der Natur an exponierten Lagen in der freien Sonne. Im Gewächshaus oder Wintergarten können diese Pflanzen schon viel Licht vertragen und sollten höher platziert werden. Allerdings sollten auch sie in den Sommermonaten vor praller Mittagssonne geschützt werden, da sich sonst die Blätter zu stark aufheizen.
Nicht alle Gattungen sind zu vereinheitlichen, sodass nicht selten manche Vertreter einer Gattung heller oder dunkler als der Durchschnitt zu kultivieren sind. Hinweise darauf sind durch Sch–HS oder HS–Sonne gegeben.

Wassergaben

Hier kann nur die Tendenz angegeben werden. Pflanzen ohne Ruhephase sollten das ganze Jahr gleichmäßig gepflegt werden. Muss eine Ruhephase eingehalten werden, sollte während dieser Zeit deutlich weniger gegossen werden, auch wenn die Angabe „viel" oder „mäßig" ist.
Grundsätzlich sind die folgenden Angaben immer unter Berücksichtigung der Jahreszeiten zu sehen. Sie beziehen sich nur auf die Wachstumsphase, die meist im Frühjahr und Sommer zu finden ist.
feucht (feucht): Orchideen, die so gekennzeichnet wurden, dürfen während der Wachstumsphase nie länger trocken stehen. Viele von ihnen vertragen keine trockene Luft für längere Zeit. Aber trotzdem mögen auch diese Gattungen keine Staunässe.
mäßig (mäßig): Damit ist regelmäßiges Gießen gemeint, die Pflanzen können aber problemlos auch 1–2 Tage richtig abtrocknen, ohne Schaden zu nehmen.
gering (gering): Hier gilt es, mit Wasser vorsichtig zu sein. Auch diese Pflanzen können und müssen regelmäßig gegossen und gesprüht werden, aber sie dürfen nie längere Zeit feucht oder nass stehen.
Die Wassergaben sind immer abhängig von der Luftbewegung (keine Zugluft!) und der Temperatur. Auch die Topfgröße und das Substrat spielen eine wichtige Rolle.

Ruhezeit

Ab Herbst und im Winter sollten alle Orchideen dem abnehmenden Licht und fallenden Temperaturen entsprechend weniger gegossen und gedüngt werden. Dies ist ein notwendiges Muss und keine Ruhezeit.

Ja (Ja): Der Begriff Ruhezeit ist nicht fest definiert. Es kann sich hierbei um extreme Ruhezeit bei sehr geringen Temperaturen ohne jegliche Wassergaben, aber auch nur um eine leichte Temperaturabsenkung bei leicht verminderten Wassergaben handeln. Genauere Hinweise findet man im Textteil unter Besonderheiten.

Nein (Nein): Die Pflanzen sollten den Umweltbedingungen entsprechend weiter gepflegt werden.

Kulturtyp

Hier findet man Tipps und Hinweise, auf welche Art und Weise die Orchideen am besten kultiviert werden. Allerdings sind diese Angaben kein Muss, sondern nur Anhaltspunkte.

Kulturtyp A (A): Diese Orchideen sollten im normalen Kunststofftopf in einem guten Orchideensubstrat (Epiphytenmischung) kultiviert werden.

Kulturtyp B (B): Pflanzen dieser Kategorie wachsen am besten aufgebunden (= Blockkultur). Sie benötigen viel Luft an den Wurzeln und sollten nach dem Gießen immer schnell abgetrocknet sein.

Kulturtyp C (C): Herunterhängende oder nach unten wachsende Rispen verlangen nach der Kultur im Körbchen oder Gittertopf. *Vanda* und deren Verwandte benötigen viel Luft an den Wurzeln, können aufgrund der Pflanzengröße und der Wuchsform jedoch nicht aufgebunden werden und sollten daher in das Körbchen oder den Gittertopf.

Kulturtyp D (D): Orchideen, die stark in die Breite wachsen und nicht viel Wasser vertragen, sollten in flache Schalen gepflanzt werden.

Kulturtyp E (E): In dieser Gruppe sind die Orchideen zusammengefasst, die terrestrisch wachsen. Manche von ihnen wachsen auch in der Epiphytenmischung, andere sollten in sandige, torfhaltige Substrate oder einer Mischung daraus gepflanzt werden.

Acacallis fimbriata

Acampe papillosa

Acacallis

Lindley 1853

Arten: Etwa 1–4 Arten.
Beispiele: *Acacallis cyanea, Acacallis fimbriata, Acacallis hoehnei, Acacallis rosariana.*
Verbreitung: Brasilien, Venezuela, Peru und Kolumbien. Epiphytisch in tropischen Regenwaldgebieten auf Bäumen nahe Flussläufen wachsend, nicht über 1000 m Höhe.
Wuchsform: Sympodial; Rhizomlänge bis 6 cm; Pseudobulben bis 5 cm lang, meist einblättrig; Blätter bis 25 cm lang.
Blüte: Blütenstand aufrecht bis überhängend, 10–25 cm lang; 3–8 Blüten, 5–6 cm groß.
Besonderheiten: Topf oder Körbchen empfohlen. Schwierig in Kultur. Arten benötigen in der Wachstumsphase viel Wasser, hohe Luftfeuchte und Wärme.

Acampe

Lindley 1853

Arten: Etwa 10 Arten.
Beispiele: *Acampe dentata, Acampe pachyglossa, Acampe papillosa, Acampe rigida.*
Verbreitung: Indien, China, Südostasien, Inseln des südindischen Ozeans bis tropisches Afrika. In exponierter Lage an sonnigen Stellen, aber auch in Wäldern und Buschland, 500–900 m Höhe.
Wuchsform: Monopodial; 30–90 cm hohe, z. T. dicht beblätterte Stämme. Blattspanne bis über 50 cm, Blätter sehr hart bis ledrig.
Blüte: Blütenbüschel von 4–6 Blüten, kurzer Stiel, in den Achselhöhlen sitzend; 3–12 Blüten, 0,5–1,5 cm groß.
Besonderheiten: Wüchsig, aber mangels Attraktivität und hohem Platzbedarf nur selten in Kultur.

Acacallis		Acampe
temp. – warm	(Temperatur)	*temp. – warm*
Sch – HS	(Licht)	*Sonne*
feucht	(Wasser)	*gering – mäßig*
Nein	(Ruhezeit)	*Nein*
AC	(Topf)	*ABC*

Acanthephippium mantinianum

Acineta densa

Acanthephippium

Blume 1825

Arten: Etwa 15 Arten.

Beispiele: *Acanthephippium javanicum, Acanthephippium mantinianum, Acanthephippium splendidum, Acanthephippium papuanum.*

Verbreitung: Im tropischen Asien, Malaysia bis Philippinen und Fidschi-Inseln. Zumeist terrestrisch im tropischen Regenwald, schattig in 500–1800 m Höhe.

Wuchsform: Sympodial; Pseudobulben länglich, dicht beblättert, 4–12 cm hoch; Blätter krautig, 2–4, kurz gestielt, 20–50 cm lang, 8–15 cm breit.

Blüte: Blütenstand basal entspringend, aufrecht, 5–12 cm lang; 6–12 Blüten, 3–8 cm groß.

Besonderheiten: Ruhephase nach Blattfall, erst nach Wurzelbildung am Neutrieb wieder gießen. Nicht unter 14 °C kultivieren.

Acanthephippium		Acineta
temp. – warm		*temp.*
Sch – HS		*HS*
feucht		*feucht*
Ja		*Ja*
A		*AC*

Acineta

Lindley 1843

Arten: Etwa 19 Arten.

Beispiele: *Acineta chrysantha, Acineta densa, Acineta sulcata, Acineta superba.*

Verbreitung: Südliches Mexiko, Venezuela, Ecuador, Panama, Costa Rica und Peru. Epiphytisch, selten lithophytisch, in 800–2000 m Höhe.

Wuchsform: Sympodial; kräftig. Pseudobulben dichtstehend, bis 10cm hoch; Blätter bis 45 cm lang.

Blüte: Blütenstände meist hängend, selten aufrecht, an der Basis der Pseudobulbe entspringend, traubig; viele Blüten, 5–8 cm groß, Blütenfarbe gelb bis bräunlich, einfarbig bis dunkel getupft. Blüten öffnen sich nicht ganz.

Besonderheiten: Aufgrund der meist hängenden Rispen Kultur im Körbchen oder Ampel nötig.

Ada pozoi

Aerangis biloba

Ada

Lindley 1854

Arten: Etwa 17 Arten.
Beispiele: *Ada allenii, Ada aurantiaca, Ada brachypus, Ada elegantula, Ada euodes.*
Verbreitung: Nicaragua, Venezuela, Kolumbien, Peru und Bolivien. Epiphytisch in Höhenlagen von 400 bis 2200 m im feuchten Regenwald, oder lithophytisch auf felsigen Hängen.
Wuchsform: Sympodial; Pseudobulben bis 10 cm lang, schmal; Blätter schmal, bis 40 cm lang, 3–4 pro Pseudobulbe.
Blüte: Überhängende bis aufrechte Blütenstände meist zu mehreren, dicht mit zahlreichen Blüten besetzt. Blüten 2–12 cm groß, häufig spinnenförmig, orange oder gelbbraun.
Besonderheiten: Kultur meist im temperierten Bereich, selten kühl.

Ada		Aerangis
kühl – temp.		temp. – warm
HS		HS
feucht		mäßig
Nein		Nein
A		AB

Aerangis

Reichenbach f. 1865

Arten: Etwa 50 Arten.
Beispiele: *Aerangis citrata, Aerangis cryptodon, Aerangis luteoalba* var. *rhodosticta, Aerangis pumilio.*
Verbreitung: Mittleres bis südliches Afrika und Madagaskar. Epiphytisch auf Bäumen im Regenwald oder Savanne wachsend, in 400–2200 m Höhe.
Wuchsform: Monopodial; kurze oder lange, dicht beblätterte Stämme, 1–100 cm hoch; Blätter fleischig bis sukkulent, schmal bis rund, 2–35 cm lang.
Blüte: Infloreszenz waagerecht oder hängend, 1–25 cm lang; 1–20 Blüten, weiß, 2–6 cm groß, Sporn 1–12 cm lang. Nachts häufig stark duftend.
Besonderheiten: Für kleinbleibende Arten Blockkultur empfohlen, ansonsten Topfkultur.

Aeranthes grandiflora

Aerides quinquevulnera

Aeranthes

Lindley 1824

Arten: Etwa 40 Arten.

Beispiele: *Aeranthes arachnites, Aeranthes grandiflora, Aeranthes henrici, Aeranthes ramosa.*

Verbreitung: Madagaskar, Komoren, Maskarenen und afrikanisches Festland. Epiphytisch auf Bäumen von Meereshöhe bis 1200 m in feuchten Wäldern wachsend.

Wuchsform: Monopodial; sehr kurze, dicht beblätterte Stämme, 2–15 cm hoch, dicht beblättert; Blatt 20–50 cm lang, ledrig.

Blüte: Hängende, meist bis 1 m lange, z. T. auffällig dünne Blütenstände; mit mehreren, häufig grünlichen Blüten besetzt, die mehrmals mit Einzelblüten austreiben.

Besonderheiten: Auch braune Blütenstiele können nochmal austreiben und blühen, deshalb nicht zu früh abschneiden.

Aerides

Loureiro 1790

Arten: Etwa 20 Arten.

Beispiele: *Aerides fieldingii, Aerides houlletiana, Aerides multiflora, Aerides odorata.*

Verbreitung: Südostasien, Borneo und Philippinen. Epiphytisch, hoch auf Bäumen im tropischen Regenwald, von Meereshöhe bis 1300 m.

Wuchsform: Monopodial; Stamm aufrecht, 10–100 cm hoch, zweizeilig mit fleischigen Blättern besetzt; Blätter schmal bis breit, 10–28 cm lang.

Blüte: Blütenstände seitlich, hängend, 15–50 cm lang, dicht besetzt; zahlreiche Blüten, 2–4,5 cm groß, meist duftend.

Besonderheiten: Kultur im Körbchen empfohlen. Im Sommerhalbjahr morgens und abends Blattunterseiten und Wurzeln besprühen.

Aeranthes		Aerides
temp. – warm		temp. – warm
HS – Sonne		Sonne
feucht		mäßig
Nein		Nein
A		C

Amesiella philippinense

Ancistrochilus rothschildianus

Amesiella

Garay 1972

Arten: Wahrscheinlich nur 2 Arten.

Beispiele: *Amesiella philippinense, Amesiella monticola.*

Verbreitung: Nur auf den Philippinen beheimat. Epiphytisch in tropischen Bergwäldern, häufig auf bemoosten Ästen an Waldrändern, in 400–2200 m Höhe.

Wuchsform: Monopodial; wenige, sehr fleischige Wurzeln; Stamm kurz, 1–3 cm hoch, zweizeilig beblättert; Blätter fleischig bis sukkulent, 3–8 cm lang, 2–4 cm breit.

Blüte: Blütenstand waagerecht, 5–12 cm lang, dicht besetzt; 2–6 Blüten, 4–5 cm groß, weiß, gespornt, nachts häufig duftend.

Besonderheiten: Block- und Topfkultur möglich. Gattung ist wärmeliebend. Für gleichmäßige Luftfeuchte sorgen. Vorsicht vor Staunässe!

Amesiella		Ancistrochilus
temp. – warm		temp. – warm
HS – Sonne		HS
mäßig		mäßig
Nein		Ja
AB		AD

Ancistrochilus

Rolfe 1897

Arten: Etwa 2 Arten.

Beispiele: *Ancistrochilus rothschildianus, Ancistrochilus thomsonianus.*

Verbreitung: Westafrika bis Uganda. Meist epiphytisch, auf glatten Stämmen oder Ästen von großen Bäumen in waldreichen Regionen, in 500–1100 m Höhe.

Wuchsform: Sympodial; Rhizom bis 5 cm lang, kriechend; Pseudobulben bis 5 cm groß; 1–2 endständige Blätter, schmal, krautig, bis 30 cm lang.

Blüte: Blütenstände basal entspringend, aufrecht, 10–25 cm hoch; dicht mit 3–7 rosa Blüten besetzt, 3–4 cm groß.

Besonderheiten: Topfkultur in flachen Schalen empfohlen. Zur Blütezeit laubabwerfend. Bis zum Erscheinen des Neutriebs trockener halten. Neutrieb nicht mit Wasser benetzen.

Ancistrorhynchus cephalotes

Angraecopsis gracillima

Ancistrorhynchus

FINET 1907

Arten: Etwa 22 Arten.

Beispiele: *Ancistrorhynchus capitatus, Ancistrorhynchus cephalotes, Ancistrorhynchus metteniae, Ancistrorhynchus ovatus.*

Verbreitung: Tropisches Afrika. Epiphytisch auf bemoosten Bäumen im tropischen Regenwald wachsend, in 500–1200 m Höhe.

Wuchsform: Monopodial; Stamm aufrecht, 1–4 cm hoch, dicht beblättert; Blätter ledrig, 8–14 cm lang.

Blüte: Blütenstand seitlich entspringend, 15–25 cm lang; zahlreiche Blüten, 0,3–0,6 cm groß, kurz gespornt, weiß bis grünlich, nachts leicht duftend.

Besonderheiten: Topf und Blockkultur möglich, Körbchenkultur vorteilhaft. Vorsicht vor Wasser in den Blattachseln.

Ancistrorhynchus		Angraecopsis
temp. – warm		temp.
HS		HS
mäßig		mäßig
Nein		Nein
ABC		AB

Angraecopsis

KRAENZLIN 1900

Arten: Etwa 16 Arten.

Beispiele: *Angraecopsis amaniensis, Angraecopsis breviloba, Angraecopsis gracillima, Angraecopsis parviflora.*

Verbreitung: Tropisches und südliches Afrika, auch Madagaskar und Komoren. Epiphytisch auf bemoosten Bäumen im tropischen Regenwald wachsend, in 300–1600 m Höhe.

Wuchsform: Monopodial; Stamm aufrecht, 1–4 cm hoch, dicht beblättert; Blätter ledrig, 1–8 cm lang.

Blüte: Blütenstand seitlich entspringend, 1–60 cm lang; 3–10 Blüten, Blütengröße 0,6–1,6 cm groß, kurz gespornt, weiß bis grünlich, nachts leicht duftend.

Besonderheiten: Blockkultur empfohlen, aber auch gut in kleinen Töpfen zu kultivieren.

Angraecum eburneum

Angraecum eichlerianum

Angraecum
Gruppe: dicht beblättert
Bory 1804

Arten: Etwa 120 Arten.

Beispiele: *Angraecum distichum, Angraecum eburneum, Angraecum leonis, Angraecum sesquipedale.*

Verbreitung: Tropisches und südliches Afrika, Madagaskar. Epiphytisch und terrestrisch, im tropischen Regenwald oder in trockenen Gebieten wachsend, in 150–1600 m Höhe.

Wuchsform: Monopodial; Stamm aufrecht, 1–20 cm hoch, dicht beblättert; Blätter ledrig, 1–40 cm lang.

Blüte: Blütenstand seitlich entspringend, 1–40 cm lang; 1–15 Blüten, 0,3–16 cm groß, weiß bis grünlich, 0,4–38 cm langer Sporn. Blüten duften nachts.

Besonderheiten: Blockkultur nur für kleine Arten, ansonsten Kultur im Topf. Einige Arten müssen trockener kultiviert werden.

Angraecum (dicht beblättert)		Angraecum (deutlichen Stamm bildend)
temp. – warm		temp. – warm
HS – Sonne		HS – Sonne
mäßig		mäßig
Nein		Nein
AB		ABC

Angraecum
Gruppe: deutlichen Stamm bildend
Bory 1804

Arten: Etwa 60 Arten und zahlreiche Varietäten.

Beispiele: *Angraecum eichlerianum, Angraecum germinyanum, Angraecum infundibulare, Angraecum scottianum.*

Verbreitung: Madagaskar, selten tropisches und südliches Afrika. Epiphytisch im tropischen Regenwald wachsend, in 400–2000 m Höhe.

Wuchsform: Monopodial; Stamm aufrecht, 5–120 cm hoch, basal verzweigend, locker zweizeilig beblättert; Blätter fleischig, 5–12 cm lang.

Blüte: Meist 2–3 Blüten pro Infloreszenz, jeweils 3–8 cm groß, 3–10 cm langer Sporn. Blüte ist weiß und duftet nachts.

Besonderheiten: Kletterhilfen wie Stäbe sind für großwachsende Arten erforderlich.

Anguloa clowesii

Ansellia africana

Anguloa

Ruiz & Pavon 1794

Arten: Etwa 8–12 Arten.

Beispiele: *Anguloa cliftonii, Anguloa clowesii, Anguloa uniflora, Anguloa virginalis.*

Verbreitung: Venezuela, Kolumbien, Ecuador und Peru. Epiphytisch und terrestrisch wachsend, in Höhenlagen von 500 bis 1500 m.

Wuchsform: Sympodial; Rhizom 3–6 cm lang; Pseudobulben 8–15 cm hoch, eiförmig; 1–2 endständige, krautige Blätter, 40–100 cm lang, 8–16 cm breit.

Blüte: Infloreszenz aufrecht, 10–20 cm hoch; 8–12 cm große, fast tulpenförmige Einzelblüten, pro Bulbe mehrere Einzelblüten.

Besonderheiten: Im Winter laubabwerfend, dann kühl und trocken halten. Erst nach Erscheinen der Neutriebe wieder kräftig gießen und düngen.

Anguloa		Ansellia
kühl – temp.	Temperatur	temp. – warm
Sch – HS	Licht	HS – Sonne
feucht	Gießen	mäßig
Ja	Ruhezeit	Ja
A	Substrat	A

Ansellia

Lindley 1844

Arten: Je nach Autor 1–3 Arten.

Beispiele: *Ansellia africana, Ansellia gigantea, Ansellia nilotietwa.*

Verbreitung: Im tropischen und südwestlichen Afrika. Zumeist terrestrisch in Küstennähe oder an Flusstälern wachsend, meist bis 800 m Höhe, auch bis 2200 m.

Wuchsform: Sympodial; büschelig, Pseudobulben zylindrisch, aufrecht, bis zu 1 m hoch, oben locker zweizeilig beblättert; Blätter ledrig, 10–20 cm lang.

Blüte: Blütenstiele endständig, aufrecht bis überhängend, 40–120 cm lang, verzweigend; zahlreiche Blüten, 3–6 cm groß.

Besonderheiten: *Ansellia* ist als Leopardenorchidee bekannt. Alle Arten benötigen viel Platz. Im Winter kühler und trockener halten, im Sommer ins Freie stellen.

Appendicula spec.

Arachnanthe clarkei

Appendicula

BLUME 1825

Arten: Etwa 40 Arten.

Beispiele: *Appendicula biumbonata, Appendicula cornuta, Appendicula elegans.*

Verbreitung: Neuguinea, Südostasien, Indonesien und Philippinen. Epiphytisch meist an der Unterseite von Ästen wachsend im tropischen Regenwald, in 50–2000 m Höhe.

Wuchsform: Sympodial; büschelig, Stämme 20–30 cm lang, dicht zweizeilig beblättert; Blätter 1–4 cm lang, dünn oder fleischig.

Blüte: Blütenstände terminal oder seitlich entspringend, aufrecht oder hängend, 5–25 cm lang; selten Einzelblüten, meist dicht besetzt, nacheinander öffnend, Blüte 0,5–2 cm groß.

Besonderheiten: Blockkultur empfohlen. Die Kultur im Topf ist aufgrund der Wuchsform schwierig.

Appendicula		Arachnanthe
temp. – warm		*warm*
Sch – HS		*Sonne*
feucht		*mäßig*
Nein		*Nein*
AB		*AC*

Arachnanthe

BLUME 1828

Arten: Wahrscheinlich nur 2 Arten.

Beispiele: *Arachnanthe cathcartii, Arachnanthe clarkei.*

Verbreitung: Himalaja, Myanmar, Thailand und Südchina. Meist an Bäumen hochkletternd, in Höhenlagen von 1000–1500 m.

Wuchsform: Monopodial; aufrecht, lange, kräftige, beblätterte, verzweigende Stämme, bis über 3 m hoch; Blätter fleischig, zweizeilig angeordnet, bis 40 cm Blattspanne.

Blüte: Mehrere aufrechte bis hängende Blütenrispen, bis 50 cm lang; 3–6 Blüten, bis zu 8 cm groß, kräftige Textur, meistens duftend.

Besonderheiten: Aufgrund der Größe schwierig in Kultur. Pflanzen lassen sich aber durch Kopfstecklinge kompakt halten.

Arachnis maingayi

Arpophyllum spicatum

Arachnis

BLUME

Arten: Etwa 7 Arten.

Beispiele: *Arachnis beccarii, Arachnis flos-aëris, Arachnis labrosa, Arachnis longicaulis.*

Verbreitung: Südostasien, Indonesien, Philippinen, Neuguinea und auf den Salomon Inseln. Meist terrestrisch an Bäumen kletternd im tropischen Regenwald, in 100–1500 m Höhe.

Wuchsform: Monopodial; lange, kräftige, beblätterte, verzweigende Stämme, bis über 3 m Höhe; Blätter zweizeilig angeordnet, bis 40 cm Blattspanne.

Blüte: Mehrere aufrechte bis hängende Blütenrispen, bis 1,50 m lang; Blüten bis 10 cm groß, kräftige Textur, meistens duftend.

Besonderheiten: Aufgrund der Größe schwierig in Kultur. Pflanzen lassen sich aber durch Kopfstecklinge kompakt halten.

Arachnis		Arpophyllum
warm		*temp. – warm*
Sonne		*HS*
mäßig		*mäßig*
Nein		*Ja*
AC		*A*

Arpophyllum

LA LLAEVE & LEXARZA 1825

Arten: Etwa 5 Arten.

Beispiele: *Arpophyllum alpinum, Arpophyllum giganteum, Arpophyllum laxiflorum, Arpophyllum spicatum.*

Verbreitung: Mexiko bis Kolumbien, auch Jamaika. Meist terrestrisch, selten epiphytisch wachsend, nicht höher als 1600 m vorkommend.

Wuchsform: Rhizom kurz, häufig verzweigend; Pseudobulben verhärtet, stammähnlich; einblättrig, Blatt schmal, fleischig, länglich, insgesamt bis über 50 cm hoch.

Blüte: Endständige Blütenstiele, traubig und sehr auffällig; zahlreiche kleine Blüten, rosa bis violette Farbe.

Besonderheiten: Leicht durch vegetative Teilung vermehrbar. Pflanzen nur dann umpflanzen, wenn der Neutrieb Wurzeln schiebt.

Ascocentrum miniatum

Aspasia lunata

Ascocentrum

SCHLECHTER ex. J. J. SMITH 1914

Arten: 5–7 Arten.

Beispiele: *Ascocentrum miniatum, Ascocentrum curvifolium, Ascocentrum christensonianum, Ascocentrum ampullaceum.*

Verbreitung: Südostasien, Indonesien bis Philippinen. Epiphytisch im tropischen Regenwald auf Bäumen wachsend, Höhenlagen von 300–900 m.

Wuchsform: Monopodial; Stamm aufrecht, 4–20 cm hoch, dicht zweizeilig beblättert; Blätter sukkulent, steif, 10–20 cm lang.

Blüte: Blütenstand seitlich entspringend, aufrecht, 10–25 cm hoch, dicht besetzt; 10–40 Blüten, 1–3 cm groß.

Besonderheiten: Kultur im Körbchen empfohlen. Blattunterseiten und Wurzeln morgens und abends regelmäßig besprühen.

warm		temp.
Sonne		Sch – HS
mäßig		feucht
Nein		Nein
AC		AB

Aspasia

LINDLEY 1832

Arten: Etwa 7–10 Arten.

Beispiele: *Aspasia epidendroides, Aspasia lunata, Aspasia principissa, Aspasia silvana.*

Verbreitung: Von Nicaragua bis Brasilien. Epiphytisch oder lithophytisch in tropischen Wäldern wachsend, oft auf überhängenden Ästen entlang von Wasserläufen, in 50–1000 m Höhe.

Wuchsform: Sympodial; kurzes Rhizom, 1–1,5 cm lang, dicht beblätterte, bis 12 cm hohe, elliptische, flache Pseudobulben; 1–2 endständige Blätter, schmal, selten länger als 25 cm.

Blüte: Blütenstand an der Basis der Pseudobulbe entspringend, aufrecht, 15–45 cm lang; 1–5 Blüten, 4–8 cm groß.

Besonderheiten: Topfkultur empfohlen, Blockkultur ist möglich.

Baptistonia echinata

Barbosella orbicularis

Baptistonia

Barbosa Rodriguez 1877

Arten: Monotypisch, nur 1 Art.
Beispiele: *Baptistonia echinata.*
Verbreitung: Brasilien. Epiphytisch im tropischen Regenwald auf dünnen, bemoosten Ästen wachsend, in der Nähe von Bachläufen.
Wuchsform: Sympodial; Rhizome sehr kurz; Pseudobulben zylindrisch, bis zu 10 cm hoch, einblättrig; Blatt ledrig, schmal, bis zu 12 cm hoch.
Blüte: Blütenstände aus den Achseln der basalen Scheiden aufsteigend, dann überhängend, 15–65 cm lang, bei größeren Pflanzen verzweigend; sehr viele Blüten, bis zu 3 cm groß.
Besonderheiten: Blockkultur vorteilhaft, Topfkultur in kleinen Töpfen möglich. Für konstant hohe Luftfeuchte sorgen. Ruhephase fehlt.

Baptistonia		Barbosella
temp. – warm	Temperatur	*kühl – temp.*
HS	Licht	*Sch – HS*
feucht	Wasser	*feucht*
Nein	Ruhezeit	*Nein*
AB	Kultur	*B*

Barbosella

Schlechter 1918

Arten: Etwa 20 Arten.
Beispiele: *Barbosella australis*, *Barbosella cucullata, Barbosella handroi, Barbosella prorepens.*
Verbreitung: Costa Rica, Brasilien, südwärts bis Argentinien. Epiphytisch auf Bäumen im Regenwald oder Nebelwald wachsend, in 1450–3500 m Höhe.
Wuchsform: Zwergepiphyten, Pflanze etwa 5–8 cm hoch. Sympodial; Rhizom kriechend, stark verzweigend; stammähnliche Pseudobulben, meist einblättrig.
Blüte: Blütenstand aufrecht, 4–15 cm hoch; mehrere zierliche Einzelblüten, 1–2 cm groß.
Besonderheiten: Blockkultur empfohlen. Für konstant hohe Luftfeuchte sorgen. Ruhephase fehlt. Einige Arten müssen kühl gehalten werden, andere temperiert.

Barkeria lindleyana

Batemania colleyi

Barkeria

Knowles & Westcott 1838

Arten: Etwa 15 Arten.

Beispiele: *Barkeria cyclotella, Barkeria lindleyana, Barkeria skinneri, Barkeria spectabilis.*

Verbreitung: Mittelamerika, Mexiko, Costa Rica und Guatemala. Epiphytisch und lithophytisch in Höhenlagen von 1000–3000 m.

Wuchsform: Sympodial; Rhizome kurz bis lang; Stämme aufrecht, 2–30 cm hoch, locker zweizeilig, endständig beblättert; Blätter krautig, schmal, 2–8 cm lang.

Blüte: Blütenstand terminal, aufrecht, 2–35 cm hoch, locker bis dicht besetzt; 1–25 Blüten im oberen Bereich, Blüte 1–5 cm groß.

Besonderheiten: Blockkultur empfohlen. Laubabwerfend während oder nach der Blüte, erst beim Erscheinen des Neutriebes feuchter halten.

Barkeria		Batemania
temp. – warm		*temp. – warm*
HS – Sonne		*Sch – HS*
mäßig		*mäßig*
Ja		*Nein*
AB		*A*

Batemania

Lindley 1834

Arten: Etwa 4 Arten.

Beispiele: *Batemania armillata, Batemania ciliata, Batemania colleyi, Batemania peruviana.*

Verbreitung: Venezuela, Kolumbien, Brasilien und Bolivien. Epiphytisch, selten terrestrisch im Regenwald wachsend, in 200–1200 m Höhe, eine Art auch höher.

Wuchsform: Sympodial; Rhizom 2–4 cm lang; Pseudobulben eiförmig, 2–6 cm hoch; zwei gipfelständige Blätter, Blätter lanzettlich, 15–30 cm hoch.

Blüte: Blütenstand an der Basis entspringend, aufrecht bis überhängend; 3–9 Blüten, dicht beieinanderstehend, 2,5–7,5 cm groß.

Besonderheiten: Topfkultur vorteilhaft. Bei guter Kultur wachsen die Pflanzen schnell in die Breite und benötigen Platz.

Bifrenaria harrisoniae

Bletilla formosana var. alba

Bifrenaria

Lindley 1832

Arten: Etwa 12–15 Arten

Beispiele: *Bifrenaria atropurpurea, Bifrenaria harrisoniae, Bifrenaria tetragona, Bifrenaria tyrianthina.*

Verbreitung: Tropisches Mittelamerika und nördliches Südamerika bis Peru und Brasilien. Epiphytisch oder terrestrisch, in 500–2000 m Höhe.

Wuchsform: Sympodial; Rhizom kurz; Pseudobulben stark fleischig und fest, bis zu 8 cm hoch; ein- bis zweiblättrig, Blätter hart, ledrig, bis zu 40 cm hoch und 15 cm breit.

Blüte: Blütenstand basal entspringend, 5–16 cm hoch; 3–5 Blüten; bis zu 7 cm groß, sehr feste Textur.

Besonderheiten: Wüchsig, aber blühfaul. Evtl. Kühlphase zur Blüteninduktion erforderlich. Im Winter trocken halten.

Bifrenaria		Bletilla
temp. – warm		kühl
HS – Sonne		Sch
mäßig		mäßig
Ja		Ja
A		E

Bletilla

Reichenbach f. 1878

Arten: Etwa 9 Arten.

Beispiele: *Bletilla formosana, Bletilla ochracea, Bletilla striata, Bletilla roezlii.*

Verbreitung: Östliches Asien, Taiwan und auf den umliegenden Inseln. Terrestrisch auf feuchten Wiesen wachsend.

Wuchsform: Sympodial; kugelförmige, unterirdische Knolle; Stämme von 3–4 länglich lanzettlichen Blättern ummantelt; bis 45 cm hoch.

Blüte: Blütenstand gipfelbürtig, aufrecht, mehrblütig; bis zu 10 Blüten, 3–6 cm groß, von weißer, gelber oder rosa-violetter Farbe.

Besonderheiten: Diese Orchideen vertragen leichten Frost. Töpfe oder Knollen an geschützter Stelle trocken überwintern. Knollen dürfen nicht eintrocknen. Nach Erscheinen des Blütentriebs düngen und gießen.

Bollea ecuadoriense

Brassavola flagellaris

Bollea

REICHENBACH f. 1852

Arten: 8–11 Arten.

Beispiele: *Bollea coelestis, Bollea hirtzii, Bollea lawrenceana, Bollea violacea.*

Verbreitung: In den Tropen Brasiliens, Ecuadors und Kolumbiens. Epiphytisch in 900–1900 m Höhe in luftfeuchten Tropenwäldern wachsend.

Wuchsform: Sympodial; büschelig wachsend; bulbenlos; Blätter krautig, fächerartig, 20–40 cm lang, 4–6 cm breit.

Blüte: Blütenstände aus den Blattachsen entspringend, aufrecht; Einzelblüte, 6–9 cm groß, mit sehr fester Textur. Pflanzen blühen mehrmals aus verschiedenen Blattachsen.

Besonderheiten: Die Pflanzen nie ganz austrocknen lassen. Vorsicht bei hohen Düngegaben. Im Sommer nicht in die direkte Sonne.

Bollea		Brassavola
temp.–warm		temp. – warm
Sch – HS		Sonne
feucht		gering – mäßig
Nein		Nein
A		AB

Brassavola

R. BROWN 1813

Arten: Etwa 15 Arten.

Beispiele: *Brassavola cordata, Brassavola cucullata, Brassavola flagellaris, Brassavola nodosa.*

Verbreitung: Tropisches Mittelamerika, Mexiko, Westindische Inseln, Argentinien und Brasilien. Epiphytisch, selten lithophytisch, von Meereshöhe bis 1800 m.

Wuchsform: Sympodial; Pseudobulben meist aufrecht oder hängend, 2–12 cm lang; Blätter flach oder stielrund, 5–20 cm lang.

Blüte: Einzelblüten oder Trauben mit 3–15 Blüten, bis zu 10 cm groß, weiß, Lippe trompetenförmig oder spitz. Pflanzen duften nachts.

Besonderheiten: Blockkultur vorteilhaft. Bei Topfkultur auf Staunässe achten. Arten benötigen z. T. hohe Lichtintensität zur Blütenbildung.

Brassia verrucosa

Broughtonia sanguinea

Brassia

R. Brown 1813

Arten: Etwa 25 bis 30 Arten.

Beispiele: *Brassia caudata, Brassia gireoudeana, Brassia lawrenceana, Brassia verrucosa.*

Verbreitung: Im tropischen, regenreichen Amerika, Karibik, Mittel- bis Südamerika. Epiphytisch auf bemoosten Bäumen wachsend, von Meereshöhe bis 1500 m.

Wuchsform: Sympodial; kräftige Rhizome, 5–12 cm lang, kletternder Wuchs; Pseudobulben 4–15 cm hoch; Blätter krautig, länglich-elliptisch, 12–40 cm groß.

Blüte: Basal entspringend, aufrecht bis gebogen; bis zu 20 Blüten. 10–30 cm groß, spinnenartig, gelegentlich duftend.

Besonderheiten: Auch Spinnenorchidee genannt. Einige Arten sind blühunwillig, Blüteninduktion noch nicht geklärt.

temp.	warm
HS	Sonne
feucht	mäßig
Ja/Nein	Nein
AB	AB

Broughtonia

R. Brown 1813

Arten: 2 Arten.

Beispiele: *Broughtonia sanguinea, Broughtonia negrilensis.*

Verbreitung: Jamaika, Kuba und Dominikanische Republik. Epiphytisch vorwiegend an den Küsten wachsend, selten bis zu 800 m Höhe.

Wuchsform: Sympodial; Rhizome 1–2 cm lang; 3–6 cm große, flachliegende Pseudobulben büschelig angeordnet; 1–2 endständige Blätter, fleischig, 8–15 cm lang.

Blüte: Blütenstand gipfelbürtig, aufrecht gebogen, verzweigend, 20–60 cm lang; 3–12 endständige Blüten, bis zu 4 cm Durchmesser, hintereinander öffnend. Kann aus den Augen des Blütenstiels mehrmals austreiben.

Besonderheiten: Sehr empfindlich gegen Staunässe. Blockkultur empfohlen.

Bulbophyllum pardalotum

Bulbophyllum cupreum

Bulbophyllum

THOUARS

Arten: Weit über 1500 Arten.
Beispiele: Unterteilt in über 80 Sektionen, eine Auswahl folgt auf den nächsten Seiten.
Verbreitung: Südostasien, Südamerika, Afrika und Australien. Epiphytisch, lithophytisch, terrestrisch wachsend.
Wuchsform: Rhizome kurz bis lang; deutliche Pseudobulben, 0,2–20 cm; 1–2 endständige Blätter, 0,2–200 cm lang.
Blüte: Eine bis viele Blüten, 0,2–50 cm groß. Sehr große Farben- und Formenvielfalt, duftend bis übelriechend.
Besonderheiten: Block-, Körbchen- und Topfkultur möglich. Die Neutriebe müssen oftmals angebunden oder zurückgetopft werden. Ausgewachsene Pflanzen lassen sich leicht teilen, die Teilstücke sollten aus 3–4 Bulben bestehen.

Bulbophyllum		Bulbophyllum Gruppe: Careyana
temp. – warm		*temp. – warm*
Sch – Sonne		*HS – Sonne*
mäßig – feucht		*mäßig*
Ja/Nein		*Nein*
ABCD		*BCD*

Bulbophyllum

Gruppe: Careyana

THOUARS 1822

Arten: Zwischen 50 und 100 Arten.
Beispiele: *Bulbophyllum careyanum, Bulbophyllum cupreum, Bulbophyllum lilacinum, Bulbophyllum orientale.*
Verbreitung: Weit verbreitet in Südostasien, Südamerika und Afrika. Epiphytisch wachsend.
Wuchsform: Zumeist lange Rhizome; eiförmige Pseudobulben, 1–4 cm im Durchmesser; 1 endständiges Blatt, 7–15 cm lang.
Blüte: Blütenstand 12–20 cm lang, zylindrisch, gebogen, traubig, dicht besetzt; viele Blüten, Blüte nur 0,3–0,8 cm klein.
Besonderheiten: Pflanzen wachsen aufgrund langer Rhizome sehr ausufernd, daher ist Topfkultur schwierig, Block- oder Körbchenkultur vorteilhaft. Gut durch Teilung zu vermehren.

Bulbophyllum longissimum

Bulbophyllum grandiflorum

Bulbophyllum

Gruppe: Cirrhopetaloides

Thouars

Arten: Zwischen 40 und 80 Arten.
Beispiele: *Bulbophyllum longissimum, Bulbophyllum rothschildianum, Bulbophyllum tingabarinum, Bulbophyllum wendlandianum.*
Verbreitung: Weit verbreitet in den Tropen Südostasiens. Epiphytisch wachsend.
Wuchsform: Zumeist längere Rhizome; eiförmige Pseudobulben 1–4 cm im Durchmesser; einblättrig, 7–15 cm lang.
Blüte: Blütenstand seitlich, 12–20 cm lang, hängend; seitliche Sepalen dominant, bis zu 25 cm lang, Petalen und Lippe eher klein. Pflanzen blühen mehrmals pro Bulbe.
Besonderheiten: Aufgrund überhängender Rispen hängend kultivieren. Kultur im Körbchen vorteilhaft, Blockkultur möglich.

Cirrhopetaloides		Hyalosema
temp. – warm		temp. – warm
HS		HS
mäßig		mäßig
Nein		Nein
BC		CD

Bulbophyllum

Gruppe: Hyalosema

Thouars 1822

Arten: Zwischen 45 und 60 Arten.
Beispiele: *Bulbophyllum antenniferum, Bulbophyllum arfakianum, Bulbophyllum grandiflorum, Bulbophyllum micholitzii.*
Verbreitung: Papua-Neuguinea und Indonesien. Epiphytisch oder lithophytisch im tropischen Regenwald, selten über 500 m Höhe.
Wuchsform: Zumeist deutliche Rhizome, 2–6 cm lang; eiförmige Bulben, 4–6 cm im Durchmesser; 1 endständiges Blatt, 5–25 cm lang.
Blüte: Blütenstand basal, aufrecht, 10–25 cm lang; Einzelblüten, 5–15 cm groß, auffällige Fenster in den Blütenblättern.
Besonderheiten: Kultur in flachen Schalen oder Körbchenkultur aufgrund langer Rhizome empfohlen.

Bulbophyllum orthostates

Bulbophyllum phalaenopsis

Bulbophyllum
Gruppe: Lepidorhiza
THOUARS 1822

Arten: Zwischen 60 und 80 Arten.

Beispiele: *Bulbophyllum carunculatum, Bulbophyllum trigonosepalum, Bulbophyllum tridentatum, Bulbophyllum sulawesii.*

Verbreitung: Papua-Neuguinea, Indonesien und Philippinen. Epiphytisch auf Bäumen, halbschattig im tropischen Regenwald, bis zu 500 m Höhe.

Wuchsform: Kurze Rhizome, büschelig; eiförmige Bulben, 3–7 cm im Durchmesser; ein endständiges, fleischiges Blatt, 8–30 cm lang.

Blüte: Aufrechte Infloreszenz, bis zu 50 cm hoch; mehrere Blüten, 4–17 cm groß. Blüten öffnen sich nacheinander, lange Blühdauer.

Besonderheiten: Gut in Töpfen oder flachen Schalen zu kultivieren.

Lepidorhiza		Macrobulbon
temp. – warm		warm
HS – Sonne		HS
mäßig		mäßig
Nein		Nein
AD		A

Bulbophyllum
Gruppe: Macrobulbon
THOUARS 1822

Arten: Zwischen 10 und 12 Arten.

Beispiele: *Bulbophyllum agastor, Bulbophyllum macrobulbum, Bulbophyllum phalaenopsis, Bulbophyllum spiesii.*

Verbreitung: Borneo und Papua-Neuguinea. Epi- und lithophytisch auf bemoosten Steinen oder Stämmen im tropischen Regenwald, meist bis 500 m, selten bis 1600 m Höhe.

Wuchsform: Kurze Rhizome; kräftige Bulben, 5–20 cm im Durchmesser; ein endständiges, sehr fleischiges Blatt, 25–200 cm lang.

Blüte: Dichte Trauben mit kurz gestielten, behaarten Blüten, meist rötlich-braun, 2–15 cm groß, häufig übelriechend.

Besonderheiten: Kultur im Topf empfohlen. Die Pflanzen werden sehr groß und schwer.

Bulbophyllum kewensis

Bulbophyllum lobbii

Bulbophyllum
Gruppe: Megaclinium
THOUARS

Arten: Zwischen 20 und 45 Arten.
Beispiele: *Bulbophyllum cochleatum, Bulbophyllum falcatum, Bulbophyllum maximum, Bulbophyllum purpureorhachis.*
Verbreitung: Südostasien, Südamerika, Afrika, Australien. Epiphytisch, auf Bäumen, im offenen Waldland oder in Nähe von Wasserläufen vorkommend.
Wuchsform: Kurze bis lange Rhizome; eiförmige Pseudobulben, 1–4 cm im Durchmesser, 1–2 endständige Blätter, 7–15 cm lang.
Blüte: Blütenstand aufrecht bis überhängend, deutliche Rhachis; beidseitig zahlreiche, 2–5 mm große Blüten
Besonderheiten: Blockkultur oder Kultur in flachen Schalen empfohlen.

Megaclinium		Sestochilos
temp.	(Temperatur)	*temp. – warm*
HS – Sonne	(Licht)	*HS*
mäßig	(Gießen)	*mäßig*
Nein	(Ruhezeit)	*Nein*
ACD	(Topf)	*ABCD*

Bulbophyllum
Gruppe: Sestochilos
THOUARS

Arten: Zwischen 50 und 100 Arten.
Beispiele: *Bulbophyllum claptonense, Bulbophyllum lobbii, Bulbophyllum polystictum, Bulbophyllum sumatranum.*
Verbreitung: Südostasien, Indonesien bis Philippinen. Epiphytisch im tropischen Regenwald, häufig auf bemoosten Stämmen, in 700–2200 m Höhe.
Wuchsform: Rhizome 3–7 cm lang; eiförmige Bulben, 2–5 cm hoch; meist ein endständiges, fleischiges Blatt, 8–25 cm lang.
Blüte: Blütenstand aufrecht, 10–25 cm hoch; meist Einzelblüten, 8–12 cm groß. Häufig an alten Bulben blühend.
Besonderheiten: Kultur im Topf oder flachen Schalen empfohlen, aufgebunden oder im Körbchen jedoch möglich.

Cadetia collina

Caladenia chapmanii

Cadetia

GAUDICHAUD 1829

Arten: Etwa 50 Arten.

Beispiele: *Cadetia ceratostyloides, Cadetia chionantha, Cadetia taylori, Cadetia transversilobia.*

Verbreitung: Hauptsächlich Papua-Neuguinea, aber auch Indien, Indonesien und Australien. Epiphytisch im tropischen Regenwald, in 800–1900 m Höhe.

Wuchsform: Zwergepiphyten; sympodial; Rhizom kriechend, büschelig, stark verzweigend; stammähnliche Pseudobulben, 5–8 cm hoch; meist einblättrig, Blätter fleischig, 1–2 cm lang.

Blüte: Blütenstand blattachselbürtig, 1–5 cm lang, aufrecht; mehrere zierliche Einzelblüten, 1–2 cm groß.

Besonderheiten: Blockkultur empfohlen. Für konstant hohe Luftfeuchte sorgen, Pflanzen reagieren auf Trockenheit.

Cadetia	Symbol	Caladenia
temp. – warm	Temperatur	kühl
HS	Lichtbedarf	Sonne
feucht	Wasserbedarf	feucht
Nein	Ruhezeit	Ja
B	Substrat	E

Caladenia

BROWN 1810

Arten: Über 80 Arten.

Beispiele: *Caladenia alpina, Caladenia australis, Caladenia cristata, Caladenia vulgaris.*

Verbreitung: Von Neuseeland über Australien bis Malaysia. Terrestrisch im Buschland oder in lichten Wäldern auf Sandböden bis über 1800 m Höhe vorkommend.

Wuchsform: Sympodial; einblättrig aus verdickten Wurzeln enstpringend, Blatt krautig, schmal, ungestielt, 4–8 cm lang.

Blüte: Blütenstand endständig, 20–45 cm lang, aufrecht; 1–8 Blüten, 2–4 cm im Durchmesser, vielfarbig.

Besonderheiten: Im sandigen Substrat kultivieren. Im Frühjahr feucht halten, dabei beim Gießen nicht die Blätter benetzen. Nach der Blüte kühl und trocken überwintern.

Calanthe discolor

Calanthe vestita

Calanthe
Gruppe: Veratrifoliae
R. Brown 1821

Arten: Über 100 Arten.
Beispiele: *Calanthe ceciliae, Calanthe discolor, Calanthe tricarinata, Calanthe veratrifolia.*
Verbreitung: Weit verbreitet auf der Nord- und Südhalbkugel der Erde mit Schwerpunkt Südostasien. Terrestrisch häufig in Humusnestern auf Kalkböden, in 500–2000 m Höhe.
Wuchsform: Sympodial; büschelig, keine oder sehr kleine Pseudobulben; breite, krautige, bis 60 cm lange Blätter.
Blüte: Terminal, aufrecht, 20–60 cm hoch, im oberen Drittel dicht besetzte Blütenstände; Blüte 3–7 cm groß, zum Teil nacheinander aufblühend.
Besonderheiten: Diese Gruppe ist fast winterhart. Substrat sollte nie ganz austrocknen.

Veratrifoliae		Vestitae
kühl – temp.		kühl – temp.
HS		Sch – HS
feucht		mäßig
Ja		Ja
A (E)		A

Calanthe
Gruppe: Vestitae
R. Brown 1821

Arten: Über 100 Arten.
Beispiele: *Calanthe cardioglossa, Calanthe rubens, Calanthe sylvatica, Calanthe vestita.*
Verbreitung: Weit verbreitet, Schwerpunkt in Südostasien. Meistens terrestrisch, nur selten epiphytisch, in Höhenlagen von 500 bis über 2000 m.
Wuchsform: Sympodial; büschelig, deutliche fleischige Pseudobulben; 4–9 cm hoch; gefaltete, krautige Blätter über 50 cm lang, laubabwerfend.
Blüte: Blütenstand basal entspringend, aufrecht überhängend, im oberen Drittel traubig, dicht besetzt; Blüten 3–5 cm groß.
Besonderheiten: Kühl, aber frostfrei und trocken überwintern, erst nach Erscheinen des Neutriebes gießen.

Capanemia uliginosa

Catasetum fimbriatum

Capanemia

Barbosa Rodriguez 1877

Arten: Etwa 15 Arten.

Beispiele: *Capanemia adelaide, Capanemia micromera, Capanemia superflua, Capanemia uliginosa.*

Verbreitung: Brasilien, Paraguay und Argentinien. Epiphytisch im tropischen Regenwald, in 500–1000 m Höhe.

Wuchsform: Zwergepiphyten; sympodial; Rhizom kriechend, büschelig; Pflanze 5–8 cm hoch; stammähnliche Pseudobulben; ein- bis zweiblättrig, flach oder nadelförmig.

Blüte: Blütenstände terminal, meist aufrecht; dicht besetzt mit meist weißen Blüten, 0,5–1 cm groß.

Besonderheiten: Blockkultur unter warmen Temperaturbedingungen empfohlen. Nach Ende des Wachstums etwas trockener halten.

Capanemia		Catasetum
warm (temp.)		temp.
HS		Sch – Sonne
mäßig		mäßig
Nein		Ja
AB		ABC

Catasetum

Kunth 1822

Arten: Etwa 50 Arten.

Beispiele: *Catasetum barbatum, Catasetum fimbriatum, Catasetum integerrinum, Catasetum pileatum.*

Verbreitung: Tropisches Mittel- und Südamerika, westindische Inseln. Epiphytisch in 0–1600 m Höhe wachsend.

Wuchsform: Pseudobulben fleischig und mehrknotig, bis zu 15 cm hoch; Blätter endständig, bis 40 cm lang und 10 cm breit.

Blüte: Meist 1–5 Blüten an aufrechtem Stiel. Männliche Blüten (bei schattiger Kultur) bizarr geformt, farblich vielfältig, 6–10 cm groß. Weibliche Blüten (bei viel Licht) grünlich, einander ähnlich, 4–12 cm groß.

Besonderheiten: Bulben im Winter trocken halten, erst nach Wurzelbildung gießen. Duft!

Cattleya loddigesii

Cattleya maxima

Cattleya
Gruppe: zweiblättrig
Lindley 1821

Arten: Etwa 30 Arten, zahlreiche Varietäten. **Beispiele:** *Cattleya aclandiae, Cattleya forbesii, Cattleya intermedia, Cattleya schilleriana.* **Verbreitung:** Tropisches Mittel- und Südamerika. Epiphytisch hoch auf Bäumen, selten lithophytisch wachsend, von Meereshöhe bis 1500 m, meist an hellen Standorten. **Wuchsform:** Rhizom kurz bis lang; lange, dünne Bulben, bis über 1 m hoch; zwei endständige Blätter, Blattspanne bis 30 cm. **Blüte:** Blütenstand endständig, aufrecht, 4–20 cm hoch; 2–8 Blüten, feste Textur, 5–12 cm groß. **Besonderheiten:** Nach der Blüte bis zum Erscheinen des Neutriebes etwas trockener halten. Topf-, Block- und Körbchenkultur möglich.

Cattleya zweiblättrig		Cattleya einblättrig
temp. – warm		temp.
HS – Sonne		HS – Sonne
mäßig		mäßig
Nein		Ja
ABC		ABC

Cattleya
Gruppe: einblättrig
Lindley 1821

Arten: Etwa 20 Arten, zahlreiche Varietäten. **Beispiele:** *Cattleya dowiana, Cattleya gaskelliana, Cattleya labiata, Cattleya luteola.* **Verbreitung:** Tropisches Mittel- und Südamerika. Epiphytisch, auch in kühleren und trockenen Gebieten, meist in Baumwipfeln, in 250–2500 m Höhe. **Wuchsform:** Wurzeln fleischig; Rhizome 2–5 cm lang; keulenförmige Bulben, etwa 5–20 cm hoch; ein sukkulentes Blatt, 15–25 cm hoch. **Blüte:** Blütenstiel endständig, 5–15 cm hoch; 2–8 Blüten, 5–20 cm groß, Lippe auffallend, duftend. **Besonderheiten:** Topf-, Block- und Körbchenkultur möglich. Einige Arten brauchen strikte Ruhephase im Winter, um zu blühen.

Caucaea phalaenopsis

Caularthron bicornutum

Caucaea

SCHLECHTER 1920

Arten: Über 10 Arten.

Beispiele: *Caucaea cucullata, Caucaea dayana, Caucaea olivaceum, Caucaea phalaenopsis, Caucaea radiata.*

Verbreitung: In den Anden Venezuelas, Kolumbiens und Ecuadors. Epiphytisch im tropischen Nebelwald, in 2000–4000 m Höhe.

Wuchsform: Rhizome eher kurz, büschelig; Pseudobulben 3–6 cm hoch; von schmalen, lanzettlichen Blättern umschlossen, sowie ein endständiges Blatt, 15–30 cm lang.

Blüte: Blütenstand basal entspringend, 15–35 cm lang, aufrecht; meist 3–10 Blüten.

Besonderheiten: Empfindlich gegen trockene Luft und Wärme.

Anmerkung: Die Typusart entspricht nicht den aus *Oncidium* überführten Mitgliedern dieser Gattung, eine Umbenennung ist sehr wahrscheinlich.

Caucaea		Caularthron
kühl – temp.		*temp. – warm*
Sch – HS		*Sonne*
feucht		*gering*
Ja		*Nein*
AB		*AB*

Caularthron

RAFINESQUE 1837

Arten: 3 Arten.

Beispiele: *Caularthron bicornutum, Caularthron bilamellatum, Caularthron indivisum.*

Verbreitung: Südamerika bis Trinidad. Zumeist lithophytisch auf Felsen an Wasserläufen, selten epiphytisch an sonnigen Stellen wachsend, von Meereshöhe bis 700 m.

Wuchsform: Kurze Rhizome; Pseudobulben schlank, aufrecht, 10–30 cm hoch; 2–3 endständige Blattpaare; Blätter sukkulent, schmal, bis 8 cm lang.

Blüte: Blütenstand terminal, aufrecht, 8–20 cm hoch, locker besetzt; 3–8 Blüten, 3–5 cm groß, weiß.

Besonderheiten: Diese Arten leben in der Natur mit Ameisen zusammen, die sich in den hohlen, aufgeplatzten Bulben niederlassen.

Ceratostylis rubra

Chamaeangis hariotiana

Ceratostylis

BLUME 1825

Arten: Etwa 60 Arten.

Beispiele: *Ceratostylis himalaica, Ceratostylis philippinensis, Ceratostylis retisquama, Ceratostylis subulata.*

Verbreitung: Indien, Südostasien, Philippinen und Pazifische Inseln. Epiphytisch im tropischen Regenwald, auf bemoosten Bäumen in 300–2400 m Höhe.

Wuchsform: Kurze Rhizome; verzweigende, Büschel formende Stämme; mit schmalen, ledrigen bis fleischigen Blättern besetzt, 3–9 cm lang.

Blüte: Kurz gestielte Blüte, eine bis mehrere Blüten, den Blattachseln entspringend, sich nacheinander öffnend, meist weiß oder rot, 3–4 cm groß.

Besonderheiten: Blockkultur empfohlen. Während der Wachstumszeit viel sprühen, danach deutlich trockener kultivieren.

Ceratostylis		Chamaeangis
temp. – warm		*temp. – warm*
HS – Sonne		*HS – Sonne*
feucht		*mäßig*
Ja		*Nein*
B		*AB*

Chamaeangis

SCHLECHTER 1915

Arten: Etwa 15 Arten.

Beispiele: *Chamaeangis hariotiana, Chamaeangis hildebrandtii, Chamaeangis odoratissima, Chamaeangis vesicata.*

Verbreitung: Afrika, Madagaskar, Komoren und benachbarte Inseln. Epiphytisch in Baumkronen an schattigen Plätzen wachsend, in 600–900 m Höhe, auch höher.

Wuchsform: Monopodial; Stämme aufrecht, manchmal überhängend, an der Basis im Alter verzweigend, 4–50 cm hoch; Blätter schmal, fleischig, 10–40 cm lang.

Blüte: Gebogene bis hängende, 20–40 cm lange Blütenstände, dicht besetzt mit zahlreichen Blüten; Blüte 0,5–1 cm groß, kaum bis deutlich gespornt, creme- bis orangefarben.

Besonderheiten: Block- oder Topfkultur möglich.

Chaubardia heteroclita

Chiloschista segawae

Chaubardia

REICHENBACH f. 1852

Arten: Etwa 5 Arten.

Beispiele: *Chaubardia ghertiana, Chaubardia heteroclita, Chaubardia klugii, Chaubardia surinamensis.*

Verbreitung: Tropisches Südamerika und Trinidad. Epiphytisch auf niedrigen Bäumen in Schluchten und an Flüssen, bis zu 500 m Höhe.

Wuchsform: Sympodial; Rhizome sehr kurz; bulbenlos; Blätter weich, fächerartig, bis 2 cm breit, 12 cm lang.

Blüte: Kurz gestielte Blüte, ein bis mehrere Blüten, den Blattachseln entspringend, 3–4 cm groß, nacheinander blühend.

Besonderheiten: Die Pflanzen nie ganz austrocknen lassen. Vorsicht bei hohen Düngegaben. Pralle Sonne im Sommer vermeiden. Keine trockene Luft oder Zugluft.

Chaubardia		Chiloschista
temp. – warm		*temp. – warm*
Sch – HS		*HS*
feucht		*mäßig*
Nein		*Nein*
A		*B*

Chiloschista

LINDLEY 1832

Arten: Etwa 20 Arten.

Beispiele: *Chiloschista lunifera, Chiloschista parishii, Chiloschista trudelii, Chiloschista usneoides.*

Verbreitung: Indien, China, Südostasien, Indonesien und Australien. Epiphytisch in tropischen Wäldern an geschützten Stellen auf bemoosten Bäumen wachsend, von Meereshöhe bis 1200 m.

Wuchsform: Monopodial; blattlose Orchidee mit zahlreichen, fleischigen, grünlich-grauen Wurzeln, bis 12 cm Länge.

Blüte: Eine bis mehrere hängende Blütentrauben, 5–25 cm lang; 5–30 Blüten, 1–1,5 cm groß, meistens gelb-, grünlich oder rotbraun gefärbt.

Besonderheiten: Blockkultur empfohlen. Konstant hohe Luftfeuchte ist wichtig. Für Luftbewegung sorgen.

Chondrorhyncha chestertonii

Chysis tricostata

Chondrorhyncha

LINDLEY 1846

Arten: Etwa 12 Arten.

Beispiele: *Chondrorhyncha amabilis, Chondrorhyncha escorbariana, Chondrorhyncha helleri, Chondrorhyncha viridisepala.*

Verbreitung: Tropen Mittel- und Südamerikas. Epiphytisch in feuchten Bergwäldern auf bemoosten Bäumen wachsend, in 300–2000 m Höhe.

Wuchsform: Sympodial; Rhizome sehr kurz; bulbenlos; Blätter fächerartig, bis 6 cm breit, 30 cm lang.

Blüte: Blütenstände aus den Blattachsen entspringend; einblütig, Blüten 5–7 cm groß, trompetenförmige Lippe. Pflanzen blühen mehrmals nacheinander.

Besonderheiten: Die Pflanzen nie ganz austrocknen lassen. Vorsicht bei hohen Düngegaben. Pralle Sonne im Sommer vermeiden.

Chondrorhyncha		Chysis
temp. – warm		temp.
Sch – HS		HS
feucht		mäßig
Nein		Ja
A		AC

Chysis

LINDLEY 1837

Arten: Etwa 8 Arten.

Beispiele: *Chysis aurea, Chysis bractescens, Chysis laevis, Chysis tricostata.*

Verbreitung: Mexiko, Mittelamerika, Venezuela und Peru. Epiphytisch im tropischen Regenwald, gelegentlich lithophytisch wachsend, in Höhenlagen von 800–1800 m.

Wuchsform: Sympodial; Pseudobulben fleischig, spindelförmig, bis 30 cm lang, überhängend; locker beblättert, Blätter krautig, 8–14 cm lang.

Blüte: Blütenstände überhängend, 10–25 cm lang, locker besetzt; 3–8 Blüten, 6–9 cm groß, fleischig.

Besonderheiten: Topf- oder Körbchenkultur empfohlen. Blüten bestäuben sich manchmal selbst. Während der Ruhephase im Winter trocken halten.

Cirrhaea dependens

Cirrhopetalum tingabarinum

Cirrhaea

LINDLEY 1832

Arten: Etwa 6 Arten.

Beispiele: *Cirrhaea dependens, Cirrhaea loddigesii, Cirrhaea nasuta, Cirrhaea saccata.*

Verbreitung: Brasilien. Epiphytisch im Tropenwald wachsend, in etwa 500 m Höhe.

Wuchsform: Sympodial; Pseudobulben eiförmig, manchmal eckig, bis 6 cm hoch; einblättrig, endständig, bis 50 cm lang, Blatt krautig bis ledrig.

Blüte: Blütenstand basal entspringend, bis zu 40 cm lang, manchmal bis 4 Stück pro Pseudobulbe; 10–30 Blüten, bis zu 5 cm groß, duftend, Blüte nicht resupinierend.

Besonderheiten: Ampel- oder Körbchenkultur, nach Triebentwicklung trockener halten. Empfindlich gegen Spritzwasser auf den Blättern.

Cirrhaea		Cirrhopetalum
temp.		temp.
HS		HS
mäßig		mäßig
Nein		Nein
AC		ACD

Cirrhopetalum

LINDLEY 1830

Arten: Etwa 150–250 Arten.

Beispiele: *Cirrhopetalum frostii, Cirrhopetalum longiflorum, Cirrhopetalum ornatissimum, Cirrhopetalum roxburghii.*

Verbreitung: Weit verbreitet in Südostasien. Epiphytisch auf bemoosten Bäumen im Schatten wachsend, vorwiegend in 100–1200 m Höhe.

Wuchsform: Rhizome 1–5 cm lang, häufig kletternd; eiförmige Bulben, 0,5–4 cm groß; ein endständiges, fleischiges Blatt, 1–20 cm lang.

Blüte: Blütenstand aufrecht bis überhängend, 10–25 cm lang; Blüten kreisförmig angeordnet, Petalen dominant, häufig fadenförmige Auswüchse an den Sepalen, 0,5–30 cm lang.

Besonderheiten: Kultur in flachen Schalen oder Körbchen empfohlen.

Cischweinfia jarae

Cleisostoma sagittiforme

Cischweinfia

Dressler & L. O. Williams 1970

Arten: Etwa 14 Arten.

Beispiele: *Cischweinfia colombiana, Cischweinfia dasyandra, Cischweinfia parva, Cischweinfia rostrata.*

Verbreitung: Costa Rica bis Bolivien. Epiphytisch in feuchten Nebelwäldern auf dünnen, bemoosten Zweigen im Schatten wachsend, in 700–1800 m Höhe.

Wuchsform: Sympodial; kurze, verzweigende Rhizome; Pseudobulben beblättert, 2–3 cm hoch; zwei endständige, schmale, krautige Blätter, 2–7 cm lang.

Blüte: Blütenstand aufrecht bis waagerecht, 3–6 cm lang; 2–5 Blüten, 1,4–2,8 cm groß.

Besonderheiten: Topf- und Blockkultur möglich. Keine deutliche Ruhephase; nach Triebabschluss den Wurzelbereich etwas trockener halten.

Cischweinfia		Cleisostoma
temp.		temp. – warm
Sch – HS		HS – Sonne
mäßig		mäßig
Nein		Nein
AB		ABC

Cleisostoma

Blume 1825

Arten: Über 100 Arten.

Beispiele: *Cleisostoma arietinum, Cleisostoma birmanicum, Cleisostoma crochetii, Cleisostoma subulatum.*

Verbreitung: Indien, Südostasien bis Australien, Indonesien und Neuguinea. Epiphytisch bevorzugt auf alten bemoosten Nadelbäumen wachsend, in 300–1400 m Höhe.

Wuchsform: Monopodial; Stämme aufrecht oder hängend, 10–90 cm hoch, Blätter und Stämme sukkulent, stielrund oder flach, Blattspanne bis 12 cm.

Blüte: Blütenstand seitlich entspringend, 8–15 cm, auch verzweigend; wenige bis zahlreiche Blüten, fleischig, 0,5–2 cm groß.

Besonderheiten: Je nach Größe aufgebunden oder im Körbchen zu kultivieren. Wärme und Sonne liebend.

Clowesia rosea

Cochleanthes discolor

Clowesia

Lindley 1843

Arten: Etwa 6–8 Arten.
Beispiele: *Clowesia rosea, Clowesia russelliana, Clowesia thylaciochila, Clowesia warszewiczii.*
Verbreitung: Von Mexiko südwärts bis Venezuela. Epiphytisch im Halbschatten wachsend, in 400–1300 m Höhe.
Wuchsform: Rhizome sehr kurz; Pseudobulben fleischig, bis 15 cm hoch; Blätter endständig, bis zu 40 cm lang und 10 cm breit, krautig.
Blüte: Blütenstand seitlich der Bulbe entspringend, aufrecht; 1–5 Blüten, Blüten *Catasetum* sehr ähnlich, aber zwittrig, Blüte 3–6 cm groß, häufig duftend.
Besonderheiten: Die Pflanzen blühen erst nach Laubabwurf. Meistens ist eine kurze Trockenphase für die Blütenbildung nötig.

Clowesia		Cochleanthes
temp.		*temp. – warm*
Sch – Sonne		*Sch – HS*
mäßig		*feucht*
Ja		*Nein*
ABC		*A*

Cochleanthes

Rafinesque 1838

Arten: Etwa 12 Arten.
Beispiele: *Cochleanthes amazonica, Cochleanthes aromatica, Cochleanthes candida, Cochleanthes discolor.*
Verbreitung: Tropen Amerikas. Sehr häufig im Amazonas-Gebiet und in Bergwäldern auf bemoosten Bäumen wachsend, in 150–1500 m Höhe.
Wuchsform: Sympodial; Wurzeln fleischig; Rhizome sehr kurz, büschelig; bulbenlos; Blätter krautig, fächerartig, 3–6 cm breit, 12–30 cm lang.
Blüte: Blütenstände aus den Blattachsen entspringend, 5–8 cm lang; einblütig, Blüten 5–7 cm groß, deutliche Lippe.
Besonderheiten: Die Pflanzen nie ganz austrocknen lassen. Vorsicht bei hohen Düngegaben. Pralle Sonne im Sommer vermeiden.

Cochlioda noezliana

Coelia bella

Cochlioda

LINDLEY 1853

Arten: Etwa 6–8 Arten.
Beispiele: *Cochlioda beyrodtiana, Cochlioda noezliana, Cochlioda rosea, Cochlioda vulcanica.*
Verbreitung: Ecuador, Peru und Bolivien. Epiphytisch im kühlen Nebelwald wachsend, in Höhenlagen von 2100–2500 m.
Wuchsform: Kurzes Rhizom, flache, beblätterte, gepresste Pseudobulben, bis zu 5 cm hoch, 1–2 endständige Blätter, Blätter schmal, krautig, bis zu 40 cm lang.
Blüte: 1–2 Blütenstände am Grunde der Pseudobulbe austretend, bogig bis hängend; viele Blüten, 2–5 cm im Durchmesser, Petalen breiter als Sepalen. Blüten stehen eng zusammen.
Besonderheiten: Topfkultur empfohlen. Nicht über 25 °C kultivieren. Für hohe Luftfeuchte mit Frischluftzufuhr sorgen. Staunässe vermeiden.

Cochlioda	Coelia
kühl – temp.	*temp.*
Sch – HS	*HS*
mäßig	*mäßig*
Nein	*Nein*
A	*A*

Coelia

LINDLEY 1830

Arten: Etwa 5 Arten (plus 4 Arten von *Bothriochilus*).
Beispiele: *Coelia bella, Coelia guatemalensis, Coelia macrostachya, Coelia triptera.*
Verbreitung: Mexiko, Guatemala und Westindische Inseln. Meist epiphytisch, aber auch lithophytisch und terrestrisch im Regenwald wachsend, in 500–1500 m Höhe.
Wuchsform: Kurzes, kriechendes Rhizom; büschelig angeordnete, elliptische Pseudobulben, bis 7 cm groß; 3–5 Blätter, krautig, bis 40 cm lang.
Blüte: Blütenstände aufrecht; viele kleine fleischige Blüten, nicht öffnend, duftend.
Besonderheiten: Auch die terrestrischen Arten in durchlässigem Orchideensubstrat kultivieren.

Coelogyne mooreana

Coelogyne brachyptera

Coelogyne

LINDLEY 1821

Arten: Etwa 200 Arten.

Beispiele: Unterteilt in über 22 Sektionen, eine Auswahl der populären Sektionen folgt auf den nächsten Seiten.

Verbreitung: Südostasien, Philippinen, Indonesien, Indien und Fidschi-Inseln, in Höhenlagen bis zu 2900 m.

Wuchsform: Rhizome kurz bis lang; deutliche Pseudobulben, 1–20 cm hoch; 1–2 endständige Blätter, 2–60 cm lang.

Blüte: Blütenstand aufrecht oder hängend, 4–60 cm lang; eine bis viele Blüten, 1–12 cm groß.

Besonderheiten: Blockkultur oder Topfkultur im Ampeltopf möglich. Einige Arten haben sehr hohen Platzbedarf. Je nach Naturstandort kühl, temperiert oder warm kultivieren.

Coelogyne	Gruppe Brachypterae
kühl – warm	temp.
Sch – HS	HS
mäßig	mäßig
Ja/Nein	Nein
ABCD	ACD

Coelogyne

Gruppe: Brachypterae

LINDLEY 1821

Arten: 3 Arten.

Beispiele: *Coelogyne brachyptera, Coelogyne parishii, Coelogyne virescens.*

Verbreitung: Südhang des Himalaja, Myanmar. Epiphytisch im Laubwald, in Höhenlagen zwischen 100–300 m.

Wuchsform: Gedrungene, aber deutliche Rhizome; längliche, z. T. kantige, schlanke Pseudobulben, 8–15 cm groß; zwei endständige, krautige Blätter, bis 20 cm lang.

Blüte: Blütenstände endständig, bogig; mehrblütig, gleichzeitig blühend, Blüten grünlich mit deutlich dunklerer Lippenfärbung, 6–8 cm groß.

Besonderheiten: Sehr wüchsige und blühwillige Gruppe. Kultur in flachen Schalen oder Töpfen empfohlen. Vermehren durch Teilung möglich.

Coelogyne cristata

Coelogyne trinervis

Coelogyne
Gruppe: Coelogyne
LINDLEY 1821

Arten: Etwa 12 Arten.
Beispiele: *Coelogyne cristata, Coelogyne cumingii, Coelogyne mooreana, Coelogyne nervosa.*
Verbreitung: Südhang des Himalaja, Thailand, Laos, Malakka, Borneo bis Philippinen. Epiphytisch im Nebelwald, in 1500–2500 m.
Wuchsform: Rhizome 2–5 cm lang; runde bis elliptische Pseudobulben, bis zu 8 cm groß; 1–2 endständige, krautige Blätter, 10–35 cm lang.
Blüte: Blütenstände basal an der Bulbe oder dem fast fertigen Neutrieb entspringend, aufrecht oder überhängend, 10–25 cm lang; 3–10 Blüten, 5–8 cm groß.
Besonderheiten: Gut im Topf zu kultivieren. Temperaturabsenkung zur Blütenbildung erforderlich.

kühl		*temp.*
Sch – HS		*HS*
feucht		*mäßig*
Ja		*Nein*
ACD		*AD*

Coelogyne
Gruppe: Flaccidae
LINDLEY 1821

Arten: Etwa 10 Arten.
Beispiele: *Coelogyne albolutea, Coelogyne esquirolei, Coelogyne flaccida, Coelogyne trinervis, Coelogyne viscosa.*
Verbreitung: Südhang des Himalaja, Thailand, Laos, Kambodscha, Vietnam bis Philippinen. Epiphytisch wachsend, in der Nähe von Flüssen, in 300–1200 m Höhe.
Wuchsform: Sympodial; kurze Rhizome; Pseudobulben schlank, eiförmig, 4–10 cm lang, zwei lanzettliche, endständige Blätter, 12–45 cm groß.
Blüte: Kurze hängende, selten aufrechte Blütenstände, bis zu 30 cm lang; viele weiße Blüten mit gelborangem Lippenfleck, 4–6 cm groß.
Besonderheiten: Kultur im Topf oder flachen Schalen möglich. Pflanzen wachsen in die Breite.

Coelogyne ovalis

Coelogyne confusa

Coelogyne
Gruppe: Fuliginosae
LINDLEY 1821

Arten: Etwa 10 Arten.

Beispiele: *Coelogyne chrysotropis, Coelogyne fimbriata, Coelogyne fuliginosa, Coelogyne ovalis.*

Verbreitung: Südhang des Himalaja, Indien, Myanmar, Südchina, Vietnam bis Indonesien. Epiphytisch im tropischen Regenwald, in 300–1500 m Höhe.

Wuchsform: Kriechende Rhizome, 3–6 cm lang, Pseudobulben rund bis eiförmig, 2–6 cm; zwei lanzettliche, krautige endständige Blätter, 10–15 cm lang.

Blüte: Infloreszenz meist endständig, 3–6 cm lang; meist einblütig, Blüte 3–5 cm groß.

Besonderheiten: Diese Arten wachsen stark in die Breite. Kultur in flachen Schalen oder aufgebunden auf großen Unterlagen empfohlen.

Fuliginosae		Lentiginosae
temp.		*temp. – warm*
HS – Sonne		*HS – Sonne*
mäßig		*mäßig*
Nein		*Nein*
BCD		*A*

Coelogyne
Gruppe: Lentiginosae
LINDLEY 1821

Arten: Etwa 20 Arten.

Beispiele: *Coelogyne lentiginosa, Coelogyne merrillii, Coelogyne monticola, Coelogyne odoratissima.*

Verbreitung: Südhang des Himalaja bis Vietnam, Philippinen, Südindien, Sri Lanka. Epi- und lithophytisch wachsend, in 1000–2200 m Höhe.

Wuchsform: Kurze Rhizome, büschelig; Pseudobulben länglich bis elliptisch, 2–6 cm groß; 1–2 Blätter, endständig, bis 40 cm lang.

Blüte: Infloreszenz meist basal entspringend, hängend; viele Blüten, 3–7 cm groß, meist weiß mit gelber Lippenfärbung.

Besonderheiten: Diese Arten bevorzugen temperierte bis warme Kulturbedingungen. Im Ampeltopf kultivieren.

Coelogyne punctulata

Coelogyne beccarii

Coelogyne
Gruppe: Ocellatae
LINDLEY 1821

Arten: Etwa 6 Arten.
Beispiele: *Coelogyne corymbosa, Coelogyne nitida, Coelogyne occulata, Coelogyne punctulata*.
Verbreitung: Südhang des Himalaja, von Indien über China bis Vietnam. Epiphytisch im tropischen Regen- und Nebelwald, auf bemoosten Bäumen, in 1000–3200 m Höhe.
Wuchsform: Rhizome 1–2 cm lang, büschelig; Pseudobulben länglich bis eiförmig, 3–8 cm groß, zwei endständige, lanzettliche Blätter, bis zu 15 cm groß.
Blüte: Infloreszenz meist endständig, aufrecht, 15–35 cm lang; 3–12 Blüten, 4–6 cm groß.
Besonderheiten: Diese Arten lassen sich sehr gut im Topf kultivieren, sind sehr blühwillig und attraktiv. Kleine Ruhephase im Winter.

Ocellatae		Speciosae
kühl – temp.		temp. – warm
HS		HS
mäßig – feucht		mäßig
Ja		Nein
A		A

Coelogyne
Gruppe: Speciosae
LINDLEY 1821

Arten: Etwa 150 Arten.
Beispiele: *Coelogyne fragrans, Coelogyne rumphii, Coelogyne speciosa, Coelogyne usitana, Coelogyne xyrekes*.
Verbreitung: Indonesien und benachbarte Inseln, bis Philippinen. Epi- und lithophytisch, selten terrestrisch wachsend, in 0–1200 m Höhe, selten höher.
Wuchsform: Kurze Rhizome; eiförmige Pseudobulben, 4–10 cm groß; ein endständiges Blatt, breit, krautig, 3–8 cm breit, 20–35 cm hoch.
Blüte: Blütenstände überhängend, 15–60 cm lang; einblütig, nacheinander aufblühend, Blüten 8–12 cm groß.
Besonderheiten: Diese Arten vertragen mehr Wärme und wachsen temperiert. Kultur im Topf empfohlen.

Coelogyne massangeana

Coelogyne pandurata

Coelogyne
Gruppe: Tomentosae
LINDLEY

Arten: Etwa 30 Arten.

Beispiele: *Coelogyne tomentosa* (Syn. *Coel. massangeana*), *Coelogyne rochussenii, Coelogyne swaniana.*

Verbreitung: Malakka, Sumatra und Borneo. Epi- und lithohytisch im Flachland wachsend, häufig in der Nähe von Flüssen, sonst auch exponiert.

Wuchsform: Rhizome 1–3 cm lang; längliche bis elliptische Pseudobulben, 6–15 cm groß; 1–2 breite, ledrige, endständige Blätter, bis zu 60 cm lang.

Blüte: Blütenstände häufig basal entspringend, hängend, 30–60 cm lang; 5–30 Blüten, 4–6 cm groß.

Besonderheiten: Diese Arten wachsen heller und wärmer. Kultur im Körbchen oder Ampeltopf empfohlen.

Tomentosae		Verrucosae
temp. – warm		*kühl – temp.*
HS – Sonne		*HS – Sonne*
mäßig		*mäßig*
Nein		*Nein*
AC		*AC*

Coelogyne
Gruppe: Verrucosae
LINDLEY 1821

Arten: Etwa 10 Arten.

Beispiele: *Coelogyne asperata, Coelogyne marthae, Coelogyne mayeriana, Coelogyne pandurata.*

Verbreitung: Indonesien, Borneo, Papua-Neuguinea und Philippinen. Epiphytisch wachsend, häufig in der Nähe von Wasserläufen, in 0–1500 m Höhe.

Wuchsform: Rhizome 3–8 cm lang; runde bis elliptische Pseudobulben, bis zu 15 cm groß; 1–2 endständige Blätter, ledrig, bis zu 50 cm lang.

Blüte: Blütenstände meist basal entspringend, hängend, 20–60 cm lang; viele Blüten, 4–8 cm groß.

Besonderheiten: Diese Arten benötigen Platz, Wärme und vertragen mehr Licht.

Comparettia falcata

Coryanthes macrantha

Comparettia

POEPPIG & ENDLICHER 1836

Arten: Etwa 12 Arten.
Beispiele: *Comparettia coccinea, Comparettia falcata, Comparettia macroplectron, Comparettia speciosa.*
Verbreitung: In den amerikanischen Tropen, mit Schwerpunkt Anden. Epiphytisch im Regenwald auf Guave-Bäumen, in 800–1500 m Höhe.
Wuchsform: Rhizome kurz, büschelig; Pseudobulben 0,5–2 cm hoch; einblättrig, Blatt ledrig, 4–12 cm hoch.
Blüte: Blütenstand basal entspringend, 20–50 cm lang, locker besetzte Traube; Blütengröße 0,8–3 cm, gespornt.
Besonderheiten: Blockkultur empfohlen. Alte Blütentriebe blühen nach, unbedingt nach der 1. Blühperiode abschneiden. Bei Topfkultur Staunässe vermeiden.

Comparettia	Coryanthes
temp.	temp. – warm
HS – Sonne	HS
feucht	feucht
Nein	Ja
(A)B	C

Coryanthes

HOOKER 1831

Arten: Etwa 15–20 Arten.
Beispiele: *Coryanthes alborosea, Coryanthes biflora, Coryanthes macrantha, Coryanthes trifoliata.*
Verbreitung: Mittel- und Südamerika, hauptsächlich Mexiko, Peru und Bolivien. Epiphytisch in der Nähe von Wasserläufen wachsend, in Gemeinschaft mit Ameisen, von 0–1200 m.
Wuchsform: Rhizome büschelig; Pseudobulben kantig, bis 10 cm hoch, elliptisch; zweiblättrig, Blätter endständig, krautig, bis 50 cm hoch.
Blüte: Blütenstand hängend, 10–40 cm lang; 1–3 Blüten, 8–14 cm groß. Blütenaufbau kompliziert und interessant.
Besonderheiten: Kultur im Körbchen bei warmen Temperaturen. Auch in der Ruhephase nicht austrocknen lassen.

Cryptochilus luteus

Cuitlauzina pendula

Cryptochilus

Wallich 1826

Arten: Etwa 2–7 Arten.

Beispiele: *Cryptochilus luteus, Cryptochilus sanguineus.*

Verbreitung: Indien, Nepal bis Südchina. Epiphytisch, gelegentlich auch lithophytisch im Regenwald, in 1800–2300 m Höhe.

Wuchsform: Sympodial; Wurzeln fein; Rhizom 2–8 cm lang, kriechend bis kletternd; Pseudobulben 1–6 cm groß, zwei- bis vielblättrig, krautig, 10–28 cm.

Blüte: Blütenstände blattachselbürtig, mit Erscheinen der Neutriebe, aufrecht oder überhängend, 10–30 cm lang; 12–30 Blüten, 2–3 cm groß.

Besonderheiten: Kultur in flachen Schalen oder Blockkultur möglich. Lange Unterlage z. T. nötig. Wurzeln dürfen nicht austrocknen.

Cryptochilus		Cuitlauzina
temp.		kühl – temp.
HS		HS
feucht		feucht
Nein		Ja
BD		AC

Cuitlauzina

La Llaeve & Lexarza 1825

Arten: Monotypisch, wahrscheinlich nur 1 Art.

Beispiele: *Cuitlauzina pendula.*

Verbreitung: Mexiko, in den Bundesstaaten Sinaloa, Jalisco und Michoacan. In Gebieten mit ausgeprägten Jahreszeiten in Kiefern- und Eichenwäldern wachsend, in 1400–2500 m Höhe.

Wuchsform: Sympodial; Pseudobulben oval, flach, beblättert, 4–7 cm hoch; zwei endständige Blätter, Blatt ledrig, 3–5 cm breit, 10–15 cm lang.

Blüte: Blütenstände hängend, auch aufrecht, 15–90 cm lang; 2–22 Blüten, 5–8 cm groß, gleichzeitig blühend.

Besonderheiten: Ampeltopf oder Körbchen empfohlen. Während der Ruhephase kühl und trocken halten.

Cycnoches bathiorum

Cymbidiella pardalina

Cycnoches

Lindley 1832

Arten: Etwa 7 Arten.

Beispiele: *Cycnoches bathiorum, Cycnoches chlorochilon, Cycnoches herrenhusanum, Cycnoches peruvianum.*

Verbreitung: Mittel- und Südamerika. Epiphytisch, aber auch terrestrisch wachsend, in 0–600 m Höhe.

Wuchsform: Sympodial; kurzes Rhizom; spindelförmige Bulben, bis 20 cm groß; endständige Blätter, krautig, bis 40 cm lang.

Blüte: Blütenstand 5–50 cm, aufrecht bis hängend, seitlich der Bulbe entspringend; Blüte 5–12 cm groß.

Besonderheiten: In der Ruhezeit kühl und trocken halten. Erst nach Wurzelbildung gießen und düngen. Einige Arten haben männliche und weibliche Blüten.

Cycnoches		Cymbidiella
temp. – warm		temp. – warm
HS – Sonne		HS – Sonne
feucht		feucht
Ja		Ja
AB		A

Cymbidiella

Rolfe 1918

Arten: Etwa 2–4 Arten.

Beispiele: *Cymbidiella falcigera, Cymbidiella flabellata, Cymbidiella pardalina, Cymbidiella rhodocheila.*

Verbreitung: Beschränkt auf Ostmadagaskar. Epiphytisch auf Palmen oder terrestrisch in feuchten Wäldern wachsend, in 0–1300 m Höhe.

Wuchsform: Sympodial; kurzes Rhizom; sehr kräftige Bulben, bis 15 cm hoch, dicht ledrig beblättert; Blatt bis zu 1 m lang.

Blüte: Blütenstand lang, traubig oder rispig, seitlich der Bulbe entspringend, aufrecht; vielblütig, Blüte bis zu 12 cm groß, gefleckt.

Besonderheiten: Pflanzen reagieren empfindlich auf Störungen wie Umpflanzen. Muss nach dem Gießen schnell abtrocknen.

Cymbidium lancifolium

Cymbidium elegans

Cymbidium

SWARTZ

Arten: Über 50 Arten.

Beispiele: *Cymbidium cochleare, Cymbidium goeringii, Cymbidium kanran, Cymbidium tracyanum.*

Verbreitung: Indien, Südostasien, China, Japan bis Australien. Epiphytisch, terrestrisch und lithophytisch, in 0–3000 m Höhe.

Wuchsform: Sympodial; kurzes Rhizom; kräftige Bulben; dicht beblättert, bis zu 120 cm groß, kleinere Arten bis zu 30 cm.

Blüte: Blütenstand kurz oder lang, seitlich der Bulbe entspringend, aufrecht oder hängend; wenige bis viele Blüten, 3–12 cm groß.

Besonderheiten: Sehr variabel in den Ansprüchen. Blüteninduktion erfolgt häufig durch Temperaturdifferenz zwischen Tag und Nacht.

kühl – warm		*kühl – temp.*
HS – Sonne		*HS – Sonne*
gering – feucht		*feucht*
Ja/Nein		*Ja*
A		*A*

Cymbidium

Gruppe: Himalaja großblütig

SWARTZ 1799

Arten: Etwa 20 Arten.

Beispiele: *Cymbidium hookerianum, Cymbidium lowianum, Cymbidium elegans, Cymbidium tigrinum.*

Verbreitung: Himalaja, Südwestchina. Lithophytisch in der Nähe von Wasserläufen, epiphytisch in 1000–2500 m Höhe wachsend.

Wuchsform: Sympodial; Rhizom kurz, büschelig; kräftige Pseudobulben, 3–15 cm groß, dicht beblättert; Blatt ledrig, 30–120 cm lang.

Blüte: Blütenstand lang, seitlich entspringend, aufrecht oder hängend, 30–120 cm lang; Blüte 4–12 cm groß.

Besonderheiten: Vertragen Temperaturen von bis zu 5 °C. Blüten werden durch großen Temperaturunterschied zwischen Tag und Nacht induziert.

Cymbidium goeringii

Cymbidium madidum

Cymbidium
Gruppe: Himalaja kleinblütig
SWARTZ 1799

Arten: Etwa 12 Arten.

Beispiele: *Cymbidium devonianum, Cymbidium ensifolium, Cymbidium lancifolium, Cymbidium sinense.*

Verbreitung: Himalaja, Südwestchina, Japan. Zumeist terrestrisch oder lithophytisch auf bemoosten Felsen, in 0–3000 m Höhe.

Wuchsform: Sympodial; fleischige Wurzeln; kurze Rhizome; kräftige Pseudobulben, 3–4 cm groß; dicht beblättert, Blätter ledrig, schmal, 20–40 cm lang.

Blüte: Blütenstand lang, seitlich der Bulbe entspringend, aufrecht oder hängend, 20–50 cm lang; viele Blüten, 3–6 cm groß.

Besonderheiten: Im Winter temperiert kultivieren. Blütenbildung ist meist unproblematisch.

Himalaja kleinblütig		Tropen kleinblütig
temp.		*temp. – warm*
HS		*HS – Sonne*
mäßig		*gering*
Nein		*Ja*
A		*A*

Cymbidium
Gruppe: Tropen kleinblütig
SWARTZ 1799

Arten: Etwa 15 Arten.

Beispiele: *Cymbidium aloifolium, Cymbidium canaliculatum, Cymbidium finlaysonianum, Cymbidium madidum.*

Verbreitung: China, Malaysia bis Australien. Epiphytisch, in savannenähnlichen Wäldern, lithophytisch auf Steinen, in Gebieten mit starker Taubildung, meistens auf Meereshöhe, aber auch bis 2500 m.

Wuchsform: Sympodial; kleine Pseudobulben, 3–6 cm groß; dicht, ledrig beblättert, Blätter 20–40 cm lang.

Blüte: Blütenstand lang, seitlich der Bulbe entspringend, aufrecht oder hängend; viele Blüten, bis zu 6 cm groß.

Besonderheiten: Nicht unter 15 °C kultivieren. Diese Gruppe z. T. sehr trocken halten.

Cynorkis uncinata

Cyrtochilum macranthum

Cynorkis

THOUARS 1809

Arten: Etwa 125 Arten.

Beispiele: *Cynorkis gibbosa, Cynorkis purpurascens, Cynorkis uncinata, Cynorkis uniflora.*

Verbreitung: Madagaskar, aber auch tropisches Afrika. Terrestrisch, epi- und lithophytisch in trockenen Felsgegenden, aber auch in feuchten Nebelwäldern, in 800 bis 2500 m Höhe.

Wuchsform: Sympodial; 2–3 Blätter, krautig, 3–10 cm lang, meist grün, aber häufig auch mehrfarbig.

Blüte: Blütenstände terminal entspringend, aufrecht, 10–25 cm lang; selten Einzelblüten, meist dicht besetzt mit zahlreichen Blüten, Blüte 2–4 cm.

Besonderheiten: Kultur in Schalen empfohlen. *Sphagnum* oder sphagnumhaltiges Substrat verwenden.

Cynorkis		Cyrtochilum
temp. – warm		kühl – temp.
Sch – HS		HS
mäßig – feucht		gering
Ja		Ja
E		A

Cyrtochilum

KUNTH 1806

Arten: Etwa 150 Arten.

Beispiele: *Cyrtochilum annulare, Cyrtochilum macranthum, Cyrtochilum pardinum, Cyrtochilum revolutum.*

Verbreitung: Mittel- und Südamerika, besonders in den Anden. Epiphytisch, lithophytisch und terrestrisch, in 1500–3000 m Höhe.

Wuchsform: Sympodial; mittelgroß bis groß, kriechendes Rhizom, bis 25 cm lang; Pseudobulben kräftig, bis 15 cm groß; 1–2 Blätter, endständig, bis 60 cm lang.

Blüte: Blütenstand grund- und achselständig, einfach oder verzweigt, bis 3 m lang; Blüten meist gelb mit braun, 5–7 cm groß.

Besonderheiten: Die sehr langen Blütenstände müssen unbedingt gestützt oder kreisförmig gebunden werden.

Cyrtopodium punctatum

Cyrtorchis praetermissa

Cyrtopodium

R. Brown 1813

Arten: Etwa 30 Arten.

Beispiele: *Cyrtopodium andersonii, Cyrtopodium buchtienii, Cyrtopodium paniculatum.*

Verbreitung: Tropen Floridas bis Argentinien. Epi-, lithophytisch und terrestrisch wachsend, in 300–2000 m Höhe.

Wuchsform: Sympodial; mittelgroß bis groß, Pseudobulben lang und spindelförmig, 30–60 cm; Blätter endständig, 10–65 cm lang.

Blüte: Blütenstand grund- und achselständig, einfach oder verzweigt, aufrecht, bis zu 250 cm lang; Blüten 4–7 cm groß.

Besonderheiten: Nach der Wuchsperiode trockener halten bzw. nach Laubfall bis zum Austrieb kühl und trocken halten.

Cyrtorchis

Schlechter 1914

Arten: Etwa 16 Arten.

Beispiele: *Cyrtorchis arucata, Cyrtorchis crassifolia, Cyrtorchis chailluana, Cyrtorchis praetermissa.*

Verbreitung: Tropisches Afrika bis Südafrika, Madagaskar. Meist epiphytisch, selten lithophytisch wachsend in 600–2500 m Höhe.

Wuchsform: Monopodial; Stamm locker oder dicht beblättert, auch verzweigend, bis 40 cm lang; Blätter ledrig oder fleischig, Blattspanne 10–40 cm.

Blüte: Blütenstand blattachselbürtig, gebogen, dicht besetzt; Blüten sternförmig, weiß mit Sporn, 1–5 cm groß.

Besonderheiten: Topf-, Block- und Körbchenkultur möglich. Hell stellen. Nachts angenehmer Duft.

Cyrtopodium		Cyrtorchis
temp. – warm		*temp. – warm*
Sonne		*HS – Sonne*
mäßig		*mäßig*
Ja		*Nein*
A		*ABC*

Dendrobium cuthbertsonii

Dendrobium rosellum

Dendrobium

SWARTZ 1799

Arten: Wahrscheinlich über 2000 Arten.
Beispiele: Unterteilt in über 35 Gruppen.
Verbreitung: Weit verbreitet im gesamten südostasiatischen Raum, Japan, Australien, Pazifische Inseln, Papua-Neuguinea. In Höhenlagen von 0–4000 m vorkommend.
Wuchsform: Sympodial; Bulben variabel, meist länglich; schwach bis stark beblättert, manche Arten laubabwerfend.
Blüte: Blütenstände seitlich oder endständig, kurz oder lang; eine bis zahlreiche Blüten, 0,3–12 cm, kurzblütig bis 3 Monate haltbar.
Besonderheiten: Durch die große Vielfalt und weite Verbreitung ist keine Einheitskultur möglich. Auf den nächsten Seiten werden die wichtigsten bzw. populärsten Sektionen vorgestellt.

kühl – warm		*temp. – warm*
Sch – Sonne		*HS – Sonne*
mäßig – feucht		*mäßig*
Ja/Nein		*Nein*
ABC		*B*

Dendrobium

Gruppe: Aporum

SWARTZ 1799

Arten: Über 20 Arten.
Beispiele: *Dendrobium anceps, Dendrobium distichum, Dendrobium grande, Dendrobium leonis.*
Verbreitung: Südostasien bis Philippinen. Epiphytisch im tropischen Regenwald in bis zu 1000 m Höhe, in warmen Gegenden auch bis zu 2000 m.
Wuchsform: Sympodial; Rhizom sehr kurz, büschelig; Stämme aufrecht bis hängend, von sukkulenten Blättern umschlossen.
Blüte: Blütenstand meist endständig, 1–3 cm lang; 2–5 endständige, meist unscheinbare Blüten, 0,5–2 cm klein.
Besonderheiten: Diese Arten sind wärmeliebend und brauchen feuchte Frischluft. Hohe Luftfeuchte ist insbesondere morgens und abends wichtig.

Dendrobium victoria-reginae

Dendrobium chrysotoxum

Dendrobium
Gruppe: Calcarifera
SWARTZ 1799

Arten: Über 50 Arten.
Beispiele: *Dendrobium amethystoglossum, Dendrobium arcuatum, Dendrobium montanum, Dendrobium victoria-reginae.*
Verbreitung: Südostasien bis Philippinen. Epiphytisch im tropischen Regenwald in 500–1000 m Höhe, wenige Arten in bis zu 2400 m.
Wuchsform: Sympodial; Rhizom sehr kurz; Bulben schlank, 35–120 cm lang; Blätter meist endständig, weich, häufig nach der Vegetationsperiode abfallend.
Blüte: Blütenstand kurz, seitlich; zwei bis viele Blüten, 3–5 cm groß, aus alten Bulben blühend.
Besonderheiten: Temperiert kultivieren. Temperaturschwankungen erleichtern die Blütenbildung. Bulben zur Blütezeit stützen, Bruchgefahr!

Calcarifera		Callista
temp.		*temp.*
HS		*HS*
mäßig		*mäßig*
Nein		*Nein*
AB		*AC*

Dendrobium
Gruppe: Callista
SWARTZ 1799

Arten: Über 14 Arten.
Beispiele: *Dendrobium amabile, Dendrobium densiflorum, Dendrobium farmeri, Dendrobium thyrsiflorum.*
Verbreitung: Südostasien. Epiphytisch im tropischen Regenwald in 0–1000 m Höhe, in heißen Gegenden in bis zu 2000 m.
Wuchsform: Sympodial; Rhizome kurz, büschelig; Pseudobulben keulenförmig bis länglich, 20–45 cm groß; 2–5 endständige Blätter, Blattspanne 10–30 cm.
Blüte: Blütenstände seitlich, hängende Trauben, 15–45 cm lang; dicht besetzt mit vielen bis zu 4 cm großen Blüten.
Besonderheiten: Topf- oder Körbchenkultur möglich. Kurze Kühlphase fördert die Blütenbildung. Bulben stützen, Bruchgefahr bei Blütenbildung.

Dendrobium lawesii

Dendrobium laevifolium

Dendrobium
Gruppe: Calyptrochilus
Swartz 1799

Arten: Über 40 Arten.
Beispiele: *Dendrobium crepidiferum, Dendrobium lawesii, Dendrobium subclausum, Dendrobium obtusisepalum.*
Verbreitung: Borneo, Indonesien, Papua-Neuguinea. Epiphytisch im tropischen Regenwald wachsend, in 500–3000 m Höhe.
Wuchsform: Sympodial; Bulben länglich, dünn, 30–100 cm lang, überhängend; Pflanzen an den Neutrieben dicht krautig beblättert.
Blüte: Blütenstand seitlich, kurz, zu mehreren, büschelig angeordnet, lange Blühdauer; Blüten an den älteren Bulben, 0,5–5 cm groß.
Besonderheiten: Temperiert oder warm kultivieren, dabei hohe Luftfeuchte. Temperaturabsenkung fördert Blütenbildung.

Calyptrochilus	Cuthbertsonia
temp. – warm	kühl – temp.
HS	HS
mäßig	mäßig – feucht
Nein	Nein
AB	AB

Dendrobium
Gruppe: Cuthbertsonia
Swartz 1799

Arten: Wahrscheinlich nur 3 Arten.
Beispiele: *Dendrobium cuthbertsonii, Dendrobium laevifolium, Dendrobium prasinum.*
Verbreitung: Papua-Neuguinea, umliegende Inseln und Fidschi-Inseln. Epi- und lithophytisch, in 800–3000 m Höhe, im immerfeuchten Nebelwald.
Wuchsform: Sympodial; büschelig, Bulben 1–6 cm lang, schlank; dicht beblättert, Blätter 1–5 cm lang.
Blüte: Blütenstände kurz; zahlreiche Blüten, terminal, büschelig angeordnet, lange Blühdauer, 2–5 cm groß, meist an älteren Bulben.
Besonderheiten: Für Gießtöpfe geeignet. Gute Wasserqualität sehr wichtig, empfindlich bei Spritzmitteln. Oft leicht übersprühen, aber schnell abtrocknen lassen.

Dendrobium nobile

Dendrobium fleckeri

Dendrobium
Gruppe: Dendrobium
SWARTZ 1799

Arten: Über 60 Arten.

Beispiele: *Dendrobium aphyllum, Dendrobium chrysanthum, Dendrobium loddigesii, Dendrobium parishii.*

Verbreitung: Südostasien. Epiphytisch in Regionen mit ausgeprägten Jahreszeiten wachsend, in 1000–2000 m Höhe.

Wuchsform: Sympodial; Pseudobulben länglich, während des Wachstums deutlich beblättert, 10–100 cm lang; Blätter 5–15 cm lang.

Blüte: Blütenstände seitlich; zahlreiche zwei- bis vierblütige Büschel aus den Nodien der Vorjahrestriebe entspringend, Blüte 3–7 cm groß.

Besonderheiten: Topf- und Blockkultur möglich. Nach Triebabschluss Blattfall. Deutliche Kühlphase fördert die Blütenbildung. Lange Bulben stützen.

Dendrobium	Dendrocoryne
kühl – temp.	temp. – warm
HS	HS – Sonne
mäßig	gering
Ja	Ja
AB	AB

Dendrobium
Gruppe: Dendrocoryne
SWARTZ 1799

Arten: Über 12 Arten.

Beispiele: *Dendrobium adae, Dendrobium falcorostrum, Dendrobium gracilicaule, Dendrobium kingianum.*

Verbreitung: Australien und Pazifische Inseln. Meist epiphytisch, auch lithophytisch und terrestrisch wachsend, in 0–1200 m Höhe.

Wuchsform: Sympodial; Pseudobulben zylindrisch bis kantig, schlank; 1–2 endständige Blätter, fleischig bis ledrig, 8–15 cm lang.

Blüte: Blütenstand endständig, aufrecht, 5–30 cm lang; zwei bis viele Blüten, 2–10 cm groß, duftend, lange Blühdauer.

Besonderheiten: Die meisten dieser Arten wachsen in Gebieten mit heißen Tagen und kühlen Nächten, wenig Niederschlag und starker Taubildung.

Dendrobium ellipsophyllum

Dendrobium wattii

Dendrobium

Gruppe: Distichophyllum

SWARTZ 1799

Arten: Über 35 Arten.

Beispiele: *Dendrobium ellipsophyllum, Dendrobium oligophyllum, Dendrobium revolutum, Dendrobium uniflorum.*

Verbreitung: Von Myanmar bis Neukaledonien. In Höhenlagen von 200–1000 m, in heißen Gegenden auch höher. Bevorzugt Gebiete mit regelmäßigen Niederschlägen.

Wuchsform: Sympodial; Rhizom kurz, büschelig; Pseudobulben länglich, während des Wachstums Neutriebe dicht beblättert, 30–70 cm lang; Blattspanne 10–15 cm.

Blüte: Zahlreiche, meist ein- bis zweiblütige Büschel aus den Nodien der Vorjahrestriebe entspringend, 3–4 cm groß.

Besonderheiten: Topfkultur empfohlen. Lange Bulben sollten gestützt werden.

temp. – warm		*temp. – warm*
HS – Sonne		*HS – Sonne*
mäßig		*mäßig*
Nein		*Nein*
AB		*AB*

Dendrobium

Gruppe: *Formosae* (*Nigrohirsutae*)

SWARTZ 1799

Arten: Über 30 Arten.

Beispiele: *Dendrobium bellatulum, Dendrobium formosum, Dendrobium cruentum, Dendrobium sanderae.*

Verbreitung: Indien, Südostasien und Philippinen. Epiphytisch, Hauptvorkommen in 1000–1500 m Höhe.

Wuchsform: Sympodial; Rhizom kurz; Pseudobulben länglich, dünn bis eiförmig, 5–80 cm groß; Blätter endständig, 3–8 cm lang.

Blüte: Blütenstand endständig, 3–8 cm lang, aufrecht; 2–5 Blüten, weißgrundig, 5–12 cm groß, gelegentlich duftend, lange Blühdauer.

Besonderheiten: Im Winter trockener, aber nur wenig kühler halten. Leicht besprühen. *Den. cruentum* und Verwandte mögen es ganzjährig wärmer.

Dendrobium polysema

Dendrobium petiolatum

Dendrobium
Gruppe: Latouria
Swartz 1799

Arten: Über 50 Arten.

Beispiele: *Dendrobium aberrans, Dendrobium eximium, Dendrobium rhodostictum, Dendrobium spectabile.*

Verbreitung: Papua-Neuguinea, Samoa und Philippinen. Meist in 1000–2000 m Höhe vorkommend, in Gebieten mit gleichmäßigen Temperaturen und Niederschlägen.

Wuchsform: Sympodial; Rhizom 1–3 cm lang; Pseudobulben 5–80 cm hoch; 2–3 endständige Blätter, ledrig, 3–15 cm.

Blüte: Blütenstand endständig, selten verzweigend, aufrecht; Blüten zahlreich, 2–7 cm groß, lange Blühdauer.

Besonderheiten: Gleichmäßig temperiert das ganze Jahr kultivieren. Alte, bereits abgeblühte Pseudobulben können wieder Blütenrispen produzieren.

Latouria		Oxyglossum
temp. – warm		kühl – temp.
HS – Sonne		Sch – HS
mäßig		mäßig – feucht
Nein		Nein
A		B

Dendrobium
Gruppe: Oxyglossum
Swartz 1799

Arten: Über 50 Arten.

Beispiele: *Dendrobium cyanocentrum, Dendrobium hellwigianum, Dendrobium pentapterum, Dendrobium vexillarius.*

Verbreitung: Papua-Neuguinea, Samoa und benachbarte Inseln. Epiphytisch in 1500–4000 m Höhe.

Wuchsform: Sympodial; Rhizom sehr kurz, büschelig; Pseudobulben 0,5–4 cm groß; 2–3 endständige Blätter, 1–7 cm lang.

Blüte: Blütenstand seitlich, 1–3 cm lang; Blüten zahlreich, an mehreren Blütenständen gleichzeitig, 1–4 cm groß.

Besonderheiten: Gleichmäßig kühl oder temperiert kultivieren. Für feuchte Frischluft sorgen und auf gute Wasserqualität achten. Vorsicht mit Spritzmitteln.

Dendrobium bracteosum

Dendrobium biggibum var. *compactum*

Dendrobium

Gruppe: Pedilonum

SWARTZ 1799

Arten: Über 80 Arten.

Beispiele: *Dendrobium bracteosum, Dendrobium dichaeoides, Dendrobium goldfinchii, Dendrobium smillieae.*

Verbreitung: Indien bis Samoa, Papua-Neuguinea. Epiphytisch im tropischen Regenwald, meist in 500–2000 m Höhe, selten lithophytisch.

Wuchsform: Sympodial; Rhizom kurz, büschelig; Pseudobulben 5–120 cm lang, Neutrieb dicht beblättert; Blätter krautig, 4–8 cm lang, laubabwerfend.

Blüte: Blütenstand seitlich, 2–8 cm lang; Blüten zahlreich, büschelig, sich meist nicht ganz öffnend, 0,5–4 cm groß.

Besonderheiten: Im Winter trockener und etwas kühler halten. An warmen Tagen morgens und abends besprühen.

Pedilonum		Phalaenanthe
temp. – warm	(Temperatur)	*temp. – warm*
HS – Sonne	(Licht)	*Sonne*
mäßig – feucht	(Wasser)	*mäßig*
Nein	(Ruhezeit)	*Ja*
AB	(Topf)	*AB*

Dendrobium

Gruppe: Phalaenanthe

Swartz 1799

Arten: Etwa 6 Arten.

Beispiele: *Dendrobium affine, Dendrobium biggibum, Dendrobium striaenopsis, Dendrobium williamsianum.*

Verbreitung: Timor, Neuguinea bis Nordaustralien. Epi- und lithophytisch in niedrigen Lagen wachsend, in Gebieten mit regenreichem Frühjahr, heißem Sommer und trockenem Winter.

Wuchsform: Sympodial; büschelig, Pseudobulben schlank, 10–30 cm hoch; wenig beblättert, Blatt ledrig, 3–6 cm lang.

Blüte: Blütenstand 10–45 cm lang, endständig; Blüten zahlreich, traubig, 3–6 cm groß, lange Blühdauer.

Besonderheiten: Temperiert bis warm kultivieren. Im Winter trockener und etwas kühler halten.

Dendrobium tangerinum

Dendrobium ciliatum

Dendrobium
Gruppe: Spatulata
Swartz 1799

Arten: Über 50 Arten.

Beispiele: *Dendrobium antennatum, Dendrobium discolor, Dendrobium gouldii, Dendrobium tangerinum.*

Verbreitung: Philippinen, Java, Samoa, Neuguinea. Epiphytisch, lithophytisch, in Gebieten mit ganzjährigen Niederschlägen, in 0–500 m Höhe.

Wuchsform: Sympodial; Rhizom 3–5 cm lang; Bulben schlank, 20–120 cm hoch; Blätter fleischig, 5–9 cm lang.

Blüte: Blütenstände endständig, aufrecht, verzweigend, bis 50 cm hoch; Blüten zahlreich, 4–9 cm groß, Petalen nach oben gebogen, gedreht. Sehr lange Blühdauer.

Besonderheiten: Gleichmäßige Kultur das ganze Jahr. Düngergaben im Wachstum erhöhen.

Dendrobium
Gruppe: Stachyobium
Swartz 1799

Arten: Über 35 Arten.

Beispiele: *Dendrobium delacourii, Dendrobium denudans, Dendrobium garrettii, Dendrobium venustum.*

Verbreitung: Indien und Südostasien. Epiphytisch in Höhenlagen von 1000–2000 m, aber auch niedriger wachsend, bevorzugen Gebiete mit trockenen Wintern.

Wuchsform: Sympodial; Bulben kurz, eiförmig-länglich, 5–20 cm hoch; Blätter fleischig, kurz, Blattspanne 5–15 cm, Laubfall.

Blüte: Blütenstände seitlich, aufrecht oder überhängend, 4–35 cm lang; drei bis zahlreiche Blüten, 2–4,5 cm groß.

Besonderheiten: Topf- und Blockkultur möglich. Im Winter nur leicht übersprühen, wenig gießen, nicht kälter halten.

Spatulata		Stachyobium
temp. – warm		*temp.*
HS – Sonne		*HS – Sonne*
mäßig		*mäßig*
Nein		*Ja*
A		*AB*

Dendrochilum pulcherrinum

Dendrophylax varius

Dendrochilum

BLUME 1825

Arten: Über 150 Arten.
Beispiele: *Dendrochilum arachnites, Dendrochilum cobbianum, Dendrochilum filiforme, Dendrochilum magnum.*
Verbreitung: Südostasien, Indonesien, Philippinen und Neuguinea. Epiphytisch, auch lithophytisch wachsend, bis 1000 m Höhe.
Wuchsform: Sympodial; Rhizom kriechend, stark verzweigend; Pseudobulben büschelförmig angeordnet, keulenförmig länglich, 5–10 cm hoch, 2–3 endständige, lanzettliche bis breite Blätter, 10–65 cm lang.
Blüte: Blütenstände basal entspringend, 10–65 cm lang; überhängende Trauben mit vielen, bis 1 cm großen Blüten.
Besonderheiten: Vorteilhaft ist die Kultur in flachen Schalen. Bei kleinen Arten Blockkultur möglich.

Dendrochilum		Dendrophylax
temp. – warm	Temperatur	*temp. – warm*
HS	Licht	*Sonne*
mäßig	Gießen	*mäßig*
Nein	Ruhezeit	*Nein*
ABD	Topf	*B*

Dendrophylax

GARAY 1969

Arten: Etwa 5 Arten.
Beispiele: *Dendrophylax fawcetti, Dendrophylax funalis, Dendrophylax varius.*
Verbreitung: Westindische Inseln und Florida. Epiphytisch an Stämmen in warmen, luftfeuchten Gegenden wachsend.
Wuchsform: Monopodial; Stamm sehr kurz; blattlose Orchidee mit relativ wenigen, grünlich-grauen Wurzeln bis 15 cm Länge.
Blüte: Blütenstand aufrecht, 12–32 cm lang; 4–15 sich nacheinander öffnende Blüten, weiß bis grünlich gefärbt, 3–6 cm groß, duftend.
Besonderheiten: Blattlose Orchidee, die nur aufgebunden wächst. Frühjahr bis Herbst viel sprühen, aber schnell abtrocknen lassen. Gleichmäßige Luftfeuchte ist von Vorteil.

Diaphananthe rutila

Dichaea vaginata

Diaphananthe

Schlechter 1914

Arten: Über 45 Arten.

Beispiele: *Diaphananthe bidens, Diaphananthe burtii, Diaphananthe pellucida, Diaphananthe rutila.*

Verbreitung: Tropisches Afrika, südwärts bis Natal. Epiphytisch im Schatten des tropischen Regenwaldes auf Stämmen kletternd, in 300–1800 m Höhe.

Wuchsform: Monopodial; Stamm aufrecht, an der Basis verzweigend, 5–20 cm hoch; dicht zweizeilig beblättert, Blätter fleischig, 5–10 cm lang.

Blüte: Mehrere Blütenstände seitlich entspringend, hängend, 10–45 cm lang, locker traubig besetzt; Blüte 1–2,5 cm groß, kurz gespornt.

Besonderheiten: Blockkultur auf langen Unterlagen erforderlich, damit die Pflanzen hochklettern können.

Diaphananthe		Dichaea
temp. – warm	(Temperatur)	kühl – warm
HS – Sonne	(Licht)	HS – Sonne
mäßig	(Gießen)	mäßig – feucht
Nein	(Ruhezeit)	Nein
B	(Kultur)	AB

Dichaea

Lindley 1833

Arten: Über 140 Arten.

Beispiele: *Dichaea cogniauxiana, Dichaea latifolia, Dichaea pendula, Dichaea rubroviolacea.*

Verbreitung: Weit verbreitet im tropischen Amerika. Epiphytisch in 200–2800 m Höhe, im feuchten Regenwald oder immerfeuchten Nebelwald, auf bemoosten Stämmen.

Wuchsform: Sympodial; Rhizom kurz, büschelig; Stämme aufrecht oder hängend, 20–40 cm lang; dicht beblättert, Blätter 2–5 cm kurz, fleischig.

Blüte: Blütenstände zu mehreren, seitlich zwischen den Blättern entspringend; Blüte 1–3 cm groß.

Besonderheiten: Blockkultur für die hängenden Arten empfohlen, ansonsten Topfkultur. Gleichmäßig hohe Luftfeuchte sehr wichtig.

Diplocaulobium phalangium

Dipteranthus grandiflorus

Diplocaulobium

(Reichenbach f.) Kraenzlin 1910

Arten: Über 100 Arten.

Beispiele: *Diplocaulobium chrysotropis, Diplocaulobium regale, Diplacaulobium tipula, Diplocaulobium tentaculatum.*

Verbreitung: Malaysia bis Neuguinea, Pazifische Inseln und Nordostaustralien. Epiphytisch auf moosbewachsenen Bäumen, in 700–2100 m Höhe.

Wuchsform: Sympodial; büschelig, Stamm 5–20 cm hoch; 1 endständiges Blatt, ledrig, lanzettlich, 5–20 cm lang.

Blüte: Kurz oder lang gestielte Einzelblüten, endständig, aufrecht, Blüte ansehnlich, häufig sternförmig oder rund, Blühdauer ein Tag.

Besonderheiten: Blockkultur empfohlen. Für gleichmäßige Temperatur und Feuchtigkeit sorgen.

Diplocaulobium		Dipteranthus
temp. – warm		temp. – warm
HS – Sonne		HS – Sonne
mäßig		mäßig
Nein		Nein
AB		B

Dipteranthus

Barbosa Rodrigues 1882

Arten: Etwa 12 Arten.

Beispiele: *Dipteranthus duchii, Dipteranthus estradae, Dipteranthus grandiflorus.*

Verbreitung: Tropisches Mittel- und Südamerika. Epiphytisch auf Zweigen im feuchten Regenwald in bis zu 1100 m Höhe, oft auch in Zitrusplantagen.

Wuchsform: Sympodial; Wurzeln fein, büschelig; ohne oder nur sehr kleine Pseudobulben; Blätter fächerartig angeordnet, 3–7 cm lang, krautig bis fleischig.

Blüte: Blütenstände blattachselbürtig, waagerecht bis hängend, locker traubig; 5–30 Blüten, nur 0,4–0,8 cm.

Besonderheiten: Blockkultur. Für konstant hohe Luftfeuchte sorgen. Am Naturstandort bildet sich morgens und abends Tau.

Disa uniflora

Dockrillia mortii

Disa

Bergius 1767

Arten: Etwa 130 Arten.
Beispiele: *Disa atricapilla, Disa hamatopetala, Disa stolzii, Disa tenuifolia, Disa tripetaloides, Disa uniflora*.
Verbreitung: Zentral- und Ostafrika, Madagaskar, Maskarenen. Terrestrisch in 1000–2800 m Höhe wachsend.
Wuchsform: Sympodial; Wurzeln knollig; Stamm unverzweigt, dicht beblättert; Blätter krautig, schmal lanzettlich bis 30 cm lang.
Blüte: Blütenstände gipfelständig, aufrecht, bis 50 cm hoch; eine bis viele Blüten, 3–12 cm groß, sehr ansehnlich, oberes Sepalum meist kapuzenförmig.
Besonderheiten: Flache Schalen empfohlen. Für gute Wasserqualität sorgen, im Wachstum leicht feucht halten. Substratgemisch aus Sand und Sphagnum. Kultur schwierig.

Disa		Dockrillia
kühl – temp.		temp. – warm
Sch – HS		HS – Sonne
feucht		mäßig
Ja		Ja
E		B

Dockrillia

Brieger 1981

Arten: Über 30 Arten.
Beispiele: *Dockrillia cucumerina, Dockrillia linguiformis, Dockrillia mortii, Dockrillia wassellii.*
Verbreitung: Australien, Neuguinea, Neu-Kaledonien, Vanuatu. Epi- und lithophytisch im feuchten Regenwald, in 50–1300 m Höhe.
Wuchsform: Sympodial; Rhizom kurz, büschelig, Stämme 2–12 cm hoch; ein endständiges Blatt, Blatt ledrig, sukkulent, stielrund, 5–40 cm lang.
Blüte: Blütenstand endständig, aufrecht oder hängend, 5–20 cm lang, traubig; Blüte meist nicht resupinierend, 1–3,5 cm groß.
Besonderheiten: Blockkultur empfohlen. Nach dem Besprühen müssen Pflanzen schnell wieder abtrocknen. Sie lieben Wärme und Sonne.

Domingoa hymenoides

Doritis pulcherrima var. *conburyi*

Domingoa

SCHLECHTER 1913

Arten: 2 Arten und eine Naturhybride.
Beispiele: *Domingoa haematochila, Domingoa nodosa, Domingoa × suisana.*
Verbreitung: Dominikanische Republik, Hispaniola, Puerto Rico, Kuba. Epiphytisch in den Bergen, in 500–1200 m Höhe.
Wuchsform: Sympodial; Rhizom kurz büschelig, Stamm 2–5 cm hoch; ein endständiges Blatt, Blatt fleischig, 5–10 cm lang.
Blüte: Blütenstand 10–15 cm lang, aufrecht, endständig; Einzelblüte, 2–3 cm groß. Pflanzen blühen meist mehrmals hintereinander.
Besonderheiten: Blockkultur empfohlen. Topfkultur möglich, aber Pflanzen müssen schnell wieder abtrocknen. Blütengröße und -farbe sind abhängig vom Fundort.

Domingoa	Doritis
temp. – warm	temp. – warm
HS – Sonne	HS – Sonne
mäßig	mäßig
Nein	Nein
AB	A

Doritis

LINDLEY 1833

Arten: Etwa 1–5 Arten.
Beispiele: *Doritis pulcherrima, Doritis buyssoniana.*
Verbreitung: Ceylon, Indien, Nepal, Myanmar, Thailand, Laos, Malaiische Halbinsel, Sumatra und Borneo. Epiphytisch, lithophytisch und terrestrisch, nicht über 500 m Höhe.
Wuchsform: Monopodial; kurzer Stamm, dicht beblättert, Seitentriebe bildend, bis 25 cm hoch; Blätter zahlreich, hart, ledrig. 10–40 cm Blattspanne.
Blüte: Blütenstände seitlich entspringend, bis 80 cm hoch, nacheinander aufblühend; Blüten 2–4 cm groß, Blütenblätter meistens nach hinten gebogen, Farbe sehr variabel.
Besonderheiten: Topfkultur empfohlen. *Doritis* kann Trockenheit vertragen.

Dracula cordobae

Dresslerella pilosissima

Dracula

Luer 1978

Arten: Etwa 80–120 Arten.
Beispiele: *Dracula bella, Dracula chimaera, Dracula nosferatu, Dracula vampira.*
Verbreitung: Andenbereich Südamerikas und angrenzendes Hochland. Epiphytisch im immerfeuchten Nebelwald in Höhenlagen über 1500 m.
Wuchsform: Sympodial; Rhizom kriechend; kurze einblättrige, aufrechte Sprosse, 1–3 cm hoch; Blatt verkehrt eiförmig, 5–20 cm groß.
Blüte: Blütenstand hängend, selten aufrecht; meist Einzelblüte, Blüte auffällig, 2–15 cm groß.
Besonderheiten: Kultur in Körbchen oder Gittertöpfen erforderlich. Für gute Wasserqualität und feuchte Frischluft sorgen. Keine extreme Hitze im Sommer.

Dracula		Dresslerella
kühl – temp.	(Temperatur)	temp. – warm
Sch – HS	(Licht)	Sch – HS
feucht	(Gießen)	mäßig – feucht
Nein	(Ruhezeit)	Nein
C	(Substrat)	AB

Dresslerella

Luer 1976

Arten: Etwa 9 Arten.
Beispiele: *Dresslerella hirsutissima, Dresslerella pertusa, Dresslerella pilosissima, Dresslerella powellii.*
Verbreitung: In den Tropen Amerikas, von Nicaragua bis Peru. Epiphytisch auf kleinen Zweigen, in Nebelwäldern bis zu 1500 m Höhe.
Wuchsform: Sympodial; Rhizom kurz, kriechend, verzweigend; kurze einblättrige, aufrechte, sehr dünne Stämme, 3–4 cm hoch; Blatt dickledrig, behaart, 5–10 cm lang.
Blüte: Blütenstand terminal, aufrecht, 1–6 cm; einblütig, nacheinander blühend, Blüte nicht öffnend, behaart, 1–3 cm groß.
Besonderheiten: Gut für Vitrinen. Blockkultur empfohlen. Feuchte Frischluft vorteilhaft.

Dryadella albicans

Dyakia hendersoniana

Dryadella

Luer 1978

Arten: Über 30 Arten.
Beispiele: *Dryadella albicans, Dryadella dodsonii, Dryadella hirtzii, Dryadella zebrina.*
Verbreitung: Guatemala bis Brasilien. Epiphytisch im tropischen Regen- und Nebelwald, in 400–2500 m Höhe.
Wuchsform: Sympodial; Rhizom kurz, verzweigend, büschelig; kurze einblättrige, aufrechte, dünne Stämme, 1–2 cm hoch; Blatt weich, 2–6 cm lang.
Blüte: Blütenstand sehr kurz; einblütig, Blüte 1–2 cm groß, häufig zwischen den Blättern versteckt, gelb bis grünlich, gepunktet.
Besonderheiten: Pflanzen dieser Gattung eignen sich gut für Vitrinen. Blockkultur empfohlen. Feuchte Frischluft vorteilhaft. Sehr vorsichtig düngen.

Dryadella		Dyakia
temp.		*temp. – warm*
Sch – HS		*HS – Sonne*
mäßig – feucht		*mäßig – feucht*
Nein		*Nein*
AB		*AB*

Dyakia

Christensen 1986

Arten: Monotypisch, nur 1 Art.
Beispiele: *Dyakia hendersoniana.*
Verbreitung: Borneo. Epiphytisch im tropischen Regenwald, in Ufernähe oder jahreszeitlich überschwemmten Wäldern.
Wuchsform: Monopodial; kurzer, unverzweigter Stamm, aufrecht, 5–15 cm hoch; zweizeilig beblättert, Blätter flach, waagerecht abstehend, fleischig, 5–10 cm lang.
Blüte: Blütenstände aufrecht, seitlich achselständig, deutlich länger als die Blätter; Blüten dicht vielblütig in einer zylindrischen Traube, 1–1,5 cm groß.
Besonderheiten: Pflanzen dieser Gattung eignen sich gut für Vitrinen. Blockkultur empfohlen, Topfkultur möglich. Diese Gattung liebt Wärme und hohe Luftfeuchte.

Elleanthus spec.

Embreea rodigasiana

Elleanthus

Presl 1827

Arten: Über 120 Arten.

Beispiele: *Elleanthus amethystinus, Elleanthus curtii, Elleanthus hymenophorus, Elleanthus robustus.*

Verbreitung: Mittelamerika bis Brasilien, Hauptvorkommen in den Anden. Epiphytisch oder terrestrisch, in tropischen Regenwäldern oder entlang von Flussläufen, in 400–3500 m Höhe.

Wuchsform: Sympodial; Rhizom kurz, Stämme aufrecht, bis 1 m hoch, an der Spitze beblättert; Blätter krautig, lanzettlich, 5–15 cm lang.

Blüte: Blütenstände gipfelbürtig, 15–25 cm lang; dicht besetzt, viele Blüten, 0,2–3 cm groß.

Besonderheiten: Kühl oder temperiert kultivieren. Durchlässiges Substrat verwenden. In der Wachstumsphase feucht halten.

Elleanthus		*Embreea*
kühl – temp.		*temp. – warm*
HS – Sonne		*HS*
feucht		*mäßig*
Ja		*Ja*
A		*C*

Embreea

Dodson 1980

Arten: 2 Arten.

Beispiele: *Embreea rodigasiana, Embreea herrenhusana.*

Verbreitung: Kolumbien und Ecuador. Epiphytisch in tropischen, feuchten Regenwäldern in 500–1000 m Höhe.

Wuchsform: Sympodial; Rhizom kurz; Pseudobulben eiförmig, 4 kantig, 4–7 cm hoch, einblättrig; Blatt aufrecht, elliptisch, 20–50 cm hoch, ledrig.

Blüte: Blütenstände einzeln bis mehrere, hängend, einblütig, 15–25 cm lang; Blüten fleischig, 8–12 cm groß, kurzlebig.

Besonderheiten: Diese Gattung ist eng mit *Stanhopea* verwandt. Die nach unten gerichteten Blütenstände machen eine Kultur im Korb erforderlich. Im Winter trockener, aber nicht kühler halten.

Encyclia megalantha

Encyclia aff. *radiata*

Encyclia

HOOKER 1828

Arten: Weit über 300 Arten.

Beispiele: Eine Bearbeitung oder Unterteilung in Sektionen fehlt.

Verbreitung: Karibik, Mittel- und Südamerika. Epi- und lithophytisch, auch terrestrisch, in 0–2500 m Höhe.

Wuchsform: Sympodial; Rhizom kurz; Pseudobulben kugelig bis eiförmig, abgeflacht, 3–12 cm hoch, ein oder zweiblättrig; Blätter aufrecht, meist lanzettlich, fleischig bis ledrig, 10–40 cm hoch.

Blüte: Blütenstände endständig, 15–120 cm lang; Blüten 2–8 cm groß, lange Blühdauer.

Besonderheiten: Die Gattung bildet im Gegensatz zu *Epidendrum* Pseudobulben. Auf den nächsten Seiten folgt eine Einteilung in drei Kulturgruppen.

Encyclia		Encyclia Gruppe: Anacheilium
temp. – warm	(Temperatur)	temp.
HS – Sonne	(Licht)	HS – Sonne
gering – mäßig	(Gießen)	mäßig
Ja/Nein	(Ruhezeit)	Nein
AB	(Topf)	AB

Encyclia

Gruppe: Anacheilium

HOOKER 1828

Arten: Weit über 60 Arten.

Beispiele: *Encyclia calamaria*, *Encyclia cochleata, Encyclia fragrans, Encyclia radiata.*

Verbreitung: Venezuela, Kolumbien, Mexiko, Guatemala, Honduras, Westindische Inseln. Epi-, lithophytisch und terrestrisch, in 200–1500 m Höhe, gelegentlich auch höher.

Wuchsform: Sympodial; Rhizom 1–3 cm lang; Pseudobulben elliptisch, abgeflacht, 3–10 cm groß, zweiblättrig; Blätter aufrecht, meist lanzettlich, krautig bis fleischig, 10–20 cm hoch.

Blüte: Blütenstände endständig, 5–20 cm hoch; Blüten 2–8 cm groß, nicht resupinierend, lange Blühdauer.

Besonderheiten: Diese Arten sind sehr wüchsig und anspruchslos.

Encyclia mooreana

Encyclia citrina

Encyclia
Gruppe: Encyclia
Hooker 1828

Arten: Weit über 250 Arten.
Beispiele: *Encyclia brassavolae, Encyclia cordigera, Encyclia hanburyi, Encyclia tampensis.*
Verbreitung Mexiko, Karibische Inseln, auch Südamerika. Epi- und lithophytisch, terrestrisch, z. T. an extremen Standorten, in 0–2500 m Höhe.
Wuchsform: Sympodial; Rhizom 1–2 cm lang; Pseudobulben kugelig, selten abgeflacht, 3–7 cm groß, ein- oder zweiblättrig; Blätter aufrecht, meist lanzettlich, fleischig bis ledrig, 10–40 cm hoch.
Blüte: Blütenstände endständig, 15–120 cm lang; Blüten 2–6 cm groß.
Besonderheiten: Am Naturstandort kommen hohe Temperaturschwankungen, lange Trockenheiten und starke Taubildung vor.

Encyclia		Euchile
temp. – warm		temp. – warm
HS – Sonne		Sonne
gering		gering
Ja		Ja
AB		AB

Encyclia
Gruppe: Euchile
Hooker 1828

Arten: Nur 2 Arten.
Beispiele: *Encyclia citrina, Encyclia mariae.*
Verbreitung: Mexiko. Epiphytisch in 1300–2200 m Höhe wachsend, meist in trockenen Eichenwäldern.
Wuchsform: Sympodial; Rhizom kurz, büschelig; Pseudobulben elliptisch, kugelig, 3–6 cm im Durchmesser, zweiblättrig; Blätter endständig, aufrecht, meist lanzettlich, krautig bis fleischig, 10–20 cm hoch.
Blüte: Blütenstände endständig, 5–20 cm hoch; Blüten 2–8 cm groß.
Besonderheiten: Blockkultur empfohlen. Warm und trocken halten. In der Ruhezeit morgens und abends leicht besprühen, in der Wachstumszeit stärker. *Encyclia citrina* wächst hängend!

Epidendrum grandiflorum

Epidendrum brassavolae

Epidendrum
Gruppe: Stämme röhrenförmig
Linné 1763

Arten: Weit über 1000 Arten.

Beispiele: *Epidendrum coronatum, Epidendrum ibaguense, Epidendrum paniculatum, Epidendrum pseudepidendrum.*

Verbreitung: Karibik, Mittel- und Südamerika. Epi- und lithophytisch, auch terrestrisch, im feuchten und trockenen Regenwald, in 0–2500 m Höhe.

Wuchsform: Sympodial; Rhizom kurz, Stämme aufrecht, 10–150 cm, mehr oder weniger dicht mit Blättern, besetzt; Blattspanne 6–15 cm.

Blüte: Blütenstände endständig, aufrecht oder überhängend, 10–30 cm lang; Blüten zahlreich, 1–5 cm groß.

Besonderheiten: Blockkultur bei kleinbleibenden Arten empfohlen. Lange Stämme abstützen.

Stämme röhrenförmig		Stämme spindelförmig
temp. – warm	(Temperatur)	temp. – warm
HS – Sonne	(Licht)	HS – Sonne
mäßig	(Gießen)	mäßig
Nein	(Ruhezeit)	Ja
AB	(Substrat)	AB

Epidendrum
Gruppe: Stämme spindelförmig
Linné 1763

Arten: Etwa 50 Arten.

Beispiele: *Epidendrum brassavolae, Epidendrum ciliare, Epidendrum marmoratum, Epidendrum stanfordianum.*

Verbreitung: Karibik, Mittel- und nördliches Südamerika. Epiphytisch, auch terrestrisch, in 0–1500 m Höhe.

Wuchsform: Sympodial; Rhizom kriechend, Stämme aufrecht, spindelförmig, 10–40 cm hoch, endständig mit 2–4 Blättern besetzt; Blätter ledrig, 10–20 cm Blattspanne.

Blüte: Blütenstände endständig, gelegentlich auch basal, meist aufrecht, 10–50 cm lang; drei bis viele Blüten, 4–12 cm groß.

Besonderheiten: Diese Arten werden außerhalb der Wachstumsphase trocken gehalten.

Epigeneium nakaharaei

Eria spec.

Epigeneium

Gagnepain 1932

Arten: Etwa 35 Arten.

Beispiele: *Epigeneium coelogyne, Epigeneium lyonii, Epigeneium nakaharaei, Epigeneium zebrinum.*

Verbreitung: Indien, China, Südostasien, Indonesien, Philippinen. Epiphytisch, lithophytisch, im tropischen, warmen immerfeuchten Regenwald, selten über 1500 m Höhe.

Wuchsform: Sympodial; Rhizom kriechend bis lang kletternd; Pseudobulben 2–8 cm groß; meist zweiblättrig, Blätter endständig, ledrig, 2–12 cm lang.

Blüte: Blütenstand endständig, 3–12 cm hoch, locker besetzt, selten Trauben; 1–6 Blüten, 2–8 cm groß.

Besonderheiten: Der kriechende Wuchs macht die Kultur in Schalen oder Blockkultur erforderlich.

Epigeneium		Eria
temp. – warm		temp.
HS		HS
mäßig		mäßig
Nein		Nein
BD		ABD

Eria

Lindley

Arten: Über 500 Arten.

Beispiele: *Eria albidotomentosa, Eria coronoria, Eria javanica, Eria multiflora.*

Verbreitung: Im tropischen Asien, Malaysia, Australien, Polynesien. Epiphytisch, lithophytisch und terrestrisch, in Regen- oder Nebelwald in 0–3500 m Höhe.

Wuchsform: Sympodial; sehr variabel im Wuchs, kleinbleibend bis sehr groß; Rhizom 2–15 cm lang, kriechend bis kletternd; Pseudobulben 2–10 cm hoch; zwei- bis vielblättrig.

Blüte: Blütenstände gipfel- oder blattachselbürtig, aufrecht oder überhängend, 10–60 cm lang; zwei bis viele Blüten, 1–8 cm groß.

Besonderheiten: Kultur in flachen Schalen oder Blockkultur empfohlen. Bei einigen Arten lange Unterlagen nötig.

Erycina echinata

Euanthe sanderiana

Erycina

Lindley 1853

Arten: 3–4 Arten.

Beispiele: *Erycina diaphana, Erycina echinata, Erycina hyalinobulbon.*

Verbreitung: Mexiko. Epiphytisch auf Zweigen in lichten Wäldern wachsend, in 300–1900 m Höhe.

Wuchsform: Miniaturorchidee; kurze bis lange Rhizome; 1,5–3 cm kleine Bulben; Pseudobulben mit 3–4 Blättern ummantelt, 1–2 endständige Blätter.

Blüte: Gebogener, bis 15 cm langer Blütenstand; bis zu 20 Blüten, Blüte bis 2,5 cm groß, Sepalen und Petalen unterentwickelt, dreilappige Lippe dominierend.

Besonderheiten: Blockkultur empfohlen. Arten mögen keine hohe Luftfeuchte; lediglich während des Wachstums sprühen, sonst vorsichtig mit Wasser umgehen.

Erycina		Euanthe
temp. – warm		*temp. – warm*
HS		*HS – Sonne*
gering		*mäßig*
Nein		*Nein*
B		*C*

Euanthe

Schlechter 1914

Arten: Monotypisch, nur eine Art.

Beispiele: *Euanthe sanderiana.*

Verbreitung: Philippinen. Häufig in Meeres- oder Flussnähe, auch über Wasser hängend, oft in praller Sonne, in etwa 500 m Höhe.

Wuchsform: Monopodial; aufrecht, 40–125 cm hoch, an der Basis gelegentlich im Alter verzweigend, zweizeilig dicht beblättert; Blätter sukkulent bis fleischig, 20–45 cm lang.

Blüte: Blütenrispen seitlich, aufrecht, 20–65 cm lang, locker besetzt; 6–12 Blüten, 6–9 cm groß, Blütenfarbe sehr variabel.

Besonderheiten: Körbchenkultur empfohlen. Von Frühjahr bis Herbst die Blattunterseiten und Wurzeln morgens und abends regelmäßig besprühen.

Eulophia guineensis

Eurychone rothschildiana

Eulophia

R. Brown ex Lindley 1823

Arten: Etwa 200 Arten.

Beispiele: *Eulophia andamanensis, Eulophia guineensis, Eulophia keithii, Eulophia streptopetala.*

Verbreitung: Tropen Amerikas und Asiens, hauptsächlich aber Südafrika. Fast immer terrestrisch, selten über 1000 m Höhe.

Wuchsform: Sympodial; Rhizom kurz bis lang; Pseudobulben kräftig oder unterirdische Knollen; Blätter zahlreich, meist krautig; Pflanzengröße 30–80 cm.

Blüte: Blütenstände seitlich, aufrecht, selten überhängend, bis zu 100 cm hoch; sehr vielblütig im oberen Drittel, Blüte 4–6 cm groß.

Besonderheiten: Verträgt normales Epiphytensubstrat.

Eulophia		Eurychone
temp.		temp. – warm
HS		HS
mäßig		mäßig
Ja		Nein
A		AB

Eurychone

Schlechter 1918

Arten: 2 Arten.

Beispiele: *Eurychone rothschildiana, Eurychone galeandrae.*

Verbreitung: Tropisches Afrika, Sierra Leone bis Uganda und Zaire. Epiphytisch in der Nähe von Flüssen oder Wasserläufen, in bis zu 1300 m Höhe.

Wuchsform: Monopodial; einen kurzen, beblätterten Stamm bildend, bis 2 cm hoch; Blätter fleischig, ledrig, Blattspanne 10–25 cm.

Blüte: Blütenstände seitlich entspringend, bogig bis hängend, manchmal unter dem Blatt versteckt; mit bis zu 6 Blüten, je 3–6 cm groß, gespornt, nachts duftend.

Besonderheiten: Topf- und Blockkultur möglich. Vorsichtig übersprühen in den Morgen- und Abendstunden.

Fernandezia maculata

Galeandra leptoceras

Fernandezia

Ruiz & Pavon 1798

Arten: Etwa 9 Arten.

Beispiele: *Fernandezia ionanthera, Fernandezia sanguinea, Fernandezia subbiflora.*

Verbreitung: Mittel- und Südamerika. In den Höhenlagen der Anden in 2500–3200 m Höhe, im immerfeuchten Nebelwald.

Wuchsform: Monopodial; kriechend, einen kurzen, beblätterten Stamm bildend; Blätter fleischig, ledrig, Blattspanne 4–5 cm.

Blüte: Blütenstände seitlich entspringend; Einzelblüte, 2–3 cm groß, leuchtend rot, stetig hintereinander blühend.

Besonderheiten: Zwergorchideen. Blockkultur empfohlen, dabei Moos verwenden. Die Pflanzen reagieren sehr empfindlich auf Trockenheit, gute Wasserqualität nötig. Vorsicht bei Spritz- und Düngemitteln.

Fernandezia		Galeandra
kühl – temp.		temp.
Sch – HS		HS – Sonne
mäßig		mäßig
Nein		Ja
B		AB

Galeandra

Lindley

Arten: Etwa 25 Arten.

Beispiele: *Galeandra batemannii, Galeandra baueri, Galeandra devoniana, Galeandra lacustris.*

Verbreitung: In den Tropen Amerikas. Epiphyten meist in flussnahen Wäldern, in bis zu 800 m Höhe.

Wuchsform: Sympodial; kurzes, kriechendes Rhizom; spindelförmige Bulben, 10–15 cm; Blätter endständig, bis zu 20 cm lang, laubabwerfend.

Blüte: Blütentrauben mit 3–6 Blüten, endständig, bis zu 5 cm groß; trompetenförmige Lippe, bis zu 6 cm lang.

Besonderheiten: Während des Wachstums feucht und schattig, in der kurzen Ruhephase trockener, heller und kühl kultivieren. Blätter nur vorsichtig oder gar nicht besprühen.

Galeottia grandiflora

Gastrochilus japonicus

Galeottia

A. Richard 1845

Arten: Etwa 12 Arten.

Beispiele: *Galeottia fimbriata, Galeottia grandiflora, Galeottia marginata, Galeottia negrensis.*

Verbreitung: Vorwiegend Kolumbien, aber auch in den Nachbarstaaten. Epiphyten feuchter Regenwälder, in 100–1800 m Höhe.

Wuchsform: Sympodial; Pseudobulben oval, büschelig wachsend, 6–8 cm hoch; zweiblättrig, Blatt krautig, 25–45 cm lang, 5–12 cm breit.

Blüte: Blütenstände seitlich entspringend, aufrecht oder überhängend, 10–18 cm lang; 1–4 Blüten von 5–12 cm Größe.

Besonderheiten: Topfkultur bei konstant hoher Luftfeuchte. Viel Wasser während des Wachstums, vorsichtig gießen nach der Blüte.

Galeottia		Gastrochilus
temp.		temp. – warm
HS		HS – Sonne
feucht		mäßig
Nein		Nein
A		AB

Gastrochilus

D. Don 1825

Arten: Etwa 20 Arten.

Beispiele: *Gastrochilus bellinus, Gastrochilus calceolare, Gastrochilus dasypogon, Gastrochilus japonicus.*

Verbreitung: Von Indien, Thailand, Malaysia und den umliegenden Inseln bis Japan. Epiphytisch in lichten Wäldern wachsend, in 400–1500 m Höhe.

Wuchsform: Monopodial; kurzer Stamm, 3–7 cm hoch; Blätter zweizeilig, schmal bis breit, 3–12 cm lang, fleischig oder ledrig.

Blüte: Blütenstand blattachselbürtig, kurz; 2–10 Blüten, häufig von Blättern verdeckt, Blüte fleischig, 2–4 cm groß, häufig duftend.

Besonderheiten: Kultur im Topf wie *Phalaenopsis*. Die kleineren Arten bevorzugen Blockkultur.

Gastrorchis humblotii

Gomesa crispa

Gastrorchis

Thouars 1809

Arten: Etwa 6 Arten.

Beispiele: *Gastrorchis francoisii, Gastrorchis humblotii, Gastrorchis pulchra, Gastrorchis tuberculosa.*

Verbreitung: Madagaskar, Maskarenen. Meist terrestrisch, gelegentlich epiphytisch auf Pandanuss wachsend. In warmen, regenreichen Gebieten vorkommend.

Wuchsform: Sympodial; Pseudobulben länglich bis eiförmig, 4–12 cm hoch; dicht beblättert, Blätter krautig, 30–100 cm lang.

Blüte: Blütenstand basal entspringend, aufrecht, im oberen Drittel dicht besetzt; 6–12 Blüten, farbprächtig.

Besonderheiten: Kann in Epiphytenmischung kultiviert werden. Bei Blattfall weniger gießen, aber nicht kühler halten.

Gastrorchis		Gomesa
temp.		temp.
HS		HS
feucht		mäßig
Ja		Nein
A		AB

Gomesa

R. Brown 1815

Arten: Etwa 20 Arten.

Beispiele: *Gomesa crispa, Gomesa divaricata, Gomesa paranaensis, Gomesa recurva.*

Verbreitung: Brasilien. Epiphyten im tropischen Regenwald, bevorzugt auf glatten Baumstämmen, selten über 1000 m Höhe.

Wuchsform: Sympodial; Rhizom 2–8 cm lang, kletternd, Pseudobulben schmal, länglich, gepreßt, 5–10 cm hoch; 1–2 endständige Blätter, ledrig, 15–30 cm lang.

Blüte: Blütenstand blattachselbürtig, aufrecht, überhängend, 10–35 cm lang, dicht traubig besetzt; Blüten 2–4 cm groß.

Besonderheiten: Die Topfkultur ist bei Arten mit kurzen Rhizomen vorteilhaft, ansonsten ist Kultur auf Unterlage empfehlenswert.

Gongora sanderiana

Grammatophyllum elegans

Gongora

Ruiz & Pavon 1794

Arten: Über 50 Arten.

Beispiele: *Gongora armeniaca, Gongora chocoensis, Gongora galeata, Gongora quinquenervis.*

Verbreitung: In den südamerikanischen Tropen von Mexiko bis Peru und Brasilien. Epiphytisch, auch lithophytisch wachsend.

Wuchsform: Sympodial; Pseudobulben büschelig angeordnet, kantig, 4–7 cm hoch; mit zwei endständigen Blättern, Blätter krautig bis ledrig, 20–50 cm hoch.

Blüte: (Mehrere) Blütenstände am Grunde der Pseudobulben entspringend, traubig, hängend, locker vielblütig. Blüten grotesk geformt, 3–5 cm groß.

Besonderheiten: Kultur im Ampeltopf oder Körbchen erforderlich. Kann mehrmals nacheinander blühen. Blätter nicht besprühen.

Gongora	Grammatophyllum
temp.	*temp. – warm*
HS	*HS – Sonne*
mäßig	*mäßig*
Nein	*Nein*
AC	*A*

Grammatophyllum

Blume 1825

Arten: Etwa 12 Arten.

Beispiele: *Grammatophyllum elegans, Grammatophyllum measuresianum, Grammatophyllum scriptum, Grammatophyllum speciosum.*

Verbreitung: Südostasien, Philippinen, Neuguinea, Polynesien. Im lichten Laubwald in 200–1300 m Höhe vorkommend.

Wuchsform: Sympodial; Pseudobulben büschelig angeordnet, spindelförmig, 3–10 cm hoch; mit 2–5 endständigen Blättern, ledrig, elliptisch, 30–50 cm groß.

Blüte: Blütenstände am Grunde der Pseudobulben entspringend, traubig, aufrecht überhängend, locker vielblütig, bis 50 cm lang; Blüte 6–8 cm groß.

Besonderheiten: Große Töpfe verwenden, halbschattig stellen. Für hohe Luftfeuchte sorgen. Diese Orchideen reagieren empfindlich auf Störungen.

Grobya galeata

Habenaria myriotricha

Grobya

LINDLEY 1835

Arten: 4 Arten.

Beispiele: *Grobya amherstiae, Grobya fascifera, Grobya galeata, Grobya guiselii.*

Verbreitung: Brasilien. Epiphyten auf Bäumen, in Höhenlagen bis 1000 m.

Wuchsform: Sympodial; kurzes, kriechendes Rhizom; Pseudobulben kugel- bis eiförmig, mehrblättrig, 3–4 cm hoch; Blätter krautig, bis 30 cm groß.

Blüte: Blütenstand am Grunde der Pseudobulben entspringend, traubig, gebogen, locker vielblütig, 10–20 cm lang; Blüten 3–4 cm groß. Auffällige Blüte durch miteinander verwachsene Petalen und helmförmiges, dorsales Sepalum.

Besonderheiten: Nach Entwicklung der Pseudobulben trockener halten, ansonsten ist höhere Luftfeuchte von Vorteil.

Grobya		Habenaria
temp.		temp.
HS		HS
mäßig		feucht
Ja		Ja
A		E

Habenaria

WILLDENOW 1805

Arten: Über 600 Arten.

Beispiele: *Habenaria radiata, Habenaria rhodocheila, Habenaria splendens.*

Verbreitung: In den Tropen und gemäßigten Zonen der Erde, besonders Südamerika, Asien und Afrika. Terrestrisch, in 500–2500 m Höhe.

Wuchsform: Sympodial; 2–4 cm kleine Knollen; Stamm aufrecht, 10–70 cm; dicht bis locker krautig beblättert, Blätter 10–15 cm lang.

Blüte: Blütenstand gipfelbürtig, aufrecht, 10–50 cm hoch, im oberen Teil dicht traubig besetzt; Blüten 2–4 cm groß.

Besonderheiten: Substrat für terrestrische Orchideen verwenden. Oberirdische Teile sterben nach der Blüte ab, nach Erscheinen des Austriebes wieder wärmer und feuchter halten.

Haraella odorata

Helcia brevis

Haraella

KUDO 1930

Arten: 1 oder 2 Arten.

Beispiele: *Haraella odorata, Haraella retrocalla.*

Verbreitung: Endemisch in Taiwan. Epiphyten auf dünnen Zweigen, in alten Wäldern zwischen 1000–2200 m Höhe.

Wuchsform: Monopodial; einen kurzen, beblätterten Stamm bildend, bis 2 cm hoch; Blätter schmal, fleischig, Blattspanne 4–7 cm.

Blüte: Blütenstände seitlich entspringend; 2–3 Blüten unter dem Blatt versteckt, 2–3 cm groß, gelblich mit rotbraunen Flecken auf der Lippe.

Besonderheiten: Topf- und Blockkultur möglich. Vorsichtig übersprühen in den Morgen- und Abendstunden. Gut geeignet für Vitrinenkultur.

Haraella		Helcia
temp. – warm		*temp.*
HS		*HS*
mäßig		*mäßig*
Nein		*Nein*
AB		*AB*

Helcia

LINDLEY 1845

Arten: Etwa 3–4 Arten.

Beispiele: *Helcia brevis, Helcia callichroma, Helcia picta, Helcia sanguinolenta.*

Verbreitung: In den Bergwäldern Kolumbiens und Ecuador. Epiphyten großer Bäume, schattig, wahrscheinlich in 1000–2000 m Höhe.

Wuchsform: Sympodial; Pseudobulben rund, eiförmig, büschelig wachsend, bis 8 cm hoch; einblättrig, Blatt schmal, fleischig, 10–20 cm groß.

Blüte: Blütenstände seitlich entspringend, aufrecht, bis 15 cm lang; 1–2 Blüten, 4–6 cm groß, häufig mehrere Bulben gleichzeitig blühend.

Besonderheiten: Kultur in kleinen Töpfen vorteilhaft, damit Pflanzen schnell abtrocknen. Blockkultur möglich.

Hexisea bidentata

Holcoglossum wangii

Hexisea

LINDLEY 1834

Arten: Etwa 6 Arten.

Beispiele: *Hexisea amparoana, Hexisea bidentata, Hexisea imbricata.*

Verbreitung: Mittelamerika, nördliches Südamerika, Westindische Inseln. Epiphyten in heißen und kühlen Gebieten.

Wuchsform: Sympodial; Pseudobulben rund, büschelig wachsend, bis 9 cm hoch; 2–3 endständige Blätter, schmal, fleischig, 8–12 cm lang. Neutriebe entstehen sowohl basal als auch endständig.

Blüte: Blütenstände gipfelbürtig, bis zu 3 cm lang; 3–6 Blüten, 2–3 cm groß, rot gefärbt.

Besonderheiten: Blockkultur mit langen Unterlagen empfohlen, Pflanzen müssen aber immer wieder angebunden werden. Temperaturbereich der Herkunft der Pflanze anpassen.

Hexisea		Holcoglossum
temp. – warm		*temp. – warm*
HS – Sonne		*HS – Sonne*
mäßig		*mäßig*
Nein		*Nein*
B		*B*

Holcoglossum

SCHLECHTER 1919

Arten: Etwa 12–14 Arten.

Beispiele: *Holcoglossum amesianum, Holcoglossum kimballianum, Holcoglossum subulifolium, Holcoglossum wangii.*

Verbreitung: Myanmar bis Taiwan. Epiphyten tropischer Gebiete, zum Teil in Höhenlagen bis 2200 m, bevorzugt in regenarmen, taureichen Gebieten.

Wuchsform: Monopodial; Stamm dicht beblättert, 5–20 cm hoch; Blätter zweizeilig, Blatt schmal, fleischig, stielrund, 5–20 cm lang, z. T. hängend wachsend.

Blüte: Blütenstände seitlich, aufrecht bis überhängend, 5–25 cm lang, 3–8 Blüten, 2–6 cm groß, weiß oder rosafarben mit abgesetzter Lippe.

Besonderheiten: Blockkultur empfohlen.

Houlletia brocklehurstiana

Huntleya meleagris

Houlletia

Brongniart 1841

Arten: Etwa 10 Arten.

Beispiele: *Houlletia brocklehurstiana, Houlletia odoratissima, Houlletia tigrina, Houlletia wallisii.*

Verbreitung: Costa Rica, Guatemala, Kolumbien, Brasilien, Bolivien. Epiphytisch, terrestrisch, im immerfeuchten Regenwald in 1000–1500 m Höhe wachsend.

Wuchsform: Sympodial; Pseudobulben oval, büschelig wachsend, bis 8 cm hoch; einblättrig, Blatt lang gestielt, krautig, 20–40 cm hoch.

Blüte: Blütenstände seitlich entspringend, aufrecht oder hängend, 10–55 cm lang, vielblütig traubig; Blüte nach unten hängend, 8–10 cm groß.

Besonderheiten: Kultur in Ampeln oder Körbchen empfohlen. In der Ruhephase trockener, aber nicht unbedingt kühler halten.

Houlletia		Huntleya
temp.		*temp.*
HS		*Sch – HS*
mäßig		*feucht*
Ja		*Nein*
AC		*A*

Huntleya

Lindley 1837

Arten: Etwa 10 Arten.

Beispiele: *Huntleya burtii, Huntleya heteroclita, Huntleya meleagris, Huntleya wallisii.*

Verbreitung: Costa Rica südwärts bis Bolivien, Trinidad. Epiphyten bemooster Stämme im feuchten Regenwald, in 500–1200 m Höhe.

Wuchsform: Sympodial; Rhizome sehr kurz, büschelig; bulbenlos; Blätter weich, fächerartig, bis 8 cm breit, 25–45 cm lang.

Blüte: Blütenstände grundständig, aufrecht, 7–15 cm hoch; Einzelblüten auffällig, 5–9 cm groß. Kann mehrmals pro Trieb blühen.

Besonderheiten: Die Pflanzen nie ganz austrocknen lassen. Vorsicht bei hohen Düngegaben, keine pralle Sonne im Sommer.

Ida strobelii

Ionopsis utricularioides

Ida

A. RYAN & OAKLEY 2003

Arten: Etwa 27 Arten.

Beispiele: *Ida ciliata, Ida locusta, Ida reichenbachii, Ida strobelii.*

Verbreitung: Mexiko bis Peru, Bolivien und Westindische Inseln. Epi- und lithophytisch, terrestrisch, in Wäldern in 1000–2800 m Höhe, meist an halbschattigen, felsigen Plätzen.

Wuchsform: Sympodial; Pseudobulben fleischig, 5–10 cm hoch; Blätter krautig, 40–80 cm lang, zu Beginn der Ruhephase absterbend.

Blüte: Blütenstände grundständig, aufrecht, 8–25 cm hoch, meist zu mehreren; Einzelblüten auffällig, 8–14 cm groß.

Besonderheiten: Deutliche Ruhephase. Erst nach Wurzelbildung wieder gießen, aber die Pflanzen nie ganz austrocknen lassen.

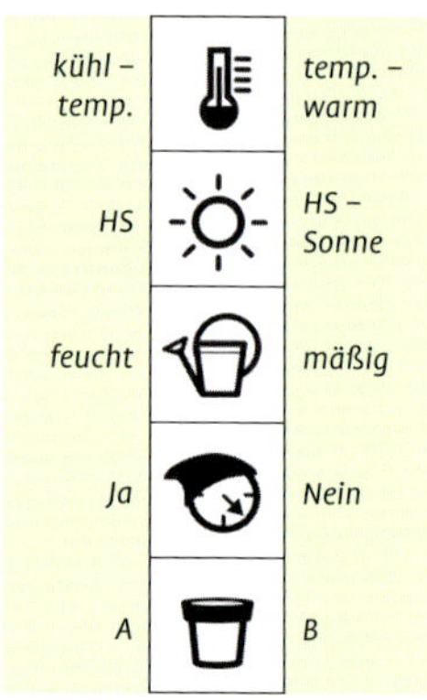

Ionopsis

KUNTH 1815

Arten: Etwa 10 Arten.

Beispiele: *Ionopsis costaricensis, Ionopsis paniculata, Ionopsis satyrioides, Ionopsis utricularioides.*

Verbreitung: Tropische und subtropische Regionen Südamerikas, Florida bis Bolivien und Paraguay. Epiphyten, in 0–1000 m Höhe.

Wuchsform: Sympodial; Rhizom kurz oder lang; Pseudobulben elliptisch, 2–3 cm groß, beblättert; Blatt steif, aufrecht, 6–9 cm groß.

Blüte: Blütenstand achselbürtig, 1–3 pro Pseudobulbe, 20–75 cm lang, traubig oder rispig besetzt; Blüten zahlreich, 0,8–1,5 cm groß, weiß mit rosa-blauem Muster.

Besonderheiten: Blockkultur auf kleinen Unterlagen empfohlen. Häufig besprühen, für schnelles Abtrocknen sorgen.

Isochilus linearis

Jumellea sagittata

Isochilus

R. Brown 1813

Arten: Etwa 2–12 Arten, mehrere Farbvarietäten.

Beispiele: *Isochilus linearis, Isochilus major, Isochilus peruvianus, Isochilus ramosus.*

Verbreitung: Mittelamerika, nördliches Südamerika, Westindische Inseln. Epiphytisch, lithophytisch oder terrestrisch wachsend, von Meereshöhe bis 3900 m.

Wuchsform: Sympodial; büschelig, Stämme auf dem Boden liegend, rund, 20–45 cm lang, im oberen Teil dicht beblättert; Blätter krautig, 3–6,5 cm lang.

Blüte: Blütenstand sehr kurz, gipfelbürtig; 1–8 Blüten von 0,8–1,5 cm Größe.

Besonderheiten: Blockkultur möglich, Kultur in in Töpfen oder Schalen ist schwierig. Bulben wachsen auf dem Boden liegend.

Isochilus		Jumellea
temp.		temp. – warm
HS		HS – Sonne
feucht		mäßig
Nein		Nein
B		A

Jumellea

Schlechter 1914

Arten: Über 50 Arten.

Beispiele: *Jumellea comorensis, Jumellea confusa, Jumellea sagittata, Jumellea teretifolia.*

Verbreitung: Madagaskar, Komoren, afrikanisches Festland. Epi- und lithophytisch in bis zu 1400 m Höhe.

Wuchsform: Monopodial; Stamm selten verzweigend, 20–100 cm hoch; Blätter zweizeilig, fleischig bis ledrig, 3–12 cm lang.

Blüte: Blütenstand blattachselbürtig, kurz; 1–2 fleischige Blüten, 2–6 cm groß, weiß, Sporn kurz bis sehr lang, meist kurze Blühdauer.

Besonderheiten: Für Topfkultur geeignet. Empfindlich gegen Wasser in den Blattachseln. Duft in der Nacht!

Kefersteinia pellita

Kingidium minus

Kefersteinia
REICHENBACH f. 1852

Arten: Etwa 35 Arten.
Beispiele: *Kefersteinia bertoldii, Kefersteinia candida, Kefersteinia gemma, Kefersteinia tolimensis.*
Verbreitung: Costa Rica, Nicaragua bis Brasilien im Süden und Peru im Westen. Epiphyten feuchter Wälder, schattig, in 300–2500 m Höhe.
Wuchsform: Sympodial; Rhizome sehr kurz; bulbenlos; Blätter weich, fächerartig, bis 2 cm breit, 10 cm lang.
Blüte: Blütenstände grundständig, aufrecht, einblütig, 2–5 cm hoch; Blüten 2–4 cm groß, Lippe gefranst. Kann mehrmals pro Trieb blühen.
Besonderheiten: Die Pflanzen nie ganz austrocknen lassen. Vorsicht bei hohen Düngegaben, keine pralle Sonne im Sommer.

Kefersteinia		Kingidium
temp.	(Temperatur)	temp. – warm
Sch – HS	(Licht)	HS
feucht	(Wasser)	mäßig
Nein	(Ruhezeit)	Nein
AB	(Substrat)	AB

Kingidium
P. F. HUNT 1970

Arten: Etwa 10–15 Arten.
Beispiele: *Kingidium deliciosum, Kingidium hookerae, Kingidium latifolium, Kingidium philippinense.*
Verbreitung: Sehr weit verbreitet von Ceylon bis zu den Philippinen. Epiphytisch wachsend, von Meereshöhe bis 1000 m.
Wuchsform: Monopodial; Wurzeln sehr zahlreich; kurzer Stamm, 1–7 cm hoch; Blätter zweizeilig, schmal bis breit, 5–22 cm lang, fleischig.
Blüte: Blütenstand blattachselbürtig, lang, manchmal verzweigend, hängend oder aufrecht; vielblütig, Blüte 1–1,5 cm klein, weiß bis gelblich, rosa.
Besonderheiten: Topf-, aber auch Blockkultur geeignet. Einige Arten sind laubabwerfend, treiben im Frühjahr wieder aus.

Koellensteinia graminea

Lacaena spectabilis

Koellensteinia

REICHENBACH f. 1854

Arten: Etwa 15 Arten.

Beispiele: *Koellensteinia altissima, Koellensteinia boliviensis, Koellensteinia graminea, Koellensteinia tricolor.*

Verbreitung: Venezuela, Kolumbien, Brasilien, Bolivien. Epiphytisch, selten terrestrisch wachsend in immerfeuchten Nebelwäldern, in 1000–2000 m Höhe.

Wuchsform: Sympodial; Stamm oft pseudobulbenartig verdickt; beblättert, Blätter 5–30 cm hoch, fest.

Blüte: Blütenstand blattachselbürtig, aufrecht, 5–40 cm hoch; 3–15 Blüten, 3–5 cm groß. Manchmal mehrere Monate lange Blüte, z. T. starker Duft.

Besonderheiten: Topfkultur vorteilhaft. Bei guter Kultur wachsen die Pflanzen schnell in die Breite und benötigen Platz.

Lacaena

LINDLEY 1843

Arten: Etwa 4 Arten.

Beispiele: *Lacaena bicolor, Lacaena grandis, Lacaena nicaraguensis, Lacaena spectabilis.*

Verbreitung: Mexiko bis Kolumbien. Epiphyten feuchter, tropischer Regenwälder, in Höhenlagen von 1200–1600 m.

Wuchsform: Sympodial; Rhizom kurz; Pseudobulben büschelig angeordnet, bis 12 cm hoch; zwei endständige Blätter, 9 cm breit, bis 50 cm lang.

Blüte: Blütenstand seitlich entspringend, hängend, 30–80 cm lang; dicht mit Blüten besetzt, Blüte 5–7 cm groß.

Besonderheiten: Kultur im Körbchen vorteilhaft. Während des Wachstums feucht halten, nach der Blüte trocken. Blätter nicht besprühen.

Koellensteinia		Lacaena
temp.		*temp.*
Sch		*HS*
feucht		*feucht*
Nein		*Ja*
A		*AC*

Laelia jongheana

Laelia purpurata

Laelia

LINDLEY 1831

Arten: Über 70 Arten.

Beispiele: Unterteilt in vier Gruppen.

Verbreitung: Weit verbreitet von Mexiko bis Brasilien. Epi- und lithophytisch, selten terrestrisch wachsend, in exponierten Lagen in 500–2500 m Höhe.

Wuchsform: Sympodial; Rhizom kurz bis lang, gelegentlich kletternd; Bulben meist länglich; 1–2 Blätter, ledrig bis sukkulent, 5–60 cm hoch.

Blüte: Blütenstände endständig, kurz oder lang; 1–10 Blüten von 1–15 cm Größe, meist längere Blühdauer.

Besonderheiten: Grundsätzlich lassen sich alle *Laelia* im selben Kulturraum kultivieren. Die Unterschiede der wichtigen drei Gruppen werden in den nächsten Spalten vorgestellt.

Laelia	Laelia Gruppe: Crispae
temp. – warm	temp. – warm
HS – Sonne	Sonne
mäßig	mäßig
Ja	Ja
ABC	ABC

Laelia

Gruppe: Crispae

LINDLEY 1831

Arten: Etwa 15 Arten, zahlreiche Varietäten.

Beispiele: *Laelia dayana, Laelia purpurata, Laelia pumila, Laelia tenebrosa.*

Verbreitung: Brasilien. Epi- und lithophytisch, häufig in voller Sonne, auf Bäumen meist in kleinerer Form, auf Stein in großen Büscheln, in 500–1500 m Höhe.

Wuchsform: Sympodial; Rhizome 4–8 cm lang; Pseudobulben länglich, 5–30 cm hoch; einblättrig, Blätter fleischig, 5–40 cm groß.

Blüte: Blütenstand endständig, aufrecht, 4–15 cm hoch; 1–6 Blüten von 5–16 cm Größe.

Besonderheiten: Wüchsig. Sehr hell kultivieren. Teilweise extreme Ruhephase für Blütenbildung erforderlich.

Laelia anceps

Laelia sulina

Laelia
Gruppe: Laelia
LINDLEY 1831

Arten: Etwa 12 Arten, viele Varietäten.
Beispiele: *Laelia anceps, Laelia autumnalis, Laelia gouldiana, Laelia rubescens.*
Verbreitung: Mittelamerika. Epi- und lithophytisch in lichten Gegenden wachsend, auch in voller Sonne, häufig am Rande von Kaffeeplantagen, in 1000–2500 m Höhe.
Wuchsform: Sympodial; Rhizome 3–15 cm lang; Pseudobulben eiförmig bis länglich, 5–20 cm hoch; meist einblättrig, Blätter fleischig, 10–25 cm hoch.
Blüte: Blütenstand endständig, 20–100 cm lang, aufrecht bis überhängend; meist 3–6 endständige Blüten, 3–10 cm groß.
Besonderheiten: Wüchsig. Temperaturunempfindlich. Heller Standort und Ruhephase für Blütenbildung erforderlich.

temp.	*temp.*
Sonne	*Sonne*
gering – mäßig	*gering*
Ja	*Ja*
AB	*AB*

Laelia
Gruppe: Parviflorae
LINDLEY 1831

Arten: Etwa 35 Arten.
Beispiele: *Laelia cinnabarina, Laelia flava, Laelia harpophylla, Laelia milleri.*
Verbreitung: Brasilien. Lithophytisch, selten epiphytisch, in voller Sonne oder im Schatten von Büschen, in 1000–2500 m Höhe. Dort ist es sehr heiß und feucht im Sommer, kühl und trocken im Winter.
Wuchsform: Sympodial; Rhizome kurz; Pseudobulben länglich, einblättrig, 3–10 cm hoch; Blätter kurz und sukkulent, 3–15 cm hoch.
Blüte: Blütenstand endständig, bis 40 cm lang; 3–9 Blüten, 2–4 cm groß, leuchtende Farben.
Besonderheiten: Heller Standort: Ruhephase für Blütenbildung erforderlich. Diese Arten sind als Steinlaelien bekannt.

Lanium aviculum

Lepanthes telipogoniflora

Lanium
LINDLEY 1881

Arten: Etwa 5 Arten.

Beispiele: *Lanium aviculum, Lanium berkeleyi, Lanium microphyllum, Lanium subulatum.*

Verbreitung: Kolumbien, Ecuador, Peru, Brasilien, Bolivien. Epiphytisch auf dünnen Ästen, meist im Nebelwald oder an Flussrändern wachsend, in 200–1800 m Höhe.

Wuchsform: Sympodial; Rhizom kriechend; Pseudobulben 1–3 cm klein; 1–2 endständige Blätter, 4–8 cm lang.

Blüte: Blütenstand endständig, behaart, aufrecht, 2–5 Blüten, 1–2 cm groß, grün-gelbliche Farbe, sternförmig.

Besonderheiten: Zwergepiphyten auf Unterlage kultivieren. *Lanium* benötigt während des Wachstums Wärme und Wasser, nach der Blüte heller und trockener halten.

Lanium		Lepanthes
temp.	Temperatur	temp. – warm
HS	Licht	Sch – HS
mäßig	Gießen	feucht
Ja	Ruhezeit	Nein
AB	Topf	B

Lepanthes
SWARTZ 1799

Arten: Etwa 800 Arten.

Beispiele: *Lepanthes calodictyon, Lepanthes lindleyana, Lepanthes telipogoniflora.*

Verbreitung: Mittel- und Südamerika. Epiphytisch auf dünnen Zweigen im Halbschatten wachsend, selten lithophytisch, in 400–3000 m Höhe.

Wuchsform: Sympodial; Zwergepiphyten, etwa 3–8 cm hoch; Rhizom und Stämme kurz, mit runden bis länglichen Blättern.

Blüte: Blütenstand blattachselbürtig; eine bis mehrere zierliche Einzelblüten, 0,2–2 cm groß, Sepalen die Blüte dominierend.

Besonderheiten: Aufgebunden in Vitrinen oder Gewächshäusern kultivieren. Sie benötigen höhere Luftfeuchte und meist Wärme, Trockenzeiten werden nicht vertragen.

Lepanthopsis spec.

Leptotes bicolor

Lepanthopsis

AMES 1933

Arten: Etwa 25 Arten.

Beispiele: *Lepanthopsis acuminata, Lepanthopsis astrophora, Lepanthopsis cucullata, Lepanthopsis melanantha.*

Verbreitung: Von Florida bis Brasilien. Epiphytisch auf dünnen, bemoosten Zweigen im Halbschatten wachsend, in 400–3000 m Höhe.

Wuchsform: Sympodial; büschelig; Rhizom und Stämme kurz, etwa 3–5 cm hoch; runde bis längliche Blätter.

Blüte: Blütenstand blattachselbürtig, 3–6 cm lang; Trauben dicht besetzt mit 1–6 mm großen Blüten, Sepalen die Blüte dominierend.

Besonderheiten: Aufgebunden in Vitrinen oder Gewächshäusern kultivieren. Sie benötigen höhere Luftfeuchte und Wärme, darf nicht austrocknen!

Lepanthopsis		Leptotes
temp. – warm		*temp. – warm*
HS		*Sonne*
feucht		*gering – mäßig*
Nein		*Nein*
B		*AB*

Leptotes

LINDLEY 1833

Arten: Etwa 8 Arten.

Beispiele: *Leptotes bicolor, Leptotes pauloensis, Leptotes tenuis, Leptotes unicolor.*

Verbreitung: Vorwiegend in Brasilien, aber auch in Argentinien und Paraguay. Epiphytisch in 500–1000 m Höhe wachsend.

Wuchsform: Sympodial; büschelig wachsende Zwergepiphyten; Rhizom und Stamm sehr kurz; Blätter stielförmig rund, 3–8 cm hoch.

Blüte: Blütenstand blattachselbürtig, 1–3 cm lang; Blüten 2–5 cm groß, meist ein-, selten mehrblütig.

Besonderheiten: Aufgebunden oder im Topf kultivieren. Nach der Blüte trocken halten. Verträgt sehr viel Sonne. Der Samen von *Leptotes bicolor* dient in Brasilien als Speisewürze.

Liparis latifolia

Liparis loeseli

Liparis
Gruppe: epiphytisch
L. C. Richard 1817

Arten: Über 100 Arten.
Beispiele: *Liparis condylobulbon, Liparis elegans, Liparis grossa, Liparis latifolia.*
Verbreitung: Asien, Amerika und Afrika. Epi- und lithophytisch, häufig in der Nähe von Bachläufen und Wasserfällen, in Höhenlagen selten über 1000 m.
Wuchsform: Sympodial; Rhizom 2–5 cm lang; Pseudobulben eiförmig; meist 1–2 endständige Blätter, aber auch ganz beblättert, Blatt fleischig, 10–25 cm hoch.
Blüte: Blütenstand endständig, 15–30 cm lang, dicht mit 1–3 cm großen Blüten besetzt, in Weiß, Grünlich oder Orange.
Besonderheiten: Für Topfkultur geeignet, auch Blockkultur möglich. Meist sehr wüchsig.

Liparis (epiphytisch)		Liparis (terrestrisch)
temp. – warm		*kühl. – warm*
HS – Sonne		*HS*
mäßig		*mäßig – feucht*
Nein		*Ja*
AB		*E*

Liparis
Gruppe: terrestrisch
L. C. Richard 1817

Arten: Über 100 Arten.
Beispiele: *Liparis atrosanguinea, Liparis loeselii, Liparis liliifolia, Liparis purpureovirides.*
Verbreitung: Europa, Asien, Amerika und Afrika. Terrestrisch in Höhenlagen von 300–4000 m, in feuchtem bis nassem Grasland.
Wuchsform: Sympodial; Pseudobulben unter oder oberirdisch; von ein bis mehreren krautigen Blättern umhüllt, 10–50 cm hoch.
Blüte: Blütenstand terminal, 20–80 cm lang, locker bis dicht mit 1–3 cm großen Blüten besetzt.
Besonderheiten: Aufgrund unterschiedlicher Heimatgebiete keine einheitliche Kultur möglich. Einige Arten sind winterhart, andere mögen es das ganze Jahr warm.

Lockhartia spec.

Lophiaris lanceana

Lockhartia

Hooker 1827

Arten: Etwa 30 Arten.

Beispiele: *Lockhartia acuta, Lockhartia bennettii, Lockhartia lunifera, Lockhartia oerstedii, Lockhartia serra.*

Verbreitung: Von Mexiko südwärts bis Brasilien, auch Trinidad. Epiphyten tropischer Regenwälder im Halbschatten, in Höhenlagen bis 1000 m.

Wuchsform: Sympodial; büschelig; Stämme dicht überlappend beblättert, bis 35 cm lang, 2–3 cm breit.

Blüte: Blütenstände aus den Achseln der oberen Blätter entspringend; wenig bis vielblütig, Blüte 2–3 cm groß, gelb, selten weißgrundig.

Besonderheiten: Blockkultur empfohlen. Temperiert bis warm kultivieren, dabei gleichmäßig feucht halten, nach der Blüte etwas trockener. Nur schwach düngen.

Lockhartia	Lophiaris
temp. – warm	*temp. – warm*
HS	*Sonne*
feucht	*gering*
Nein	*Ja*
AB	*AB*

Lophiaris

Rafinesque 1838

Arten: Etwa 25 Arten.

Beispiele: *Lophiaris aurisasinora, Lophiaris bicallosa, Lophiaris cavendishiana, Lophiaris lanceana.*

Verbreitung: Mittelamerika, aber auch südlich bis Brasilien. In Höhenlagen von 500–1500 m, aber auch höher, meist an Stellen mit hoher Taubildung.

Wuchsform: Sympodial; Rhizom kurz; Pseudobulben zurückgebildet; Blätter endständig, hart, ledrig, manchmal purpurn getupft.

Blüte: Blütenstände seitlich entspringend, hängend oder aufrecht; wenige bis viele Blüten, 2–6 cm groß.

Besonderheiten: Topfkultur empfohlen. Empfindlich bei Staunässe, z. T. sehr hell und trocken kultivieren. Temperaturansprüche von Art zu Art verschieden.

Ludisia discolor

Lycaste crinita

Ludisia

A. RICHARD 1825

Arten: Monotypisch, nur 1 Art.
Beispiele: *Ludisia discolor.*
Verbreitung: Indien, Myanmar, Südchina, Malaysia, Indonesien. Terrestrisch auf Feldern nahe Flüssen und in Wäldern wachsend, bis zu 1800 m Höhe.
Wuchsform: Sympodial; Rhizom bis 10 cm lang; Stamm fleischig, bis 20 cm hoch; dicht mit dekorativen Blättern (purpurrot mit goldener Aderung) versehen.
Blüte: Blütenstand gipfelständig, aufrecht, bis 40 cm hoch; viele weiße Blüten, 2–3 cm groß.
Besonderheiten: Variables Erscheinungsbild. Bei älteren Pflanzen Kultur in Schalen vorteilhaft. Diese Art verträgt Substrat für terrestrische, aber auch für epiphytische Orchideen. Blätter nicht besprühen.

Lycaste

LINDLEY 1842

Arten: Etwa 20 Arten.
Beispiele: *Lycaste aromatica, Lycaste lasioglossa, Lycaste macrophylla, Lycaste skinneri.*
Verbreitung: Mexiko bis Peru, Bolivien und Westindische Inseln. Epi- und lithophytisch oder terrestrisch meist mit Wurzeln im Moos wachsend, in 500–2800 m Höhe.
Wuchsform: Sympodial; Pseudobulben fleischig, 3–9 cm hoch; Blätter krautig, 20–50 cm lang, zu Beginn der Ruhephase absterbend.
Blüte: Blütenstände grundständig, aufrecht, einblütig, 8–25 cm hoch, meist zu mehreren; Blüten auffällig, 6–12 cm groß.
Besonderheiten: Deutliche Ruhephase: Erst nach Wurzelbildung wieder gießen, aber nie ganz austrocknen lassen.

Ludisia		Lycaste
temp.		*kühl – temp.*
HS		*Sch – HS*
feucht		*feucht*
Nein		*Ja*
DE		*A*

Macodes spec.

Macroclinium manabinum

Macodes

Lindley 1840

Arten: Monotypisch bis evtl. 8 Arten.
Beispiele: *Macodes javanica, Macodes petola, Macodes sanderiana, Macodes yunnanensis.*
Verbreitung: Südostasien, Indonesien, Philippinen und Papua-Neuguinea. Terrestrisch in Laubhumusnestern wachsend, schattig in feucht-warmen Gebieten, in 350–800 m Höhe.
Wuchsform: Sympodial; kurze, aufrechte, mehrblättrige Stämme; Blätter zart fleischig, grünlich mit goldener Aderung.
Blüte: Blütenstände endständig, aufrecht, 15–30 cm lang, dicht besetzt; viele Blüten, 1–3 cm groß.
Besonderheiten: Kultur in Schalen vorteilhaft, dabei Substratmischung für terrestrische Orchideen verwenden. Blätter nicht besprühen.

Macodes		Macroclinium
temp. – warm		*temp.*
Sch		*HS*
feucht		*mäßig*
Nein		*Nein*
E		*B*

Macroclinium

Barbosa Rodrigues 1882

Arten: Etwa 30 Arten.
Beispiele: *Macroclinium allenirum, Macroclinium bicolor, Macroclinium lineare, Macroclinium manabinum.*
Verbreitung: Mittelamerika, Jamaika. Epiphyten meist kleiner, bemooster Zweige, in 300–1900 m Höhe, bevorzugt luftfeuchte Gegenden.
Wuchsform: Sympodial; büschelig; Stamm nicht erkennbar; Blätter flach, fächerförmig angeordnet, 4–6 cm lang, ledrig bis fleischig.
Blüte: Blütenstände aus den Blattachseln entspringend, hängend oder aufrecht, 3–12 cm lang; Blüten locker traubig, zahlreich, 0,4–1 cm groß.
Besonderheiten: Blockkultur empfohlen. Die Gattung *Macroclinium* scheint in Kultur nur selten zu überleben.

Malaxis latifolia

Malleola baliensis

Malaxis

Swartz 1788

Arten: Über 300 Arten.
Beispiele: *Malaxis calophylla, Malaxis latifolia, Malaxis lowii, Malaxis metallica.*
Verbreitung: Weltweit in luftfeuchten Gebieten, Hauptvorkommen in Südostasien und auf den umliegenden Inseln. Epiphytisch und terrestrisch in fast allen Höhenlagen wachsend.
Wuchsform: Sympodial; Wurzeln verdickt; Stämme fleischig, 1–9 cm hoch; ein bis mehrere Blätter, Blätter gestielt, 7–15 cm lang, krautig.
Blüte: Blütenstand gipfelbürtig, 10–35 cm lang; dicht mit 0,5–1,2 cm großen Blüten besetzt.
Besonderheiten: Topfkultur! Laubabwerfende Arten nach Blattfall trocken, andere ganzjährig feucht halten. Teilweise dekoratives Laub.

Malaxis		Malleola
kühl – warm		temp. – warm
HS – Sonne		HS – Sonne
mäßig – feucht		mäßig
Ja		Nein
AE		AB

Malleola

J. J. Smith & Schlechter 1913

Arten: Etwa 30 Arten.
Beispiele: *Malleola baliensis, Malleola dentifera, Malleola insectifera, Malleola ligulata.*
Verbreitung: Südostasien, Sri Lanka, Indonesien und Papua-Neuguinea. Im lichten, tropischen Regenwald auf dünnen Zweigen, in Meereshöhe bis 300 m, wenige Arten auch höher.
Wuchsform: Monopodial; Wurzeln fleischig; Stamm gedrungen, 3–15 cm hoch; Blätter ledrig, fleischig, 4–10 cm lang, 1–3 cm breit.
Blüte: Blütenstände seitlich entspringend, hängend, gelegentlich verzweigend, 5–25 cm lang; Blüten zahlreich, 2–5 mm klein, meist gelbe bis orange Farbe.
Besonderheiten: Block- und Topfkultur möglich.

Masdevallia reichenbachiana

Masdevallia veitchiana

Masdevallia
Gruppe: kühl
RUIZ & PAVON 1794

Arten: Über 300 Arten.
Beispiele: *Masdevallia amabilis, Masdevallia amaluzae, Masdevallia barlaeana, Masdevallia uniflora.*
Verbreitung: Mexiko bis nördliches Brasilien, besonders häufig von den Anden Perus bis Venezuela. Meist epiphytisch im Nebelwald, selten lithophytisch wachsend, in 1500–5000 m Höhe.
Wuchsform: Sympodial; Rhizom und Stamm sehr kurz, aufrecht; einblättrig, Blatt fleischig, meist 4–12 cm hoch.
Blüte: Blütenstände basal entspringend, hängend oder aufrecht; ein- bis vielblütig, Blüten 1–4 cm groß.
Besonderheiten: Topf- und Blockkultur möglich. Für hohe Luftfeuchte und Frischluft sorgen. Wenig düngen.

kühl		temp.
HS		HS
feucht		feucht
Nein		Nein
AB		AB

Masdevallia
Gruppe: warm
RUIZ & PAVON 1794

Arten: Über 100 Arten.
Beispiele: *Masdevallia floribunda, Masdevallia echo, Masdevallia nidifica, Masdevallia polysticta.*
Verbreitung: Mexiko bis nördliches Brasilien, von den Anden Perus bis Venezuela. Meist epiphytisch, selten lithophytisch im Nebelwald, in Höhenlagen von 800–2000 m.
Wuchsform: Sympodial; Rhizom und Stamm sehr kurz, aufrecht; einblättrig, Blatt fleischig, 6–20 cm hoch.
Blüte: Blütenstände basal entspringend, hängend oder aufrecht; eine bis viele Blüten, 3–12 cm groß.
Besonderheiten: Temperiert bis warm zu haltende Masdevallien sind unempfindlicher bei niedriger Luftfeuchte.

Mastigion fascinator

Maxillaria grandiflora

Mastigion

Garay, Hamer & Siegerist 1994

Arten: Etwa 5 Arten.

Beispiele: *Mastigion appendiculatum, Mastigion fascinator, Mastigion ornatissimum, Mastigion putidum.*

Verbreitung: Indien, Malaiische Halbinsel, Thailand, Borneo, Sumatra, Philippinen. Epiphytisch wachsend selten in über 1200 m Höhe.

Wuchsform: Kurze bis lange Rhizome, häufig kletternd; kräftige Bulben, 3–4 cm im Durchmesser; ein endständiges Blatt, 15–20 cm lang.

Blüte: Blütenstand aufrecht bis überhängend, bis 25 cm lang; Einzelblüten, Petalen dominant, häufig fadenförmige Auswüchse an den Sepalen, 15–20 cm lang.

Besonderheiten: Kultur in flachen Schalen empfohlen. Eng verwandt mit *Cirrhopetalum*, jedoch Einzelblüte.

Mastigion		Maxillaria
temp.		temp. – warm
HS – Sonne		Sch – HS
mäßig		mäßig
Nein		Nein
ABD		AB

Maxillaria

Gruppe: dunkel

Ruiz & Pavon 1794

Arten: Etwa 150 Arten.

Beispiele: *Maxillaria eburnea, Maxillaria grandiflora, Maxillaria sanderiana, Maxillaria reichenheimiana.*

Verbreitung: Weit verbreitet in den Tropen und Subtropen Mittel- und Südamerikas. Häufig epi-, aber auch lithophytisch.

Wuchsform: Rhizom kurz, selten lang; Pseudobulben deutlich, gelegentlich versteckt, 3–7 cm hoch; 1–2 endständige, weichlaubige Blätter, 10–50 cm lang.

Blüte: Meist mehrere basale Blütenstände, kurz, 6–20 cm lang; Einzelblüten, selten mehrblütig, 5–12 cm groß.

Besonderheiten: Einige dieser Arten wachsen als Humusepiphyt und benötigen deutlich mehr Wasser.

Maxillaria tenuifolia

Mediocalcar decoratum

Maxillaria

Gruppe: hell

RUIZ & PAVON 1794

Arten: Etwa 200 Arten.

Beispiele: *Maxillaria luteoalba, Maxillaria tenuifolia, Maxillaria sophronitis, Maxillaria schunkeana.*

Verbreitung: Weit verbreitet in den Tropen und Subtropen Mittel- und Südamerikas. Häufig epi-, aber auch lithophytisch, in 100–2800 m Höhe.

Wuchsform: Kletternd oder kriechend; Rhizom 2–15 cm lang; Pseudobulben deutlich, selten versteckt, 3–7 cm hoch; 1–2 ledrige Blätter, 3–12 cm lang.

Blüte: Blütenstand meist basal, 3–8 cm lang; 1–5 Blüten, 2–7 cm groß.

Besonderheiten: Block- oder Topfkultur. Arten mit langen Rhizomen aufgebunden kultivieren. Gruppe benötigt viel Licht zur Blüteninduktion.

Maxillaria		Mediocalcar
temp. – warm		*temp. – warm*
Sonne		*HS*
mäßig		*feucht*
Nein		*Nein*
AB		*ABD*

Mediocalcar

J. J. SMITH 1900

Arten: Über 20 Arten.

Beispiele: *Mediocalcar bifolium, Mediocalcar decoratum, Mediocalcar umboiense, Mediocalcar versteegii.*

Verbreitung: Papua-Neuguinea und benachbarte Inseln. Epiphytisch an feuchten Orten im Tropen- oder Nebelwald, in 400–3800 m Höhe.

Wuchsform: Sympodial; kriechend, verzweigend; sehr fleischige Rhizome; mit etwa 1 mm kleine Pseudobulben; 1–3 endständige Blätter, Blatt fleischig, 1–2 cm groß.

Blüte: Blütenstände gipfelbürtig; eine Blüte, selten zwei, meist aus mehreren Trieben blühend, Blüten 0,2–0,4 cm groß, glockenförmig.

Besonderheiten: Warm und feucht halten, wenig düngen. Kultur in flachen Schalen vorteilhaft.

Meiracyllium trinasutum

Mexicoa ghiesbreghtiana

Meiracyllium
REICHENBACH f. 1854

Arten: Nur 2 Arten.
Beispiele: *Meiracyllium trinasutum, Meiracyllium wendlandii.*
Verbreitung: El Salvador, Guatemala bis Mexiko. Epiphytisch auf bemoosten Bäumen in Canyons, in 700 bis 1500 m Höhe, selten auch lithophytisch wachsend.
Wuchsform: Sympodial; Wurzeln fleischig, kriechend; kräftige Rhizome, 2–3 cm lang; pseudobulbenlos; ungestielte, fleischige Blätter, 4–7 cm groß, meist rotbraun.
Blüte: Blütenstände aus der Blattscheide, 3–4 cm lang; Blüten pink, 2–4 cm groß.
Besonderheiten: Hell und trocken halten. Blockkultur empfohlen. Wichtig ist regelmäßiges Übersprühen und schnelles Abtrocknen.

Meiracyllium		Mexicoa
temp. – warm		*warm*
HS – Sonne		*HS*
gering		*mäßig*
Nein		*Nein*
B		*AB*

Mexicoa
GARAY 1974

Arten: Monotypisch, nur 1 Art.
Beispiele: *Mexicoa ghiesbreghtiana.*
Verbreitung: Mexiko, in den Provinzen Guerrero und Oaxaca. Epiphytisch, halbschattig in Eichenwäldern, selten exponiert und lithophytisch, in 1400–2300 m Höhe.
Wuchsform: Sympodial; Wurzeln fein, kriechend; kurze Rhizome, büschelig; Pseudobulben aufrecht, 3–4 cm hoch; beblättert, 1–2 endständige Blätter, 5–12 cm lang.
Blüte: Blütenstände basal entspringend, 10–18 cm lang, aufrecht bis überhängend, locker besetzt; 6–12 Blüten, 2–3 cm groß.
Besonderheiten: Pflanze muss nach dem Gießen oder Sprühen schnell abtrocknen. Für Blütenbildung nachts kühler stellen. Im Winter viel Licht.

Mexipedium xerophyticum

Miltonia warszewisczii

Mexipedium

ALBERT & CHASE 1992

Arten: Monotypisch, nur 1 Art.
Beispiele: *Mexipedium xerophyticum.*
Verbreitung: Im südlichen Mexiko. Lithophytisch auf Kalkfelsen, in trockenen Gebieten, in der Nähe von Regenwäldern. Einem feuchten Frühjahr folgen heftige Sommerregenfälle mit anschließender sechsmonatiger Trockenheit.
Wuchsform: Sympodial; kriechend, bis 5 cm lange Rhizome; pseudobulbenlos; Stamm dicht beblättert, Blätter 5–12 cm lang, ledrig.
Blüte: Blütenstände terminal entspringend, 5–12 cm lang, aufrecht; eine, selten zwei Blüten, 1–3 cm groß.
Besonderheiten: Art sollte in flachen Schalen gehalten werden. Während der Trockenzeit nur sehr vorsichtig wässern.

Mexipedium		Miltonia
temp. – warm		warm
HS – Sonne		HS
mäßig		mäßig
Ja		Ja
D		AB

Miltonia

LINDLEY 1837

Arten: Etwa 12 Arten und 4 Naturhybriden.
Beispiele: *Miltonia candida, Miltonia clowesii, Miltonia flavescens, Miltonia spectabilis.*
Verbreitung: Südbrasilien, auch Argentinien, Paraguay und Peru. Epiphytisch hoch auf Bäumen im luftfeuchten Regenwald, in 400–1000 m Höhe.
Wuchsform: Sympodial; Rhizom bis 6 cm lang, kletternd; Pseudobulben flach, 5–8 cm hoch; beblättert, 1–2 Blätter endständig, schmal, krautig bis ledrig, bis 30 cm lang.
Blüte: Blütenstände seitlich entspringend, 15–45 cm lang, aufrecht; 4–8 Blüten, 4–7 cm groß.
Besonderheiten: Topf- und Blockkultur möglich. Benötigt sehr viel Licht zur Blüteninduktion. Unterschiedliche Temperaturansprüche.

Miltoniopsis vexillaria

Mormodes vernixioides

Miltoniopsis

GODEFROY-LEBEUF 1889

Arten: Etwa 8 Arten.

Beispiele: *Miltoniopsis phalaenopsis, Miltoniopsis roezlii, Miltoniopsis santanae, Miltoniopsis vexillaria.*

Verbreitung: Brasilien, Costa Rica, Panama, Kolumbien, Venezuela und Peru. Epiphytisch im Regenwald, in 600–1800 m Höhe.

Wuchsform: Sympodial; Wurzeln fein; Rhizom kurz, büschelig; Pseudobulben flach, 3–6 cm hoch; beblättert, ein endständiges Blatt, schmal, krautig, 15–25 cm lang.

Blüte: Blütenstände seitlich entspringend, 15–45 cm lang, aufrecht, überhängend; 2–12 Blüten, 4–6 cm groß.

Besonderheiten: Gattung liebt höhere Luftfeuchtigkeit, Ziehharmonikablätter bei trockener Luft.

Miltoniopsis		Mormodes
temp.		temp.
Sch – HS		HS
mäßig		mäßig
Ja		Ja
A		AB

Mormodes

LINDLEY 1836

Arten: Etwa 70 Arten.

Beispiele: *Mormodes badia*, *Mormodes buccinator*, *Mormodes colossa*, *Mormordes rolfeana*.

Verbreitung: Weit verbreitet in Mittel- und Südamerika. Epiphyten im Regenwald, in 400–1500 m Höhe.

Wuchsform: Sympodial; Wurzeln fleischig; Pseudobulben stark, büschelig, 3–15 cm hoch; endständig krautig beblättert, 15–35 cm lang.

Blüte: Blütenstände seitlich der Pseudobulben entspringend, 15–25 cm lang, aufrecht bis überhängend; 5–25 Blüten, 20–60 mm groß, bizarr, Duft! Manchmal treten männliche und weibliche Blüten an einer Pflanze auf.

Besonderheiten: Teilstücke aus 2 Bulben reichen aus. Nach der Blüte sehr trocken halten.

Mormolyca ringens

Myrmecophila exaltata

Mormolyca

FENZL 1850

Arten: Etwa 6 Arten.

Beispiele: *Mormolyca gracilipes, Mormolyca peruviana, Mormolyca ringens, Mormolyca schweinfurthiana.*

Verbreitung: Weit verbreitet in Mittel- und Südamerika, hauptsächlich Peru, Kolumbien, Ecuador. Epiphytisch im feuchten Regenwald, in 700–1850 m Höhe.

Wuchsform: Sympodial; Wurzeln fein; Rhizom kurz, büschelig; Pseudobulben schlank, 5–12 cm hoch; einblättrig, 10–15 cm lang, ledrig.

Blüte: Blütenstände endständig der Pseudobulbe entspringend, Infloreszenz 15–25 cm lang, aufrecht bis überhängend; Einzelblüte, 20–30 mm groß.

Besonderheiten: Blockkultur, auch Topfkultur möglich. Gattung reagiert auf kühle Phasen empfindlich.

Mormolyca	Myrmecophila
temp.	temp. – warm
HS	Sonne
mäßig	mäßig
Nein	Ja
AB	A

Myrmecophila

ROLFE 1917

Arten: Etwa 8–10 Arten.

Beispiele: *Myrmecophila albopurpurea, Myrmecophila exaltata, Myrmecophila tibicinis, Myrmecophila wendlandii.*

Verbreitung: An der Westküste Mittelamerikas, den Kaiman Inseln, hauptsächlich Mexiko und Guatemala. Epiphytisch in Höhenlagen bis 800 m.

Wuchsform: Sympodial; Wurzeln fleischig; Pseudobulben kräftig, aufplatzend, büschelig, 20–40 cm hoch; Blätter endständig, 2- bis 4-blättrig, 20–30 cm lang, ledrig.

Blüte: Blütenstände endständig der Pseudobulbe entspringend, Infloreszenz bis 120 cm lang, aufrecht bis überhängend; bis zu 80 Blüten, 4–8 cm groß.

Besonderheiten: Topfkultur. Bulben platzen auf, um Ameisen zu beherbergen.

Mystacidium capense

Nageliella purpurea

Mystacidium

LINDLEY 1836

Arten: Etwa 15 Arten.

Beispiele: *Mystacidium braybonae, Mystacidium capense, Mystacidium gracile, Mystacidium venosum.*

Verbreitung: In Süd- und Ostafrika sowie auf Madagaskar. Epiphytisch auf dünnen Asten, in Dornbüschen; sowohl in der Savanne als auch im immergrünen Wald wachsend, in 0–500 m Höhe, selten höher.

Wuchsform: Monopodial; kurze, z.T. dicht beblätterte, aber auch blattlose Stämme, 1–2 cm hoch; Blattspanne von 2 bis über 10 cm.

Blüte: Infloreszenz 3–12 cm lang, dicht oder locker besetzt; Blütengröße 0,5 bis 1,4 cm, Sporn 1–2 cm lang.

Besonderheiten: Blockkultur empfohlen. Nachts starker Duft.

Mystacidium	Nageliella
temp. – warm	temp. – warm
HS – Sonne	HS – Sonne
mäßig	mäßig
Nein	Nein
AB	B

Nageliella

L. O. WILLIAMS 1940

Arten: 2 Arten.

Beispiele: *Nageliella angustifolia, Nageliella purpurea.*

Verbreitung: Guatemala, Mexiko, Honduras und El Salvador. Epiphytisch häufig auf bemoosten Zweigen, selten auch terrestrisch wachsend, in 0–1500 m Höhe.

Wuchsform: Sympodial; Wurzeln fleischig; Pseudobulben sehr kurz, büschelig; ein endständiges Blatt, schlank, 6–8 cm lang, ledrig.

Blüte: Blütenstände endständig der Pseudobulbe entspringend, bis zu 30 cm lang, aufrecht bis überhängend; Blüten 3–6 mm groß, blühen über lange Zeit nacheinander auf.

Besonderheiten: Blockkultur empfohlen. Die alten Blütenstände können immer wieder austreiben, nicht zu früh abschneiden.

Nanodes spec.

Neobenthamia gracilis

Nanodes

Lindley 1832

Arten: Etwa 10 Arten

Beispiele: *Nanodes difforme, Nanodes medusae, Nanodes porpax, Nanodes schlechterianum.*

Verbreitung: Mittelamerika. Epiphytisch meist auf bemoosten Stämmen im feuchten Regenwald, in 1500–3000 m Höhe.

Wuchsform: Sympodial; Wurzeln fein; Pseudobulben stammartig, büschelig, kriechend bis hängend, dicht beblättert, 6–12 cm lang; Blätter 3–4 cm lang, ledrig.

Blüte: Blütenstände endständig aus dem Stamm entspringend, sehr kurz, hängend; Blüten 2–6 cm groß, blühen über lange Zeit nacheinander auf.

Besonderheiten: Topfkultur in flachen Schalen oder Blockkultur. Alle Arten temperiert kultivieren bis auf *Nanodes medusae* (kühl).

Nanodes	Neobenthamia
kühl – temp.	warm – temp.
HS – Sonne	HS
mäßig	mäßig
Nein	Nein
ABD	B

Neobenthamia

Rolfe 1891

Arten: Monotypisch, 1 Art.

Beispiele: *Neobenthamia gracilis.*

Verbreitung: Tansania. Epi- oder lithophytisch an oder auf grasbewachsenen felsigen Hängen in Regionen mit starker Taubildung, in 1500–3000 m Höhe.

Wuchsform: Sympodial; Wurzeln fleischig; Rhizome kurz, Stämme bis über 1 m hoch, dicht krautig; beblättert, Blätter schmal, Blattspanne von 8–14 cm.

Blüte: Blütenstand bis 10 cm lang, aufrecht bis überhängend, bis 20 cm lang; Blütenbüschel von 20–40 Blüten, weiß, Einzelblüte 2–3 cm groß.

Besonderheiten: Topfkultur. Aus den abgeblühten Blütenständen bilden sich leicht Kindel. Blüteninduktion erfolgt durch viel Licht.

Neocogniauxia hexaptera

Neofinetia falcata

Neocogniauxia

SCHLECHTER 1913

Arten: Nur 2 Arten bekannt.

Beispiele: *Neocogniauxia monophylla, Neocogniauxia hexaptera.*

Verbreitung: Jamaika, Dominikanische Republik, Haiti. Epiphytisch auf kleinen Zweigen in schattigen Büschen in 1000–1500 m Höhe, in Regionen mit starker Taubildung.

Wuchsform: Sympodial; Wurzeln fein; Rhizom kriechend, kurz, büschelig, Stämme sehr dünn, 8–12 cm lang; 1–2 endständige Blätter, schmal, 6–8 cm lang.

Blüte: Blütenstand terminal entspringend, bis 10 cm lang, aufrecht; einblütig, rot, Blüte 3–4 cm groß.

Besonderheiten: Blockkultur empfohlen. Arten benötigen gleichmäßige Luftfeuchte. Nie ganz austrocknen lassen. Kultur schwierig.

Neocogniauxia		Neofinetia
temp. – warm		*temp. – warm*
HS		*HS – Sonne*
feucht		*mäßig*
Nein		*Nein*
B		*AB*

Neofinetia

H. H. HU 1925

Arten: Monotypisch bis 3 Arten.

Beispiele: *Neofinetia falcata, Neofinetia richardiana.*

Verbreitung: China, Korea, Japan, Riukiu-Inseln. In Höhenlagen von Meereshöhe bis 1500 m. Epiphytisch auf Laubbäumen an hellen Plätzen.

Wuchsform: Monopodial; Wurzeln fleischig; Verzweigungen an der Basis bildend, Stämme sehr kurz; dicht beblättert, Blätter schmal, hart, 6–8 cm lang.

Blüte: Blütenstand bis 10 cm lang, aufrecht, dicht besetzt, 3–20 Blüten, 2–3 cm groß, weiß, selten rosa oder gelb, gespornt, Sporn 3–4 cm lang.

Besonderheiten: Topf- oder Blockkultur. Hell und warm halten. Es gibt zahlreiche Varietäten, die insbesondere in Japan gesammelt werden.

Neogardneria murrayana

Neolauchea pulchella

Neogardneria

SCHLECHTER 1921

Arten: Monotypisch, nur eine Art.
Beispiele: *Neogardneria murrayana.*
Verbreitung: Ostbrasilien. Epiphytisch in Berg-Nebelwäldern, in 1000–1500 m Höhe.
Wuchsform: Sympodial; Wurzeln fleischig; Rhizom kriechend, kurz; Pseudobulben eiförmig, büschelig, 3–4 cm hoch; dicht beblättert, Blätter schmal, 12–20 cm lang.
Blüte: Blütenstand 9–25 cm lang, aufrecht, überhängend, basal entspringend; 2–5 Blüten, Blüte 4–5 cm groß, grünlich.
Besonderheiten: Topfkultur bevorzugt. Gleichmäßige Luftfeuchte, aber weniger gießen nach Triebabschluss, Blätter nicht besprühen.

Neogardneria		Neolauchea
temp.		temp. – warm
HS		HS
feucht		mäßig
Ja		Nein
A		B

Neolauchea

KRAENZLIN 1897

Arten: Monotypisch, nur eine Art.
Beispiele: *Neolauchea pulchella.*
Verbreitung: Südbrasilien. Häufig in feuchten, halbschattigen Gebieten, in Höhenlagen von 500–1500 m.
Wuchsform: Sympodial; Wurzeln fein, zahlreich; Rhizom kletternd, 2–4 cm lang; Pseudobulben eiförmig, 5–10 mm hoch; zweiblättrig, Blätter halbledrig, rund, schmal, 4–8 cm lang.
Blüte: Blütenstand 5 cm lang, aufrecht, terminal entspringend; Einzelblüte, 0,8–1,2 cm groß. Meist aus zahlreichen Trieben blühend.
Besonderheiten: Blockkultur bevorzugt: Art mag es ganzjährig feucht und halbschattig. Neutriebe müssen häufig wieder zurückgebunden werden.

Neomoorea irrorata

Notylia spec.

Neomoorea

ROLFE 1904

Arten: Monotypisch, nur eine Art.
Beispiele: *Neomoorea irrorata.*
Verbreitung: Kolumbien und Panama. Epiphytisch, meist aber terrestrisch wachsend in Nebelwäldern in 100 m Höhe.
Wuchsform: Sympodial; Wurzeln dornig, geflechtbildend; Rhizom kriechend, kurz; Pseudobulben büschelig, 4–11 cm hoch; zweiblättrig, Blätter halbledrig, 10–15 cm breit, 40–70 cm lang.
Blüte: Blütenstand 20–50 cm lang, aufrecht, selten bogig überhängend, basal entspringend; 4–15 Blüten, 6–8 cm groß, glockenförmig.
Besonderheiten: Topfkultur in großen Pflanzgefäßen. Art liebt ganzjährig feuchte, schattige Atmosphäre, aber Blätter nicht besprühen.

Neomoorea		Notylia
temp.		*temp. – warm*
Sch – HS		*HS*
feucht		*mäßig*
Ja		*Nein*
A		*AB*

Notylia

LINDLEY 1825

Arten: Über 50 Arten.
Beispiele: *Notylia aromatica, Notylia barkeri, Notylia microchila, Notylia pubescens.*
Verbreitung: Tropisches Mittel- und Südamerika. Epiphytisch in dichten feuchten Wäldern, sehr häufig in Kaffeeplantagen, in 200–1200 m Höhe.
Wuchsform: Sympodial; Wurzeln fein, büschelig; einblättrig oder mehrblättrig ohne Pseudobulben; Blätter 4–20 cm lang, ledrig.
Blüte: Blütenstand basal oder blattachselbürtig, 5–35 cm lang, hängend, traubig, dicht besetzt; Blüten 6–14 mm groß, häufig weiß bis grünlich.
Besonderheiten: Kultur in ganz kleinen Töpfen möglich, Blockkultur bevorzugt. Pflanzen lieben ganzjährig feuchte, halbschattige Atmosphäre.

Oberonia spec.

Octomeria grandiflora

Oberonia

Lindley 1830

Arten: Weit über 100 Arten.

Beispiele: *Oberonia disticha, Oberonia forcipifera, Oberonia iridifolia, Oberonia japonica, Oberonia pachyglossa.*

Verbreitung: Tropisches Asien, Australien und Afrika und die umliegenden Inseln. Epihphytisch auf bemoosten Zweigen und Ästen, in 50–1500 m Höhe.

Wuchsform: Sympodial; Wurzeln fein, büschelig; Stämme kurz bis verlängert, aufrecht und hängend, 3–15 cm lang; Blätter fächerförmig um den Stamm entlang angeordnet.

Blüte: Blütenstand endständig, 10–35 cm lang, hängend, traubig; zahlreiche Blüten, 0,1–0,4 cm groß.

Besonderheiten: Blockkultur bevorzugt. Arten lieben ganzjährig feuchte, halbschattige Kulturbedingungen.

Oberonia		Octomeria
temp. – warm		*temp. – warm*
HS		*HS*
mäßig		*feucht*
Nein		*Nein*
B		*AB*

Octomeria

R. Brown 1813

Arten: Über 100 Arten.

Beispiele: *Octomeria concolor, Octomeria diaphana, Octomeria grandiflora, Octomeria juncifolia.*

Verbreitung: Weit verbreitet in Mittel- und Südamerika, Westindische Inseln. Epiphytisch an Bäumen in 200–1500 m Höhe.

Wuchsform: Sympodial; Wurzeln fein; Rhizom kurz, kriechend, büschelig; Stämme aufrecht, stielrund, 6–12 cm lang; einblättrig, Blatt 4–12 cm lang.

Blüte: Blütenstand blattachselbürtig, 0,3–1 cm lang; ein- bis vielblütig, büschelig angeordnet, Blüten 1–4 cm groß.

Besonderheiten: Topfkultur in kleinen Töpfen möglich, Blockkultur bevorzugt. Arten lieben ganzjährig feuchte, halbschattige bis helle Kulturbedingungen.

Odontoglossum triumphans

Odontoglossum cirrhosum

Odontoglossum

Kunth 1815

Arten: Über 65 Arten.

Beispiele: Unterteilt in sechs Gruppen, die fünf wichtigsten folgen auf den nächsten Seiten.

Verbreitung: Diese Gattung ist auf die Anden beschränkt: Venezuela, Kolumbien, Ecuador und Peru. Im Nebelwald von 1400 bis 3500 m Höhe.

Wuchsform: Sympodial; Pseudobulben oval, flach, beblättert, 4–10 cm hoch; 2 endständige Blätter, Blatt krautig, schmal, 20–50 cm lang.

Blüte: Blütenstände bogig, traubig besetzt; viele Blüten, 30–70 cm groß, gleichzeitig blühend.

Besonderheiten: Die kurzrispigen Arten (4 Gruppen) müssen wärmer kultiviert werden als die langrispigen Arten (2 Gruppen).

Odontoglossum		Gruppe: Erectolobata
kühl – temp.		kühl – temp.
HS		HS
mäßig – feucht		mäßig – feucht
Ja		Ja
AB		A

Odontoglossum

Gruppe: Erectolobata

Kunth 1815

Arten: Etwa 18 Arten.

Beispiele: *Odontoglossum blandum, Odontoglossum cirrhosum, Odontoglossum crocidipterum, Odontoglossum gloriosum.*

Verbreitung: Westliches Venezuela, südwärts bis Peru. Epiphytisch in 1600–3000 m Höhe.

Wuchsform: Sympodial; Pseudobulben oval, flach, beblättert, 4–7 cm hoch; 2 endständige Blätter, Blatt krautig, schmal, 20–30 cm lang.

Blüte: Blütenstände vielblütig, gleichzeitig blühend, bogig, traubig, besetzt, 15–40 cm lang. Blüte meist sternförmig, weißgelb mit braunen Tupfen.

Besonderheiten: Empfohlene Temperaturen: etwa 22 °C am Tag und etwa 12 °C in der Nacht. Für hohe Luftfeuchtigkeit sorgen.

Odontoglossum lindleyanum

Odontoglossum wyattianum

Odontoglossum
Gruppe: Lindleyana
Kunth 1815

Arten: Etwa 4 Arten.

Beispiele: *Odontoglossum auriculatum, Odontoglossum lindleyanum, Odontoglossum mirandum, Odontoglossum reversum.*

Verbreitung: Kolumbien, Venezuela, Ecuador bis Peru. Epiphytisch, auch terrestrisch in 1600–2400 m Höhe.

Wuchsform: Sympodial; Pseudobulben oval, flach, beblättert, 4–7 cm hoch; 2 endständige Blätter, Blatt krautig, schmal, 20–30 cm lang.

Blüte: Blütenstände mehrblütig, gleichzeitig blühend, bogig, traubig, besetzt, 15–30 cm lang. Blüte sternförmig, 3–4 cm groß.

Besonderheiten: Empfohlene Temperaturen: etwa 25 °C am Tag, etwa 15 °C in der Nacht. Am natürlichen Standort ist es durch Regenzeit oder starke Taubildung meist immer feucht.

Lindleyana		Nevadensia
temp.		temp.
HS		HS
feucht		mäßig
Ja		Ja
AB		A

Odontoglossum
Gruppe: Nevadensia
Kunth 1815

Arten: 3 Arten.

Beispiele: *Odontoglossum harryanum, Odontoglossum nevadense, Odontoglossum wyattianum.*

Verbreitung: Nördliches Kolumbien und Peru, südliches Ecuador bis Peru. Epiphytisch auf Solitärbäumen oder Waldrändern in 1600–2000 m Höhe.

Wuchsform: Sympodial; Pseudobulben oval, flach, beblättert, 6–8 cm hoch; 2 endständige Blätter, Blatt fleischig; schmal, 25–40 cm lang.

Blüte: Blütenstände mehrblütig, 25–45 cm lang. Blüte bräunlich, 6–8 cm groß.

Besonderheiten: Empfohlene Temperaturen: etwa 25 °C am Tag, etwa 15 °C in der Nacht. Am Naturstandort ist es fast immer feucht.

Odontoglossum sceptrum

Odontoglossum aff. *claviceps*

Odontoglossum
Gruppe: Odontoglossum
KUNTH 1815

Arten: Etwa 20 Arten.
Beispiele: *Odontoglossum crispum, Odontoglossum cruentum, Odontoglossum epidendroides, Odontoglossum hallii.*
Verbreitung: Westliches Venezuela, Kolumbien, Ecuador bis Peru. Epiphytisch, in Höhenlagen von 1600–3000 m in den Ost-, Zentral- und West-Anden.
Wuchsform: Sympodial; Pseudobulben oval, flach, beblättert, 4–10 cm hoch; 2 endständige Blätter, Blatt krautig, schmal, 20–50 cm lang.
Blüte: Blütenstände vielblütig, gleichzeitig blühend, bogig, traubig, besetzt, 30–70 cm lang.
Besonderheiten: Empfohlene Temperaturen: etwa 22 °C am Tag, etwa 12 °C in der Nacht. Am Naturstandort sehr hohe Luftfeuchtigkeit.

Odontoglossum (Odontoglossum)		Odontoglossum (Serratolaminata)
kühl – temp.		*kühl*
HS		*HS – Sonne*
feucht		*feucht*
Ja		*Ja*
A		*A*

Odontoglossum
Gruppe: Serratolaminata
KUNTH 1815

Arten: Etwa 7 Arten.
Beispiele: *Odontoglossum angustatum, Odontoglossum pardinum, Odontoglossum spathaceum.*
Verbreitung: Südliches Kolumbien bis Peru. Epiphytisch oder terrestrisch, in 2800–3500 m Höhe in exponierter Lage.
Wuchsform: Sympodial; Pseudobulben birnenförmig, dicht beblättert, 7–12 cm hoch; 2 endständige Blätter, Blatt krautig, schmal, 40–60 cm lang.
Blüte: Blütenstände mehrblütig, etwas verzweigend, dicht besetzt, 40–60 cm lang. Blüte gekräuselt, 4–7 cm groß.
Besonderheiten: Bis etwa 25 °C am Tag, etwa 10 °C in der Nacht. Für feuchte kühle Luft sorgen. Evtl. Zusatzlicht zur Blüteninduktion nötig.

Oeceoclades pulchra

Oeceoclades maculata

Oeceoclades
Gruppe: hell
LINDLEY 1832

Arten: Etwa 25 Arten.

Beispiele: *Oeceoclades angustifolia, Oeceoclades calcarata, Oeceoclades monophylla, Oeceoclades pulcra.*

Verbreitung: Madagaskar, Komoren, La Réunion. Terrestrisch oder lithophytisch auf bemoosten Steinen, häufig ungeschützt in der Sonne in Höhen von 200–2000 m.

Wuchsform: Sympodial; Wurzeln, zahlreich, kräftig; Rhizom kurz, Pseudobulben rund-eiförmig, 2–6 cm stark; mit 1–3 endständigen Blättern, Blätter selten gestielt, rund bis länglich, 5–25 cm lang.

Blüte: Blütenstand basal entspringend, 20–50 cm hoch, 6–20 Blüten, 1–3 cm groß.

Besonderheiten: Gattung hat hohen Lichtbedarf. Nach Wachstumsphasc trocken halten.

Oeceoclades (hell)		Oeceoclades (schattig)
temp. – warm	🌡	temp. – warm
HS – Sonne	☀	Sch
mäßig	Gießkanne	feucht
Ja	Ruhezeit	Ja
AE	Topf	AE

Oeceoclades
Gruppe: schattig
LINDLEY 1832

Arten: Etwa 12 Arten.

Beispiele: *Oeceoclades decaryana, Oeceoclades maculata, Oeceoclades saundersiana.*

Verbreitung: Im tropischen Südamerika, Westindische Inseln, Florida und tropisches Afrika. Terrestrisch, meist an schattigen Stellen in der Nähe von Wasserläufen, in 200–1000 m Höhe.

Wuchsform: Sympodial; Wurzeln, wenig, fleischig; Rhizom kurz; Pseudobulben eiförmig, 2–4 cm stark; mit 1–3 endständigen Blättern, Blätter gestielt, 10–30 cm hoch.

Blüte: Blütenstand basal entspringend, 20–90 cm hoch, 6–20 Blüten, 1–4 cm groß.

Besonderheiten: Schattig und gleichmäßig feucht, aber nie nass kultivieren. Einige Arten sind buntblättrig.

Oeoniella polystachys

Oerstedella centradenia

Oeoniella

Schlechter 1918

Arten: Etwa 2–3 Arten.

Beispiele: *Oeoniella aphrodite, Oeoniella polystachys.*

Verbreitung: Madagaskar, Maskarenen, Komoren und Seychellen. Epiphytisch im Regenwald, an schattigen Stellen mit hoher Luftfeuchte, bis 1200 m Höhe.

Wuchsform: Monopodial; Wurzeln fleischig; stammbildend, Pflanzenhöhe von 30 bis über 100 cm, verzweigend; Blätter zweizeilig, fleischig, Blattspanne von 10–20 cm.

Blüte: Blütenstand seitlich entspringend, bogig hängend, 10–30 cm lang; vielblütig, weiße Blüte, 1,5–2,5 cm groß, Spornlänge 1–1,5 cm.

Besonderheiten: Blockkultur auf langen Unterlagen ist möglich. Bei Topfkultur kleine Gefäße mit Kletterhilfe verwenden. Nachts Duft.

Oeoniella		Oerstedella
temp. – warm		*temp. – warm*
HS – Sonne		*Sch*
mäßig		*feucht*
Nein		*Nein*
AB		*A*

Oerstedella

Reichenbach f. 1825

Arten: Etwa 40 Arten.

Beispiele: *Oerstedella centradenia, Oerstedella endresii, Oerstedella pseudoschumanniana, Oerstedella wallisii.*

Verbreitung: Von Mexiko bis Bolivien. Epi- oder lithophytisch auf Grashängen oder Steinen, halbschattig, in 400–2400 m Höhe.

Wuchsform: Sympodial; Wurzeln fleischig; Rhizom kurz; Stamm 10–100 cm lang; Blätter zweizeilig, krautig, Blattspanne von 8–20 cm.

Blüte: Blütenstand terminal entspringend, aufrecht bis bogig hängend, 5–20 cm lang; 3–10 Blüten, 1,5–5 cm groß.

Besonderheiten: Kleinbleibende Arten können aufgebunden werden, ansonsten Topfkultur in kleinen Gefäßen. Feucht halten, aber die Pflanzen müssen nach dem Gießen oder Sprühen schnell abtrocknen.

Oncidium pulvinatum

Oncidium barbatum

Oncidium

Swartz 1800

Arten: Über 600 Arten.

Beispiele: Unterteilt in über 17 Gruppen, einige Gruppen wurden in andere Gattungen oder in den Gattungsstatus überführt.

Verbreitung: Von Mexiko südwärts bis Brasilien. Epiphytisch in Höhen von 200–3200 m. Selten lithophytisch oder terrestrisch wachsend. In trockenen und in luftfeuchten Gebieten vorkommend.

Wuchsform: Sympodial; Rhizome meist deutlich; Pseudobulben 2–15 cm hoch; von schmalen, lanzettlichen, krautig-ledrigen Blättern umschlossen, sowie 1–2 endständige Blätter, 5–40 cm lang.

Blüte: Blütenstand basal entspringend, 10–150 cm lang, aufrecht oder gebogen; 3–200 Blüten.

Besonderheiten: Topf- oder Blockkultur möglich.

kühl – warm		*temp.*
HS – Sonne		*HS – Sonne*
gering – mäßig		*mäßig*
Ja		*Ja*
AB		*AB*

Oncidium

Gruppe: Barbata

Swartz 1800

Arten: Etwa 15 Arten.

Beispiele: *Oncdium barbatum, Oncidium croesus, Oncidium longipes, Oncidium uniflorum.*

Verbreitung: Von Bolivien südwärts bis Brasilien, auch in Paraguay, in gemäßigten Klimaten. Epiphytisch auf Bäumen entlang von Flussufern wachsend, meist in 300–600 m Höhe.

Wuchsform: Rhizome eher kurz; Pseudobulben 2–5 cm hoch; von schmalen, lanzettlichen Blättern umschlossen, sowie zwei endständige Blätter, 10–30 cm lang.

Blüte: Blütenstand basal entspringend, 10–60 cm lang, aufrecht oder gebogen; 3–10 Blüten, selten mehr.

Besonderheiten: Tagsüber trocken halten, erst in der Dämmerung für Feuchtigkeit sorgen.

Oncidium jonesianum

Oncidium concolor

Oncidium
Gruppe: Cebolletae
SWARTZ 1800

Arten: Etwa 15 Arten.
Beispiele: *Oncidium ascendens, Oncidium cebolleta, Oncidium jonesianum, Oncidium stacyi.*
Verbreitung: Panama, Brasilien, Bolivien, Kolumbien, Peru und Uruguay. Epiphytisch von Meereshöhe bis 1500 m. Meist in trockenen und heißen Gebieten.
Wuchsform: Kurze Rhizome; Stämme in peitschenförmige, stielrunde Blätter übergehend, 15–60 cm lang.
Blüte: Blütenstand aufrecht, manchmal verzweigend, 40–100 cm lang; Blüten 3–7 cm.
Besonderheiten: Arten vertragen heiße und trockene Kulturbedingungen. Für das Besprühen auf die Dämmerung warten. Junge Blätter wachsen erst aufrecht, biegen sich später um.

Cebolletae		Concoloria
warm		*temp.*
Sonne		*HS – Sonne*
gering		*mäßig*
Ja		*Ja*
B		*AB*

Oncidium
Gruppe: Concoloria
SWARTZ 1800

Arten: Etwa 12 Arten.
Beispiele: *Oncidium concolor, Oncidium dastyle, Oncidium graminifolium, Oncidium ottonis.*
Verbreitung: Mexiko bis Argentinien, Hauptvorkommen in Brasilien. Epiphytisch meist in laubabwerfenden Wäldern wachsend, in 500–2500 m Höhe.
Wuchsform: Rhizome eher kurz; Pseudobulben 3–5 cm hoch; von schmalen, lanzettlichen Blättern umschlossen, 2 endständige Blätter, 10–30 cm lang.
Blüte: Blütenstand basal entspringend, 15–60 cm lang, aufrecht oder gebogen; 3–10 Blüten, selten mehr.
Besonderheiten: Im Winter sehr hell, kühl und trocken, im Frühjahr und Sommer halbschattig, warm und feucht halten.

Oncidium sarcodes

Oncidium heteranthum

Oncidium
Gruppe: Crispa
SWARTZ 1800

Arten: Etwa 15 Arten.

Beispiele: *Oncidium crispum, Oncidium gardneri, Oncidium marshallianum, Oncidium sarcodes.*

Verbreitung: Hauptvorkommen entlang des brasilianischen Orgelgebirges. Epiphytisch in Laubwäldern, in 1500–2000 m Höhe, bei ständig feuchter Meeresluft.

Wuchsform: Rhizome kurz; Pseudobulben 4–6 cm hoch; 1–2 endständige Blätter, 15–30 cm.

Blüte: Blütenstand basal entspringend, 30–60 cm lang, aufrecht, selten gebogen oder verzweigend; 5–12 Blüten.

Besonderheiten: Im Winter hell, trocken und kühl kultivieren, im Frühjahr wärmer, halbschattig und feucht halten. Nach der Blüte nicht wässern, aber regelmäßig besprühen.

Crispa		Heterantha
temp.		temp.
HS – Sonne		HS
mäßig		mäßig
Ja		Nein
AB		AB

Oncidium
Gruppe: Heterantha
SWARTZ 1800

Arten: Etwa 25 Arten.

Beispiele: *Oncidium abortivum, Oncidium cultratum, Oncidium echinops, Oncidium heteranthum, Oncidium rostratum.*

Verbreitung: Venezuela, Surinam, Peru, Kolumbien und Ecuador. Epiphytisch in 200–3700 m Höhe.

Wuchsform: Rhizome kurz; Pseudobulben 2–9 cm hoch; beblättert, 1–2 endständige Blätter, 10–40 cm lang. Die meisten Arten bleiben klein.

Blüte: Blütenstand basal entspringend, 5–130 cm lang, aufrecht, selten gebogen, stark verzweigend; Blüten zahlreich. Scheinblüten!

Besonderheiten: Die meisten Arten dieser Gruppe werden temperiert kultiviert, trotz der Höhenlage.

Oncidium tigrinum var. *unguiculatum*

Oncidium sphacelatum

Oncidium
Gruppe: Oblongata
SWARTZ 1800

Arten: Über 30 Arten.
Beispiele: *Oncidium ampliatum, Oncidium isthmii, Oncidium oblongatum, Oncidium tigrinum.*
Verbreitung: Mittelamerika, Florida, Bahamas und Jamaika. Epiphytisch, meist in luftigen Wäldern in 50–2500 m Höhe.
Wuchsform: Rhizome kurz bis lang; Pseudobulben 5–12 cm hoch; wenig beblättert, 1–2 endständige Blätter, 25–40 cm lang.
Blüte: Blütenstand basal entspringend, 50–400 cm lang, aufrecht, überhängend, stark verzweigend, vielblütig.
Besonderheiten: Die Arten sind sehr wüchsig, benötigen aber Platz. Trotz des Vorkommens in höheren Lagen wachsen diese Arten unter temperierten bis warmen Kulturbedingungen.

Oblongata		Planifolia
temp. – warm		*kühl – warm*
HS – Sonne		*HS – Sonne*
mäßig		*mäßig*
Ja		*Ja*
AB		*AB*

Oncidium
Gruppe: Planifolia
SWARTZ 1800

Arten: Über 30 Arten.
Beispiele: *Oncidium baueri, Oncidium sphacelatum, Oncidium stenotis, Oncidium wentworthianum.*
Verbreitung: Im gesamten Mittelamerika, bis Brasilien, auch Karibik. Epiphyten meist exponierter oder halbschattiger Lagen, in 0–2300 m Höhe.
Wuchsform: Rhizome kurz bis lang; Pseudobulben 3–12 cm hoch; stark beblättert, 1–2 endständige Blätter, 15–50 cm lang.
Blüte: Blütenstand basal entspringend, 50–250 cm lang, aufrecht, überhängend, stark verzweigend; viele Blüten, meist klein.
Besonderheiten: Für viel Luftbewegung sorgen. Ruhephase fehlt. Pflanzen werden sehr groß.

Oncidium phymatochilum

Oncidium harrisonianum

Oncidium
Gruppe: Planilabris
SWARTZ 1800

Arten: Etwa 18 Arten.
Beispiele: *Oncidium bidentatum, Oncidium phymatochilum, Oncidium planilabre, Oncidium powellii.*
Verbreitung: Mittelamerika. Epiphyten, meist exponiert in Bäumen, in 200–2500 m Höhe. Sowohl schattig als auch hell wachsend.
Wuchsform: Rhizome kurz bis lang; Pseudobulben 5–12 cm hoch; stark belaubt, Blätter weich bis ledrig, 20–50 cm lang.
Blüte: Blütenstand basal entspringend, 50–160 cm lang, gebogen bis hängend, verzweigend; 50–200 Blüten, 3–5 cm groß.
Besonderheiten: Trotz der Höhenangaben eher temperiert bis warm zu kultivieren. Diese Orchideen sind meist starkwüchsig und benötigen viel Platz.

Planilabris		Pulvinata
temp.		temp.
HS		HS – Sonne
feucht		mäßig
Ja		Ja
A		AB

Oncidium
Gruppe: Pulvinata
SWARTZ 1800

Arten: Etwa 5 Arten.
Beispiele: *Oncidium divaricatum, Oncidium harrisonianum, Oncidium pulvinatum, Oncidium sphegiferum.*
Verbreitung: Brasilien. Epiphytisch auf bemoosten Bäumen, selten auch lithophytisch, in 1300–1800 m Höhe.
Wuchsform: Rhizome kurz; Pseudobulben büschelig, 2–7 cm hoch; meist 1 endständiges, meist fleischiges Blatt, 10–25 cm lang.
Blüte: Blütenstand basal entspringend, 20–50 cm lang (selten bis 150 cm), aufrecht, überhängend, stark verzweigend; 10 bis zahlreiche kleine Blüten.
Besonderheiten: Blockkultur möglich. Kein ausgeprägter Wachtumsrhythmus. Während des Wachstums deutlich stärker gießen.

Oncidium ornithorhynchum

Oncidium hastatum

Oncidium
Gruppe: Rostrata
Swartz 1800

Arten: Über 30 Arten.

Beispiele: *Oncidium cheirophorum, Oncidium luteum, Oncidium ornithorhynchum, Oncidium trulliferum.*

Verbreitung: Nicaragua, Kolumbien, Costa Rica, Panama, Ecuador, Peru und Brasilien. Epiphytisch im luftigen Nebelwald in 1000–2000 m Höhe (selten höher).

Wuchsform: Rhizome kurz; Pseudobulben büschelig, 2–5 cm hoch; meist 1–2 endständige Blätter, 10–25 cm lang.

Blüte: Blütenstand basal entspringend, 15–45 cm lang, aufrecht, überhängend, verzweigend; vielblütig.

Besonderheiten: Kultur im Topf oder aufgebunden möglich. Ruhephase fehlt. Ganzjährig trockener als vergleichbare Arten kultivieren.

kühl – temp.		*temp. – warm*
HS		*HS – Sonne*
mäßig		*mäßig*
Nein		*Ja*
AB		*A*

Oncidium
Gruppe: Stellata
Swartz 1800

Arten: Etwa 15 Arten.

Beispiele: *Oncidium cariniferum, Oncidium hastilabium, Oncidium laeve, Oncidium maculatum.*

Verbreitung: Costa Rica, Panama, Ecuador, Peru, Bolivien, Guatemala, Honduras und an der Pazifikküste Mexikos. Epiphytisch in exponierten Lagen in 250–2200 m Höhe.

Wuchsform: Rhizome kurz; Pseudobulben büschelig angeordnet, 5–7 cm hoch; 1–2 endständige, fleischige Blätter, 20–35 cm lang.

Blüte: Blütenstand basal entspringend, 15–350 cm lang, aufrecht, überhängend, verzweigend; 10 oder mehr Blüten, meist über 5 cm groß.

Besonderheiten: Temperiert bis warm und halbschattig bis hell kultivieren.

Oncidium flexuosum

Oncidium pubes

Oncidium
Gruppe: Synsepala
SWARTZ 1800

Arten: Etwa 30 Arten.

Beispiele: *Oncidium bicolor, Oncidium blanchetii, Oncidium spilopterum, Oncidium varicosum.*

Verbreitung: Brasilien, Bolivien, Paraguay, Peru, Uruguay und Argentinien. Terrestrisch auf Grashängen, aber meist epiphytisch wachsend. In 1200–3000 m Höhe, in niedrigen Lagen häufig in Flussnähe.

Wuchsform: Rhizome kurz bis lang; Pseudobulben 3–8 cm hoch; meist 1–2 endständige Blätter, 10–25 cm lang.

Blüte: Blütenstand basal entspringend, 15–160 cm lang, aufrecht, überhängend; 10 bis 50 Blüten, 3–6 cm groß.

Besonderheiten: Während des Wachstums hohe Luftfeuchte und viel Dünger, im Winter trocken halten.

Synsepala		Waluewa
kühl – temp.		temp.
HS – Sonne		HS – Sonne
mäßig		mäßig
Ja		Ja
AB		AB

Oncidium
Gruppe: Waluewa
SWARTZ 1800

Arten: Über 20 Arten.

Beispiele: *Oncidium fimbriatum, Oncidium lietzei, Oncidium pubes, Oncidium waluewa.*

Verbreitung: Brasilien bis Paraguay, auch Argentinien. Epiphytisch auf bemoosten Bäumen, zum Teil in sehr trockenen Gebieten, in 300–1200 m Höhe.

Wuchsform: Rhizome kurz; Pseudobulben büschelig, 2–7 cm hoch; meist 1 endständiges, meist fleischiges Blatt, 10–25 cm lang.

Blüte: Blütenstand basal entspringend, 20–50 cm lang, aufrecht, überhängend, verzweigend; viele Blüten,1–2 cm groß.

Besonderheiten: Blockkultur möglich. Kein ausgeprägter Wachtumsrhythmus. Nach dem Triebabschluss bis zum Erscheinen des Neutriebes deutlich trockener halten.

Ornithocephalus spec.

Ornithochilus fuscus

Ornithocephalus

HOOKER 1824

Arten: Etwa 50 Arten.

Beispiele: *Ornithocephalus bicornis, Ornithocephalus iridifolius, Ornithocephalus kruegeri.*

Verbreitung: In den Tropen Mittel- und Südamerikas. Epiphytisch auf Zweigen oder Ästen im feuchten Nebelwald bis 1100 m Höhe, häufig auch in Zitrusplantagen.

Wuchsform: Sympodial; Wurzeln fein, büschelig; ohne Pseudobulben; Blätter fächerartig angeordnet, 3–7 cm lang.

Blüte: Blütenstände blattachselbürtig, waagerecht bis hängend, locker traubig; 5–30 Blüten, 0,4–0,8 cm groß, Blüten meist weißlich-grünlich.

Besonderheiten: Blockkultur empfohlen. Für gleichmäßige Luftfeuchte sorgen, denn am Naturstandort gibt es morgens und abends viel Tau.

Ornithocephalus		Ornithochilus
temp. – warm	(Temperatur)	*temp. – warm*
HS	(Licht)	*HS – Sonne*
feucht	(Gießen)	*mäßig*
Nein	(Ruhezeit)	*Nein*
B	(Topf)	*A*

Ornithochilus

(LINDLEY) BENTHAM 1883

Arten: 2–3 Arten.

Beispiele: *Ornithochilus difformis, Ornithochilus fuscus.*

Verbreitung: Südostasien, vom nordwestlichen Himalaja bis Malaysia. Epiphytisch, meist auf älteren Laubbäumen in 300–1600 m Höhe.

Wuchsform: Monopodial; Wurzeln wenig, dick fleischig; Stamm gedrungen kurz, 3–10 cm hoch; dicht beblättert, Blätter fleischig, 3–5 cm breit, 7–18 cm lang.

Blüte: Blütenstände seitlich, waagerecht bis hängend, 20–35 cm lang, verzweigend; locker vielblütig, 10–30 Blüten, 0,6–1,2 cm groß, mit 0,5 cm langem Sporn.

Besonderheiten: Im Topf gut durchlüftendes Substrat verwenden. Im Winter trockener bei hoher Luftfeuchte halten.

Ornithophora radicans

Osmoglossum pulchellum

Ornithophora

Barbosa Rodrigues 1882

Arten: Monotypisch, nur eine Art.
Beispiele: *Ornithophora radicans.*
Verbreitung: Im Süden und Südosten Brasiliens. Epiphytisch auf alten Bäumen in etwa 400 m Höhe.
Wuchsform: Sympodial; Rhizom 2–5 cm lang, verzweigend, büschelig; Pseudobulben flach, 1,5–3 cm hoch; 2 endständige Blätter, Blatt krautig, schmal, 8–15 cm lang.
Blüte: Blütenstände basal entspringend, aufrecht, locker besetzt, 8–15 cm lang; Blüten 1,5–2 cm groß.
Besonderheiten: Topfkultur in flachen Schalen oder auf größeren Unterlagen möglich. Benötigt während des Wachstums hohe Luftfeuchtigkeit und Schatten, nach der Blüte trockener halten.

Ornithophora		Osmoglossum
temp.		kühl
HS		HS
feucht		feucht
Nein		Ja
AB		A

Osmoglossum

Schlechter 1922

Arten: Etwa 3 Arten.
Beispiele: *Osmoglossum convallarioides, Osmoglossum egertonii, Osmoglossum pulchellum.*
Verbreitung: Mexiko bis Costa Rica. Meist epi-, auch lithophytisch, in luftigen Nebelwäldern, 1400–2700 m hoch in den Anden.
Wuchsform: Sympodial; Rhizom kurz, büschelig; Pseudobulben oval, flach, 4–7 cm hoch; 2 endständige Blätter, Blatt krautig, schmal, 10–34 cm lang.
Blüte: Blütenstände basal entspringend, aufrecht, locker traubig, besetzt, 12–50 cm lang; Blüten weiß, nicht resupinierend, stark duftend.
Besonderheiten: Topfkultur empfohlen. Halbschattig stellen. In der Ruhephase trockener halten, aber immer für feuchte Frischluft sorgen.

Pabstia virides

Palumbina candida

Pabstia
GARAY 1973

Arten: Etwa 5 Arten.
Beispiele: *Pabstia jugosa, Pabstia modestior, Pabstia schunkiana, Pabstia viridis.*
Verbreitung: Brasilien. Epiphytisch, terrestrisch oder lithophytisch (selten) wachsend. Meist in Küstennähe in immerfeuchten Bergwäldern, in 200–1500 m Höhe.
Wuchsform: Sympodial; Rhizom kurz, büschelig; Pseudobulben schmal eiförmig, 5–7 cm hoch; 2 endständige Blätter, Blatt krautig, 3–5 cm breit, 15–25 cm lang.
Blüte: Blütenstände basal entspringend, aufrecht, oben locker besetzt, 15–20 cm lang; Blüten 6–7 cm groß, duftend.
Besonderheiten: Topfkultur in flachen Schalen empfohlen. Gattung reagiert auf Trockenheit empfindlich. Im Winter trockener bei hoher Luftfeuchte halten.

Pabstia		Palumbina
temp. – warm		temp.
Sch – HS		HS
feucht		feucht
Nein		Nein
AD		A

Palumbina
REICHENBACH f. 1863

Arten: Monotypisch, nur eine Art.
Beispiele: *Palumbina candida.*
Verbreitung: Guatemala und Mexiko. Epiphytisch auf Eichen und Kiefern im Regen und Nebelwald, in 1600–2100 m Höhe.
Wuchsform: Sympodial; Rhizom kurz, büschelig; Pseudobulben länglich-elliptisch, 3–5 cm hoch; 1 endständiges Blatt, Blatt schwach ledrig, 1,5–2 cm breit, 10–30 cm lang.
Blüte: Blütenstände basal entspringend, aufrecht, oben locker besetzt, 25–40 cm lang; Blüten 2,5–4 cm groß, weiß, duftend.
Besonderheiten: Topfkultur in kleinen Töpfen empfohlen. Pflanzen reagieren auf Trockenheit empfindlich, benötigen immer feuchte Frischluft. Keine Ruhephase.

Panisea albiflora

Paphinia herrerae

Panisea

LINDLEY 1854

Arten: Etwa 9 Arten.
Beispiele: *Panisea albiflora, Panisea tricallosa, Panisea uniflora, Panisea yunnanensis.*
Verbreitung: Assam bis Vietnam, entlang des südlichen Himalaja. Epi-, selten lithophytisch in Höhenlagen von 1100–2150 m.
Wuchsform: Sympodial; Rhizom 1–2 cm kurz, kletternd, verzweigend; Pseudobulben eiförmig, 1,5–3,5 cm hoch, 2 endständige Blätter, Blätter schmal, 1,5–3 cm breit, 8–16 cm lang.
Blüte: Blütenstände mit oder vor den Pseudobulben erscheinend, basal entspringend, aufrecht, 3–4 cm lang; 1–3 Blüten, 1,5–4 cm groß.
Besonderheiten: Topfkultur in flachen Schalen oder Blockkultur auf länglichen Unterlagen empfohlen.

Panisea	Paphinia
temp.	temp. – warm
HS	Sch – HS
feucht	feucht
Nein	Nein
BD	C

Paphinia

LINDLEY 1843

Arten: Etwa 12 Arten.
Beispiele: *Paphinia cristata, Paphinia herrerae, Paphinia lindeniana, Paphinia neudeckeri.*
Verbreitung: Kolumbien, Peru, Venezuela und nördliches Brasilien. Epiphytisch, im feuchten Regenwald in Höhenlagen von 200–1000 m.
Wuchsform: Sympodial; Rhizom kurz, büschelig; Pseudobulben eiförmig, 3,5–6 cm hoch; 2 endständige Blätter, Blätter bis 5 cm breit, krautig, 15–25 cm lang.
Blüte: Blütenstände, basal entspringend, hängend, 5–15 cm lang; 1–3 Blüten, nach unten zeigend, 6–12 cm groß, kurze Blühdauer.
Besonderheiten: Kultur im Körbchen erforderlich. Substrat darf nie ganz austrocknen, feuchte Frischluft vorteilhaft.

Paphiopedilum rothschildianum

Paphiopedilum urbanianum

Paphiopedilum
PFITZER 1886

Arten: Etwa 120 Arten.
Beispiele: Unterteilt je nach Autor in 8 Untergattungen oder mehr.
Verbreitung: Südostasien, Indien, China, Philippinen, Malakka, Borneo und umgrenzende Inselwelt. Terrestrisch, selten epiphytisch, in Humusnestern, in Höhenlagen von 0–2900 m.
Wuchsform: Rhizome sehr kurz bis lang; Wurzeln fleischig; braun, behaart; Stamm kurz; dicht beblättert, Blätter schmal bis breit, einfarbig oder bunt.
Blüte: Blütenstand aufrecht, 3–120 cm hoch; 1–9 Blüten, 3–30 cm groß. Blüten sind sehr unterschiedlich geformt.
Besonderheiten: Topfkultur möglich. Die einzelnen Gruppen haben unterschiedliche Kulturansprüche.

Paphiopedilum		Paphiopedilum Gruppe: Barbata
kühl – warm	Temperatur	temp. – warm
Sch – Sonne	Licht	HS – Sch
mäßig	Wasser	mäßig
Nein	Ruhezeit	Nein
A	Substrat	A

Paphiopedilum
Gruppe: Barbata
PFITZER 1886

Arten: Etwa 40–45 Arten.
Beispiele: *Paphiopedilum appletonianum, Paphiopedilum callosum, Paphiopedilum curtisii, Paphiopedilum sukhakulii.*
Verbreitung: Tropisches Südostasien, bis Philippinen und Papua-Neuguinea. Terrestisch in Laub- oder Humusnestern wachsend, 300–1800 m Höhe.
Wuchsform: Wurzeln fleischig; Rhizome kurz; Stamm kurz; dicht beblättert, marmoriert, 3–6 cm breit, 8–45 cm lang.
Blüte: Blütenstand terminal, aufrecht, 15–55 cm hoch; fast immer einblütig, Blüte meistens mit Warzen, 6–10 cm groß.
Besonderheiten: Diese Gruppe temperiert bis sehr warm kultivieren. Verträgt Halbschatten bis Schatten. Für feuchte Frischluft sorgen.

Paphiopedilum concolor

Paphiopedilum chamberlainianum

Paphiopedilum
Gruppe: Brachypetalum
PFITZER 1886

Arten: Etwa 6 Arten.
Beispiele: *Paphiopedilum bellatulum, Paphiopedilum concolor, Paphiopedilum leucochilum, Paphiopedilum niveum.*
Verbreitung: Südwestliches China, kontinentales Südostasien. Terrestrisch in Humusnestern, meistens exponiert an Kalkfelsen, von Meereshöhe bis 600 m.
Wuchsform: Wurzeln fleischig; Rhizome kurz; Stamm kurz; dicht beblättert, Blätter dunkel marmoriert, 2–5 cm breit, 10–20 cm lang.
Blüte: Blütenstand terminal, aufrecht, 5–15 cm hoch; 1–3 Blüten, Petalen größer als Sepalen, 6–10 cm groß.
Besonderheiten: Diese Gruppe ist sehr wärme- und kalkliebend und benötigt feuchte Frischluft. Im Winter trocken halten.

Brachypetalum		Cochlopetalum
temp. – warm		*temp. – warm*
HS – Sonne		*HS*
mäßig		*mäßig*
Nein		*Nein*
A		*A*

Paphiopedilum
Gruppe: Cochlopetalum
PFITZER 1886

Arten: Etwa 6–9 Arten.
Beispiele: *Paphiopedilum glaucophyllum, Paphiopedilum liemianum, Paphiopedilum moquetteanum, Paphiopedilum primulinum.*
Verbreitung: Sumatra und Java. Terrestrisch und lithophytisch in Humusnestern, im Wald und an Kalkfelsen, halbschattig von Meereshöhe bis zu 800 m.
Wuchsform: Wurzeln fleischig; Rhizome kurz; Stamm kurz; dicht beblättert, Blätter dunkelgrün, 4–7 cm breit, 15–35 cm lang.
Blüte: Blütenstand terminal, aufrecht, 15–45 cm hoch; mehrere Blüten, 5–8 cm groß. Blüht nacheinander an derselben Infloreszenz für mehrere Monate.
Besonderheiten: Diese Arten benötigen Wärme, feuchte Frischluft und Halbschatten.

Paphiopedilum stonei

Paphiopedilum emersonii

Paphiopedilum
Gruppe: Corypetalum
Pfitzer 1886

Arten: Etwa 15 Arten.

Beispiele: *Paphiopedilum philippinense, Paphiopedilum praestans, Paphiopedilum rothschildianum, Paphiopedilum sanderianum.*

Verbreitung: Borneo, Philippinen und Papua-Neuguinea. Lithophytisch oder terrestisch, halbschattig bis exponiert in Laub- oder Humusnestern wachsend, 140–1700 m Höhe.

Wuchsform: Wurzeln fleischig; Rhizome kurz; Stamm kurz; dicht beblättert, Blätter hellgrün, fast ledrig, 4–12 cm breit, 25–75 cm lang.

Blüte: Blütenstand terminal, aufrecht, 35–155 cm hoch; 2–10 Blüten, 10–30 cm groß, Petalenlänge bis 75 cm.

Besonderheiten: Temperiert bis sehr warm kultivieren, dabei trockene Luft vermeiden. Halbschattig bis sehr hell stellen.

Corypetalum		Emersonianum
temp. – warm		temp. – warm
HS – Sonne		Sch – HS
mäßig		mäßig
Nein		Nein
A		A

Paphiopedilum
Gruppe: Emersonianum
Pfitzer 1886

Arten: 2 Arten.

Beispiele: *Paphiopedilum emersonii, Paphiopedilum hangianum.*

Verbreitung: Nordvietnam und China. Terrestrisch auf Kalkfelsen, auch lithophytisch in Humusnestern an schattigen Stellen, meist unter Laubbäumen, in 400–700 m Höhe.

Wuchsform: Wurzeln fleischig; Rhizome kurz; Stamm kurz; dicht beblättert, Blätter dunkelgrün, ledrig, 4–7 cm breit, 15–35 cm lang.

Blüte: Blütenstand terminal, aufrecht, 8–15 cm hoch; Einzelblüte, 10–15 cm groß, Petalen sehr breit. Duftend!

Besonderheiten: Im Sommer schattig, feucht und warm kultivieren, im Winter kühl, trocken und hell.

Paphiopedilum boxallii

Paphiopedilum lowii

Paphiopedilum
Gruppe: Paphiopedilum
PFITZER 1886

Arten: Etwa 18 Arten.

Beispiele: *Paphiopedilum charlesworthii, Paphiopedilum insigne, Paphiopedilum spicerianum, Paphiopedilum villosum.*

Verbreitung: Kontinentales Südostasien. Humusepiphyt, terrestrisch oder epiphytisch in Astgabeln, meistens auf Moos, schattig, in 300–2000 m Höhe.

Wuchsform: Wurzeln fleischig; Rhizome kurz; büschelig; Stamm kurz; dicht beblättert, Blätter hellgrün, 2–6 cm breit, 15–35 cm lang.

Blüte: Blütenstand terminal, aufrecht, 12–25 cm hoch; Einzelblüte, 4–10 cm groß.

Besonderheiten: Kühl bis temperiert kultivieren. Im Winter zeigen diese Arten meist eine deutliche Ruhephase, dann trocken und kühl halten.

Paphiopedilum		Pardalopetalum
kühl – temp.		*temp. – warm*
HS – Sonne		*HS – Sonne*
mäßig		*mäßig*
Ja		*Nein*
A		*A*

Paphiopedilum
Gruppe: Pardalopetalum
PFITZER 1886

Arten: Etwa 6 Arten.

Beispiele: *Paphiopedilum dianthum, Paphiopedilum haynaldianum, Paphiopedilum lowii, Paphiopedilum parishii.*

Verbreitung: Indien, Borneo und Philippinen. Terrestrisch, epi- und lithophytisch in Humusnestern bzw. in Astgabeln, halbschattig bis sonnig, von Meereshöhe bis 1200 m Höhe.

Wuchsform: Wurzeln fleischig; Rhizome kurz; Stamm kurz; dicht beblättert, Blätter hellgrün, fast ledrig, 4–5 cm breit, 25–55 cm lang.

Blüte: Blütenstand terminal, aufrecht, 30–75 cm hoch; 2–6 Blüten, 10–15 cm groß.

Besonderheiten: Temperiert bis warm und halbschattig bis sehr hell kultivieren. Im Winter trocken und kühler halten.

Paphiopedilum fanaticum

Papilionanthe subulata

Paphiopedilum

Gruppe: Parvisepalum

PFITZER 1886

Arten: Etwa 8 Arten.

Beispiele: *Paphiopedilum armeniacum, Paphiopedilum delenatii, Paphiopedilum micranthum, Paphiopedilum malipoense.*

Verbreitung: Nordvietnam und China. Terrestrisch auf Kalkfelsen, auch lithophytisch in Humusnestern, in 400–800 m Höhe.

Wuchsform: Wurzeln fleischig; Rhizome z. T. sehr lang; Stamm kurz; dicht beblättert, Blätter gemustert, ledrig, 2–5 cm breit, 8–17 cm lang.

Blüte: Blütenstand terminal, aufrecht, 12–45 cm hoch; Einzelblüte 8–12 cm groß; Petalen breit, bauchiger Schuh.

Besonderheiten: *Paph. armeniacum* und *Paph. micranthum* wachsen in bis zu 2000 m Höhe, auch unter Schnee! Kultur in flachen Schalen empfohlen.

Paphiopedilum		Papilionanthe
kühl – warm	Temperatur	warm
HS – Sonne	Licht	Sonne
mäßig	Gießen	mäßig
Nein	Ruhezeit	Nein
D	Substrat	AC

Papilionanthe

SCHLECHTER 1915

Arten: Etwa 6–8 Arten.

Beispiele: *Papilionanthe hookeriana, Papilionanthe subulata, Papilionanthe teres, Papilonanthe vandarum.*

Verbreitung: Vietnam, Thailand und Indonesien. Epiphytisch an Bäumen in Sumpfgebieten und trockenen Wäldern, von Meereshöhe bis 700 m, in sehr sonnigen Lagen.

Wuchsform: Monopodial; Pflanzenhöhe von 60 bis über 200 cm; Blattspanne von 10–20 cm, Blätter und Stamm stielrund, ledrig.

Blüte: Mehrere aufrechte bis überhängende Blütenstände, 30–50 cm lang; 6–12 Blüten, 4–8 cm groß, häufig duftend.

Besonderheiten: Sehr luftiges Substrat verwenden, Kletterhilfe ist nötig. Diese Gattung hat sehr hohen Lichtbedarf.

Papperitzia leiboldii

Paradisanthus micranthus

Papperitzia

Reichenbach f. 1852

Arten: Monotypisch, nur 1 Art.
Beispiele: *Papperitzia leiboldii.*
Verbreitung: Endemisch in Mexiko, den Provinzen Oaxaca und Vera Cruz. Epiphytisch auf Ästen von Büschen in der Nähe von Bachläufen vorkommend, in Höhen von 2000–2600 m.
Wuchsform: Wurzeln fein; Rhizome kurz; sehr kleine Bulben, 0,5–0,8 cm Durchmesser; dicht fächerartig beblättert, 6–10 cm hoch, Blätter ledrig.
Blüte: Blütenstand seitlich entspringend, hängend, 10–20 cm lang, locker besetzte Traube; 5–12 Blüten, 1,5–2 cm groß.
Besonderheiten: Blockkultur empfohlen. Am Naturstandort bildet sich in den Morgen- und Abendstunden viel Tau, tagsüber ist es trocken. Art hat keine Ruhephase.

Papperitzia		Paradisanthus
temp.		temp. – warm
HS		HS – Sonne
mäßig		feucht
Nein		Ja
AB		A

Paradisanthus

Reichenbach f. 1852

Arten: Etwa 7 Arten.
Beispiele: *Paradisanthus bahiensis, Paradisanthus micranthus, Paradisanthus neglectus, Paradisanthus paulensis.*
Verbreitung: In den Küstenregionen südlich von Bahia, Brasilien. Terrestrisch in halbschattigen Gebieten, in 200–800 m Höhe.
Wuchsform: Sympodial; Wurzeln dick und zahlreich; Pseudobulben fleischig; 2–4 cm hoch; Blätter zahlreich, krautig, 10–30 cm lang.
Blüte: Blütenstände grundständig, aufrecht, 25–75 cm hoch, locker besetzt im oberen Bereich; 5–15 Blüten, 1,5–3 cm groß.
Besonderheiten: Topfkultur. Während des Wachstums feucht halten, nach Triebabschluss trockener.

Paraphalaenopsis labukensis

Pecteilis sagarikii

Paraphalaenopsis
A. D. HAWKES 1964

Arten: Wahrscheinlich nur 4 Arten.
Beispiele: *Paraphalaenopsis denevei, Paraphalaenopsis labukensis, Paraphalaenopsis laycockii, Paraphalaenopsis serpentilingua.*
Verbreitung: Borneo. Epiphytisch an Bäumen, in feucht-warmen Gebieten, in 200–1000 m Höhe. Selten!
Wuchsform: Monopodial; Wurzeln fleischig; Stamm stielrund, kurz; 4–6-blättrig, Blätter stielrund, hängend, 30–200 cm lang.
Blüte: 1–2 aufrechte bis überhängende Blütenstände, 20–40 cm lang; 6–12 Blüten, 4–6 cm groß, häufig nach Zimt duftend.
Besonderheiten: Hängender Wuchs. Blockkultur vorteilhaft. Gattung benötigt hohe Luftfeuchte und Wärme. Auch Rattenschwanz-Orchidee genannt.

Paraphalaenopsis	Pecteilis
temp. – warm	temp.
HS – Sonne	Sch – HS
feucht	feucht
Nein	Ja
B	E

Pecteilis
RAFINESQUE 1836

Arten: Etwa 9 Arten.
Beispiele: *Pecteilis henryi, Pecteilis radiata, Pecteilis sagarikii, Pecteilis susannae.*
Verbreitung: Südostasien bis Japan. Terrestrisch meist in schattigen Feuchtgebieten und Grasland, in 500–2000 m Höhe.
Wuchsform: Sympodial; unterirdische Knolle; kurzer bis langer aufrechter Stamm, 1–20 cm; zwei- bis mehrblättrig, Blätter gegenständig oder rosettenförmig, krautig, 10–15 cm lang.
Blüte: Blütenstand terminal, aufrecht, 20–45 cm hoch; 3–8 Blüten weiß, endständig, 4–6 cm groß, Seitenlappen der Lippe meist gefranst.
Besonderheiten: In der Ruhephase trocken und dunkel halten, erst nach dem Austrieb wieder gießen.

Pelatantheria ctenoglossa

Peristeria elata

Pelatantheria
RIDLEY 1896

Arten: 5 Arten.
Beispiele: *Pelatantheria bicuspidata, Pelatantheria ctenoglossa, Pelatantheria insectifera, Pelatantheria scolopendrifolia.*
Verbreitung: Südostasien, Südchina und Indonesien. Epiphytisch oder terrestrisch, in Wäldern, selten auf Kalkfelsen, in 500–1200 m Höhe.
Wuchsform: Monopodial; Wurzeln fleischig; 20–80 cm hoch, Stamm verzweigend; dicht beblättert, Blatt ledrig, fleischig, 6–12 cm lang.
Blüte: Blütenstand seitlich, 2–6 cm lang, überhängend; 3–6 Blüten, 1,2–2 cm groß.
Besonderheiten: Blockkultur empfohlen. Bei Topfkultur sehr luftiges Substrat verwenden. Eine Kletterhilfe ist nötig. Gattung ist sehr lichtbedürftig und mag hohe Luftfeuchte.

Pelatantheria	Peristeria
temp. – warm	*temp. – warm*
HS – Sonne	*HS*
mäßig	*feucht*
Nein	*Ja*
AB	*AC*

Peristeria
HOOKER 1831

Arten: Etwa 8–11 Arten.
Beispiele: *Peristeria elata, Peristeria guttata, Peristeria lindenii, Peristeria pendula.*
Verbreitung: Nördliches Süd- und Mittelamerika. Epiphytisch, auch terrestrisch und lithophytisch im feuchten, tropischen Regenwald, in 100–1200 m Höhe.
Wuchsform: Sympodial; Pseudobulben büschelig angeordnet, bis 12 cm hoch; 1–2 endständige Blätter, 9–12 cm breit, 30–100 cm lang.
Blüte: Blütenstand basal entspringend, hängend oder aufrecht, 15–100 cm lang, dicht besetzt; Blüte 6–9 cm groß, gefleckt.
Besonderheiten: Kultur im Körbchen oder großen Töpfen empfohlen. Während des Wachstums feucht halten. Blüte häufig nach Laubfall.

Pescatoria cerina

Phaius tankervillae

Pescatoria

Reichenbach f. 1869

Arten: Etwa 12–14 Arten.

Beispiele: *Pescatoria cerina, Pescatoria dayana, Pescatoria lehmanii, Pescatoria wallisii.*

Verbreitung: Costa Rica, Kolumbien und Ecuador. Epiphytisch im feuchten Regenwald, auf dicken Stämmen an schattigen, häufig bemoosten Stellen in 500–2200 m Höhe.

Wuchsform: Sympodial; Rhizome sehr kurz; bulbenlos; Blätter weich, fächerartig, bis zu 7 cm breit und 60 cm lang.

Blüte: Blütenstände grundständig, aufrecht; 7–15 cm hoch; Einzelblüte, Blüten auffällig, 5–7 cm groß. Kann mehrmals pro Trieb blühen.

Besonderheiten: Die Pflanzen nie ganz austrocknen lassen. Vorsicht bei hohen Düngegaben.

Pescatoria		Phaius
temp.		temp.
Sch – HS		HS
feucht		feucht
Nein		Ja
A		A

Phaius

Loureiro 1790

Arten: Etwa 30–50 Arten.

Beispiele: *Phaius flavus, Phaius luteus, Phaius mishmensis, Phaius tankervillae.*

Verbreitung: Madagaskar, Philippinen, Südostasien, Australien und den meisten Pazifischen Inseln. Meist terrestrisch in Feuchtgebieten, in bis zu 1300 m Höhe.

Wuchsform: Sympodial; Pseudobulben länglich bis eiförmig, dicht beblättert, 4–12 cm hoch; 4–6 krautige Blätter, gestielt, 30–100 cm lang.

Blüte: Blütenstand basal entspringend, aufrecht, im oberen Drittel dicht besetzt; 6–12 Blüten, nacheinander aufblühend, farbenprächtig.

Besonderheiten: Deutliche Ruhephase nach Blattfall. Erst nach Wurzelbildung am Neutrieb wieder gießen. Häufig duftend.

Phalaenopsis aphrodite

Phalaenopsis amboinensis

Phalaenopsis

BLUME 1825

Arten: Etwa 45 Arten.

Beispiele: Unterteilt in 9 Gruppen, eine Auswahl folgt auf den nächsten Seiten.

Verbreitung: Von Indien bis Australien, von den Philippinen bis Taiwan. Epiphytisch auf Bäumen, meist an geschützten Stellen, von Meereshöhe bis 500 m Höhe, nur selten in höheren Lagen.

Wuchsform: Monopodial; Wurzeln zahlreich; Stamm 2–5 cm hoch; Blätter zweizeilig, schmal bis breit, 5–65 cm lang, z. T. buntlaubig.

Blüte: Blütenstand seitlich, aufrecht oder überhängend, 5–150 cm lang, auch verzweigend; vielblütig, Blüte 2–8 cm groß.

Besonderheiten: Topfkultur empfohlen; kleine Arten auch aufgebunden zu kultivieren. Blüteninduktion erfolgt durch kühlere Phase bei 14–16 °C.

Phalaenopsis		Gruppe: Amboinensis
temp. – warm		*warm*
HS		*HS*
mäßig		*mäßig*
Nein		*Nein*
AB		*A*

Phalaenopsis

Gruppe: Amboinensis

BLUME 1825

Arten: 17 Arten.

Beispiele: *Phalaenopsis amboinensis, Phalaenopsis bellina, Phalaenopsis gigantea, Phalaenopsis javanica.*

Verbreitung: Philippinen, Indonesien und Borneo. Epiphytisch auf Bäumen, meist an geschützten Stellen, in 0–500 m Höhe.

Wuchsform: Monopodial; Wurzeln zahlreich; Stamm 3–4 cm hoch; Blätter zweizeilig, schmal bis breit, 8–40 cm lang.

Blüte: Blütenstand seitlich, aufrecht oder hängend, 5–40 cm lang; mehrblütig, Blüte 2–8 cm. Blütenstände können z. T. mehrmals nachblühen.

Besonderheiten: Topfkultur empfohlen. Diese Gruppe ist sehr wärmeliebend. *Phal. gigantea* und *doweryensis* haben Blattspannweite von bis zu 1 m!

Phalaenopsis braceana

Phalaenopsis fuscata

Phalaenopsis
Gruppe: Aphyllae (s. Kingidium)
BLUME 1825

Arten: Etwa 6 Arten.
Beispiele: *Phalaenopsis braceana, Phalaenopsis chibae, Phalaenopsis stobartiana, Phalaenopsis wilsonii.*
Verbreitung: Indien, Vietnam, China, Hainan. Epiphytisch, in 400–2100 m Höhe.
Wuchsform: Monopodial; Wurzeln zahlreich, abgeflacht, silbrig; kurzer Stamm, 5–12 mm hoch; Blätter zweizeilig, schmal bis breit, 5–12 cm lang, häufig mit violetten Punkten.
Blüte: Blütenstand seitlich, aufrecht, gelegentlich verzweigend, 5–12 cm lang; 3–12 Blüten, 2,5–3,5 cm groß.
Besonderheiten: Topf- und Blockkultur möglich. Einige Arten sind laubabwerfend, sie treiben im Frühjahr wieder aus.

temp. – warm		*warm*
HS		*HS*
feucht		*mäßig*
Ja		*Nein*
AB		*A*

Phalaenopsis
Gruppe: Fuscatae
BLUME 1825

Arten: 4–5 Arten.
Beispiele: *Phalaenopsis cochlearis, Phalaenopsis fuscata, Phalaenopsis kunstleri, Phalaenopsis virides.*
Verbreitung: Malakka, Sumatra und Borneo. Epiphytisch auf Bäumen im tropischen Regenwald, lithophytisch an Kalkfelsen, in 400–700 m Höhe.
Wuchsform: Monopodial; Wurzeln fleischig; Stamm 3–4 cm hoch; Blätter zweizeilig, schmal bis breit, graugrün, 8–25 cm lang.
Blüte: Blütenstand seitlich, aufrecht oder überhängend, 20–50 cm lang; mehrblütig, Blüte 3–4 cm groß. Blütenstände können z. T. mehrmals nachblühen.
Besonderheiten: Diese Arten sind extrem wärmeliebend. Auf zu hohe Düngegaben reagieren sie empfindlich.

Phalaenopsis parishii

Phalaenopsis stuartiana

Phalaenopsis
Gruppe: Parishianae
BLUME 1825

Arten: 3 Arten.

Beispiele: *Phalaenopsis gibbosa, Phalaenopsis lobbii, Phalaenopsis parishii.*

Verbreitung: Indien, Laos und Vietnam. Epiphytisch, oft auf bemoosten Stämmen mit rauer Rinde, häufig in der Nähe von Wasserläufen, in 0–1000 m Höhe.

Wuchsform: Monopodial; Wurzeln zahlreich, abgeflacht, silbrig; kurzer Stamm, 5–12 mm hoch; Blätter zweizeilig, schmal bis breit, 5–7 cm lang.

Blüte: Blütenstand seitlich, aufrecht, 5–7 cm lang; 4–12 Blüten, 2,5–4,5 cm groß, weißgrundig.

Besonderheiten: Topf- und Blockkultur möglich. Einige Arten sind laubabwerfend, sie treiben im Frühjahr wieder aus.

Parishianae		Phalaenopsis
temp. – warm		*temp.*
HS		*HS*
feucht		*mäßig*
Ja		*Nein*
AB		*A*

Phalaenopsis
Gruppe: Phalaenopsis
BLUME 1825

Arten: 6–7 Arten.

Beispiele: *Phalaenopsis amabilis, Phalaenopsis philippinense, Phalaenopsis schilleriana, Phalaenopsis stuartiana.*

Verbreitung: Philippinen, Australien und Indonesien. Epiphytisch auf Bäumen, meist an geschützten Stellen, in 0–500 m Höhe.

Wuchsform: Monopodial; Wurzeln zahlreich; Stamm 2–5 cm hoch; Blätter zweizeilig, schmal bis breit, 16–55 cm lang, z. T. buntlaubig.

Blüte: Blütenstand seitlich, aufrecht, 20–150 cm lang, verzweigend; vielblütig, Blüte 4–8 cm groß, weiß- oder rosagrundig, Lippe deutlich dreilappig.

Besonderheiten: Topfkultur empfohlen. Blüteninduktion erfolgt durch kühle Phase bei 14–16 °C.

Phalaenopsis cornu-cervi

Phalaenopsis lowii

Phalaenopsis
Gruppe: Polychilos
BLUME 1825

Arten: 4–6 Arten.

Beispiele: *Phalaenopsis borneensis, Phalaenopsis cornu-cervi, Phalaenopsis mannii, Phalaenopsis pantherina.*

Verbreitung: Indien bis Vietnam, Südostasien. Epiphytisch auf Bäumen im Regenwald, schattig und sonnig, von 0–1500 m.

Wuchsform: Monopodial; Wurzeln zahlreich, fleischig; Stamm 3–5 cm hoch; Blätter zweizeilig, schmal, hellgrün, 8–25 cm lang.

Blüte: Blütenstand seitlich, aufrecht, 15–50 cm lang; Blüte 3–4 cm groß. Die Blüten entwickeln sich nacheinander, es sind selten mehr als 2–4 Blüten gleichzeitig offen.

Besonderheiten: Grüne Blütenstände nicht abschneiden, blühen wieder, nachdem sie trockener gehalten wurden.

Polychilos		Proboscidioides
temp. – warm		temp. – warm
HS		HS
mäßig		mäßig
Nein		Ja
A		AB

Phalaenopsis
Gruppe: Proboscidioides
BLUME 1825

Arten: Nur eine Art.

Beispiele: *Phalaenopsis lowii.*

Verbreitung: Myanmar. Erster Fund um 1880 auf Zweigen wachsend in 2500 m Höhe. Im Jahr 2000 wurde diese Art auf Felsen wachsend an der Meeresküste wiederentdeckt.

Wuchsform: Monopodial; Wurzeln zahlreich, flach; Stamm 0,5–1 cm hoch; Blätter zweizeilig, breit, dunkelgrün, gepunktet, 3–12 cm lang.

Blüte: Blütenstand seitlich, aufrecht, 5–80 cm lang, verzweigend; mehrere Blüten 4–6 cm groß.

Besonderheiten: Blockkultur. Art benötigt morgens und abends viel Feuchtigkeit, sehr wärmeliebend. Die Standortbedingungen der Fundorte sind sehr unterschiedlich, Kulturangaben deswegen widersprüchlich!

Phalaenopsis equestris

Phalaenopsis tetraspis

Phalaenopsis
Gruppe: Stauroglottis
Blume 1825

Arten: 3 Arten.
Beispiele: *Phalaenopsis celebensis, Phalaenopsis equestris, Phalaenopsis lindenii.*
Verbreitung: Philippinen, Sulawesi und Taiwan. Epiphytisch auf Bäumen wachsend, meist an geschützten Stellen, selten terrestrisch, in 0–2000 m Höhe.
Wuchsform: Monopodial; Wurzeln zahlreich; Stamm 2–3 cm hoch; Blätter zweizeilig, schmal bis breit, 8–15 cm lang. *Phal. lindenii* und *celebense* sind buntlaubig.
Blüte: Blütenstand seitlich, aufrecht, 10–30 cm lang, überhängend; vielblütig, Blüte 3–5 cm, weiß- oder rosagrundig.
Besonderheiten: Topf- und Blockkultur möglich. *Phal. equestris* bildet Kindel. *Phal. lindenii* eher kühl, *Phal. celebensis* eher warm kultivieren.

Stauroglottis		Zebrinae
temp. – warm		warm
HS		HS
mäßig		mäßig
Nein		Ja
AB		A

Phalaenopsis
Gruppe: Zebrinae
Blume 1825

Arten: 9–10 Arten.
Beispiele: *Phalaenopsis cebrina, Phalaenopsis corningiana, Phalaenopsis fimbriata, Phalaenopsis sumatrana.*
Verbreitung: Indonesien. Epiphyten an schattigen Stellen im Regenwald, meist vor Regen geschützt auf der Unterseite von Ästen, in 0–800 m Höhe.
Wuchsform: Monopodial; Wurzeln zahlreich, fleischig; Stamm 2–3 cm hoch; Blätter zweizeilig, breit, hellgrün, 12–45 cm lang.
Blüte: Blütenstand seitlich, meist hängend, 5–20 cm lang; wenige bis mehrere Blüten, 4–8 cm groß, zum Teil duftend.
Besonderheiten: Grüne Blütenstände nicht abschneiden, bilden neue Blüten. Alle Arten sind sehr wärmeliebend.

Pholidota imbricata

Phragmipedium besseae

Pholidota

LINDLEY 1825

Arten: Etwa 30 Arten.
Beispiele: *Pholidota chinensis, Pholidota globosa, Pholidota griffithii, Pholidota imbricata.*
Verbreitung: Indien, Südostasien, Hongkong, bis Papua-Neuguinea, Australien und Philippinen. Epiphytisch oder lithophytisch im immergrünen Berg- oder Nebelwald, in 300–2800 m Höhe.
Wuchsform: Sympodial; Rhizome kurz bis lang; Pseudobulben, 4–6 cm; 1–2 krautige, endständige Blätter, 5–25 cm lang.
Blüte: Blütenstand meist hängend, selten aufrecht, dicht besetzt, bis 25 cm lang; vielblütig, Blüten 1–2 cm groß, häufig duftend.
Besonderheiten: Kultur im Körbchen oder Ampel empfohlen. Bei einigen Arten entwickeln sich auf den alten Pseudobulben neue.

Pholidota		Phragmipedium
kühl – temp.		temp. – warm
HS		HS – Sonne
feucht		mäßig – feucht
Ja		Nein
AC		A

Phragmipedium

ROLFE 1896

Arten: Etwa 20 Arten.
Beispiele: *Phragmipedium besseae, Phragmipedium caudatum, Phragmipedium lindenii, Phragmipedium pearcei.*
Verbreitung: Mittel- und Südamerika. Terrestrisch an feuchten, lehmigen Hängen, selten epiphytisch, meist in exponierten Lagen, in 200–1500 m Höhe.
Wuchsform: Sympodial; Wurzeln behaart; Rhizome kurz; Stamm kurz; dicht beblättert, Blätter hellgrün, fast ledrig, 4–12 cm breit, 15–75 cm lang.
Blüte: Blütenstand terminal, aufrecht, 25–80 cm hoch; 1–5 Blüten, 5–15 cm groß, Petalenlänge bis 85 cm.
Besonderheiten: Topfkultur. Temperiert bis sehr wärmeliebend, dabei trockene Luft vermeiden. Einige Arten können im Untersetzer mit Wasser stehen.

Platystele spec.

Plectrelminthus caudatus

Platystele

Schlechter 1910

Arten: Etwa 50 Arten (einige Autoren erkennen nur 10 Arten an).

Beispiele: *Platystele calantha, Platystele consobrina, Platystele densiflora, Platystele reflexa.*

Verbreitung: Von Mexiko bis Bolivien, auch Brasilien. Epiphytisch, in 300–2500 m Höhe im immerfeuchten Nebelwald, auf bemoosten Stämmen.

Wuchsform: Sympodial; Rhizome sehr kurz, büschelig; Stiel kurz, 5–20 mm lang; einblättrig, fleischig, 2–12 cm lang.

Blüte: Blütenstand terminal, sehr kurz, 2–3 cm lang, auf den Blättern liegend, auch aufrecht, bis 45 cm lang; eine bis viele Blüten, 0,1–1 cm groß.

Besonderheiten: Blockkultur vorteilhaft. Ganzjährig gleichmäßig feucht halten. Je nach Art kühl oder temperiert kultivieren.

Platystele		Plectrelminthus
kühl – temp.	Temperatur	temp. – warm
Sch – HS	Licht	HS – Sonne
feucht	Gießen	mäßig
Nein	Ruhezeit	Nein
AB	Substrat	AC

Plectrelminthus

Rafinesque 1838

Arten: Monotypisch, nur 1 Art.

Beispiele: *Plectrelminthus caudatus.*

Verbreitung: Weitverbreitet im westlichen Afrika. Epiphytisch auf den unteren Ästen großer Bäume in exponierter Lage wachsend.

Wuchsform: Monopodial; Wurzeln wenig, sehr dick und fleischig; Stamm kurz, 0,5–2 cm hoch; dicht beblättert, Blätter 3–4 cm breit, ledrig, 10–20 cm lang.

Blüte: Blütenstand seitlich, bis 60 cm lang, aufrecht bis überhängend, bis 60 cm lang; vielblütig, Blüte auf dem Kopf stehend, bis 6–8 cm groß, 20–25 cm langer Sporn, duftend.

Besonderheiten: Kultur im Körbchen oder Gittertopf empfohlen. Keine Ruhephase. Vorsicht vor Wasser in den Blattachseln.

Plectrophora cultrifolia

Pleione formosana

Plectrophora

FOCKE 1848

Arten: Etwa 9 Arten.

Beispiele: *Plectrophora alata, Plectrophora cultrifolia, Plectrophora edwallii, Plectrophora triquetra.*

Verbreitung: Nördliches Südamerika und Zentralamerika, hauptsächlich in den Anden. Meist epiphytisch in feuchten, lichten Wäldern, zwischen 300–1800 m Höhe.

Wuchsform: Sympodial; Rhizom sehr kurz, büschelig; Pseudobulben sehr klein; von 2–3 fleischigen Blättern umhüllt, 4–10 cm lang.

Blüte: Blütenstand basal entspringend, 4–8 cm lang; einblütig, Blüte 5–6 cm groß, weiß oder gelblich.

Besonderheiten: Blockkultur vorteilhaft; Topfkultur in sehr durchlässigem Substrat möglich. Morgens und abends für hohe Luftfeuchte sorgen.

Plectrophora		Pleione
temp.		kühl – temp.
HS		HS
feucht		feucht
Nein		Ja
AB		AE

Pleione

D. DON 1825

Arten: Etwa 12–15 Arten.

Beispiele: *Pleione formosana, Pleione forrestii, Pleione hookeriana, Pleione maculata.*

Verbreitung: Nordvietnam, Yunnan, Taiwan und Tibet. Epi- und lithophytisch in regenreichen Gebieten auf moosbewachsenen Bäumen und Felsen, in Höhenlagen von 900–3000 m.

Wuchsform: Sympodial; Rhizom sehr kurz; Pseudobulben klein, 2–4 cm groß; 1–2 gipfelständige Blätter, krautig, 15–25 cm lang.

Blüte: Blütenstand terminal aus dem Neutrieb entspringend, 4–8 cm lang; 1–2 Blüten, 6–12 cm groß, weiß-rosa.

Besonderheiten: Topfkultur empfohlen. Im Frühjahr bei Erscheinen des Neutriebes gießen und düngen; ab Herbst sehr trocken und kühl, aber frostfrei, kultivieren.

Pleurothallis prolifera

Podangis dactyloceras

Pleurothallis

R. Brown 1813

Arten: Weit mehr als 1000 Arten.
Beispiele: *Pleurothallis convallaria, Pleurothallis gargantua, Pleurothallis sonderana, Pleurothallis viduata.*
Verbreitung: In den Tropen Amerikas. Meist epiphytisch in Büschen und Bäumen im Regen- oder Nebelwald in 100–3500 m Höhe.
Wuchsform: Sympodial; Rhizom sehr kurz, büschelig; Blätter gestielt, Stiel 1–15 cm lang, Blatt schmal länglich bis rund, 2–30 cm lang, 0,5–30 cm breit.
Blüte: Blütenstand gipfelbürtig, 2–45 cm lang; eine bis viele Blüten, 0,2–6 cm groß.
Besonderheiten: Bei kleineren Arten Blockkultur empfohlen, ansonsten Topfkultur. Alle Arten mögen hohe Luftfeuchte. Der Anspruch an die Kulturtemperatur ist sehr unterschiedlich.

Podangis

Schlechter 1918

Arten: Monotypisch, nur 1 Art.
Beispiele: *Podangis dactyloceras.*
Verbreitung: An der Westküste Afrikas. Epiphytisch im immergrünen Regenwald, häufig in der Nähe von Wasserfällen oder Flussläufen, in 750–1950 m Höhe.
Wuchsform: Monopodial; Wurzeln fleischig; Stamm sehr kurz, Seitentriebe bildend; dicht zweizeilig, fächerartig beblättert, Blatt fleischig, 4–8 cm lang.
Blüte: Blütenstand seitlich entspringend, kurz, 3–5 cm lang; vielblütig, doldig, Blütengröße 0,7–1,2 cm, Sporn 1,5 cm lang.
Besonderheiten: Block- und Topfkultur möglich. Für hohe Luftfeuchte am Morgen und Abend sorgen. Vorsichtig düngen.

Pleurothallis		Podangis
kühl – temp.	(Temperatur)	temp. – warm
Sch – HS	(Licht)	HS – Sonne
feucht	(Gießen)	mäßig
Nein	(Ruhezeit)	Nein
AB	(Kultur)	AB

Pollardia linkiana

Polycycnis escobariana

Pollardia

WITHNER & P. A. HARDING 2004

Arten: Etwa 16 Arten.

Beispiele: *Pollardia linkiana, Pollardia livida, Pollardia pringlei, Pollardia tripunctata.*

Verbreitung: Guatemala, Panama, Costa Rica, Mexiko, Peru, Venezuela und Honduras. Epiphytisch auf Bäumen im Regen- oder Nebelwald, in 100–2700 m Höhe.

Wuchsform: Sympodial; Rhizom kurz, 1–3 cm; Pseudobulben eiförmig länglich, 4–8 cm lang; 1–2 Blätter, gipfelständig, schmal länglich, 5–18 cm lang.

Blüte: Blütenstand gipfelständig, 15–45 cm lang; 3–30 Blüten, locker bis dicht besetzt.

Besonderheiten: Block- und Topfkultur möglich. Im Winter deutlich trockener und etwas kühler halten.

Pollardia		Polycycnis
temp. – warm		*temp. – warm*
HS – Sonne		*Sch – HS*
mäßig		*feucht*
Ja		*Ja*
AB		*AB*

Polycycnis

REICHENBACH f. 1855

Arten: Etwa 15 Arten.

Beispiele: *Polycycnis annectans, Polycycnis aurita, Polycycnis barbata, Polycycnis trullifera.*

Verbreitung: Weit verbreitet in Mittelamerika. Epiphytisch und lithophytisch auf moosbedecktem Untergrund, an feuchten und schattigen Stellen, in 800–2300 m Höhe

Wuchsform: Sympodial; kurzes Rhizom, büschelig; eiförmige Bulben, bis 7 cm hoch; ein endständiges Blatt, ledrig, bis 40 cm hoch, 12 cm breit.

Blüte: Blütenstand basal entspringend, aufrecht, überhängend bis hängend, bis 50 cm lang; zahlreiche Blüten, 2–4 cm groß.

Besonderheiten: Im Winter trockener, aber nicht kühler kultivieren.

Polystachya paniculata

Pomatocalpa wendlandorum

Polystachya

HOOKER 1824

Arten: Über 150 Arten.
Beispiele: *Polystachya bifida, Polystachya concreta, Polystachya paniculata, Polystachya zambesiaca.*
Verbreitung: Afrika, Madagaskar, Asien und in den Tropen Amerikas. Epi- und lithophytisch, häufig in feucht-warmen Gebieten, in 1000–2500 m Höhe.
Wuchsform: Rhizom kurz, büschelig; Stämme einfach oder pseudobulbenartig, 5–22 cm hoch; ein- bis vielblättrig, Blätter 5–30 cm lang, gestielt lanzettlich.
Blüte: Blütenstand terminal, aufrecht, 4–25 cm hoch; ein- bis vielblütig, kurz oder lang gestielt (nur bei Einzelblüten), 0,3–2 cm groß, aufrecht.
Besonderheiten: Topfkultur möglich. Kleine Arten besser aufgebunden kultivieren.

Polystachya		Pomatocalpa
temp. – warm		temp. – warm
HS		Sonne
mäßig – feucht		mäßig
Ja		Nein
AB		AB

Pomatocalpa

BREDA, KUHL & HASSELT 1829

Arten: Etwa 40 Arten.
Beispiele: *Pomatocalpa kunstleri, Pomatocalpa latifolium, Pomatocalpa spicata, Pomatocalpa wendlandorum.*
Verbreitung: Südostasien, Indonesien, Neuguinea, Australien bis Philippinen. Epi- oder lithophytisch im immergrünen Regenwald, in 0–1100 m Höhe.
Wuchsform: Monopodial; wenige, fleischige Wurzeln; kurze, dicht beblätterte Stämme; Blattspanne 15–40 cm, Blätter graugrün, sehr hart bis ledrig.
Blüte: Blütenstand seitlich, waagerecht bis hängend, 15–120 cm, verzweigend; mit zahlreichen kleinen Blüten traubig besetzt, Blüten 0,3–0,8 cm klein.
Besonderheiten: Topfkultur empfohlen. Hoher Lichtbedarf. Für gleichmäßig hohe Luftfeuchte sorgen.

Porroglossum nutibara

Promenaea xanthina

Porroglossum

SCHLECHTER 1920

Arten: Etwa 27 Arten.

Beispiele: *Porroglossum andreettae, Porroglossum dalstroemii, Porroglossum hirtzii, Porroglossum nutibara.*

Verbreitung: In den Anden Kolumbiens, Ecuadors, Boliviens, Perus und Venezuelas, auf bemoosten Baumstämmen und Ästen, im Nebelwald von 1300–3200 m Höhe, auch terrestrisch im Lehm.

Wuchsform: Sympodial; Rhizome sehr kurz, büschelig; sehr kurzer Stamm; einblättrig, Blätter 5–8 cm lang, schmal, fleischig, 3–8 cm lang.

Blüte: Blütenstand basal, aufrecht, 10–15 cm lang; mehrblütig, hintereinander aufblühend, Blüte 1–3 cm groß.

Besonderheiten: Topfkultur vorteilhaft, Blockkultur möglich. Gleichmäßig feucht kultivieren.

Porroglossum		Promenaea
temp.		*temp.*
HS		*Sch – HS*
feucht		*feucht*
Nein		*Ja*
AB		*AB*

Promenaea

LINDLEY 1843

Arten: Etwa 14 Arten.

Beispiele: *Promenaea guttata, Promenaea lentiginosa, Promenaea stapelioides, Promenaea xanthina.*

Verbreitung: Im südlichen Brasilien. Epiphytisch an feucht-warmen Orten, seltener lithophytisch auf bemoosten Steinen, in 1500–2200 m Höhe.

Wuchsform: Sympodial; Rhizome sehr kurz, büschelig; Pseudobulben klein, 2–4 cm groß; zweiblättrig, Blätter 5–12 cm lang, krautig, 6–12 cm lang.

Blüte: Blütenstand basal, waagerecht bis hängend, 5–10 cm lang; 1–3 Blüten, 3–6 cm groß.

Besonderheiten: Topfkultur vorteilhaft, Blockkultur möglich. Neutriebe sollten sehr schnell abtrocknen. Sparsam düngen!

Prosthechea vitellina

Psychilis bifida

Prosthechea

KNOWLES & WESTCOTT 1838

Arten: Etwa 15 Arten.

Beispiele: *Prosthechea bicamerata, Prosthechea elisae, Prosthechea glauca, Prosthechea vitellina.*

Verbreitung: In der Karibik in 0–1500 m Höhe, in trockenen, luftfeuchten Gegenden; in Mexiko, Mittelamerika und Brasilien in 1900–3500 m Höhe im Nebel- oder Regenwald. Epiphyten.

Wuchsform: Sympodial; Rhizom kurz, 1–2 cm; Pseudobulben spindelförmig, 3–8 cm hoch; endständig mit 2 Blättern besetzt, Blätter fleischig, ledrig, 10–35 cm lang.

Blüte: Blütenstände endständig, aufrecht, 10–40 cm hoch; locker vielblütig im oberen Drittel, Blüte 2–5 cm groß.

Besonderheiten: Diese Arten werden außerhalb der Wachstumsphase trocken gehalten.

Prosthechea	Psychilis
temp. – warm	temp. – warm
Sonne	Sonne
mäßig	mäßig
Ja	Ja
AB	AB

Psychilis

RAFINESQUE 1838

Arten: Etwa 15 Arten.

Beispiele: *Psychilis bifida, Psychilis krugii, Psychilis truncata, Psychilis vernicosa.*

Verbreitung: Westindische Inseln, Dominikanische Republik, Puerto Rico, Hispaniola und Kuba. Epiphytisch von Meereshöhe bis 1100 m.

Wuchsform: Sympodial; Rhizom kurz, 1–2 cm; Pseudobulben spindelförmig, 3–8 cm hoch; endständig mit 2 schmalen, fleischigen Blättern besetzt, Blätter 12–45 cm lang.

Blüte: Blütenstände endständig, aufrecht, 20–50 cm hoch; locker vielblütig, 10–30 Blüten, blühen hintereinander auf, 2–5 cm groß.

Besonderheiten: Diese Arten werden nur in der Wachstumsphase gegossen. In der Ruhephase nur besprühen. Blockkultur möglich.

Psychopsiella limminghei

Psychopsis krameriana

Psychopsiella

Lueckel & Braem 1982

Arten: Monotypisch, nur 1 Art.
Beispiele: *Psychopsiella limminghei.*
Verbreitung: Brasilien und Venezuela. Epiphytisch auf Bäumen, meist in Gebieten mit hoher Luftfeuchte und geringen Niederschlägen wachsend, in 200–500 m Höhe.
Wuchsform: Sympodial; Rhizom kriechend, 1–2 cm lang; Pseudobulben abgeflacht, auf dem Boden kriechend, 2–3 cm groß; endständig mit einem schmalen, fleischigen Blatt, 3–4 cm groß.
Blüte: Blütenstände terminal, aufrecht, 10–20 cm hoch; Einzelblüte, 2–5 cm groß.
Besonderheiten: Blockkultur, am besten auf Hartholz oder Kork aufbinden. Regelmäßiges Besprühen morgens und abends, Pflanzen sollten schnell abtrocknen.

Psychopsiella	Psychopsis
temp. – warm	temp. – warm
Sonne	Sonne
mäßig	mäßig
Nein	Nein
AB	AB

Psychopsis

Rafinesque 1838

Arten: Etwa 5 Arten.
Beispiele: *Psychopsis krameriana, Psychopsis papilio, Psychopsis sanderae, Psychopsis versteegiana.*
Verbreitung: Peru, Surinam, Ecuador, Bolivien, auch Brasilien. Epiphytisch auf Bäumen, in 200–1200 m Höhe.
Wuchsform: Sympodial; Rhizom kriechend, 1–2 cm lang; Pseudobulben abgeflacht, 4–8 cm groß; endständig mit einem ledrigen Blatt, bis 25 cm lang, gefleckt.
Blüte: Blütenstände terminal, aufrecht, 40–120 cm hoch; Einzelblüte, blüht mehrmals hintereinander, 8–15 cm groß.
Besonderheiten: Blockkultur empfohlen, am besten auf Hartholz oder Kork. Topfkultur möglich. Neutriebe sind sehr empfindlich gegen Feuchtigkeit, für schnelles Abtrocknen sorgen.

Psygmorchis glossomystax

Pteroceras semiteretifolium

Psygmorchis

Dodson & Dressler 1972

Arten: Etwa 5 Arten.

Beispiele: *Psygmorchis glossomystax, Psygmorchis pumilio, Psygmorchis pusilla, Psygmorchis zamorensis.*

Verbreitung: In den Tropen Mittel- und Südamerikas. Epiphytisch auf Zweigen, meist Guave oder Kaffeesträucher, in 230–1400 m Höhe.

Wuchsform: Sympodial; Wurzeln fein, büschelig; ohne Pseudobulben; Blätter fächerartig angeordnet, 3–7 cm lang.

Blüte: Blütenstände blattachselbürtig, waagerecht bis hängend, kurz, 3–4 cm lang; 1–3 gelbe Blüten ähneln denen der Gattung *Oncidium*.

Besonderheiten: Blockkultur bei gleichmäßiger Luftfeuchte empfohlen. Am Naturstandort bildet sich morgens und abends viel Tau.

Psygmorchis		Pteroceras
temp.		temp. – warm
HS – Sonne		Sonne
feucht		mäßig
Nein		Nein
B		AB

Pteroceras

Hasselt & Hasskuhlt 1842

Arten: Etwa 20–40 Arten.

Beispiele: *Pteroceras compressum, Pteroceras pallidum, Pteroceras semiteretifolium, Pteroceras simondianum.*

Verbreitung: Südostasien, Indonesien bis Philippinen. Epiphytisch auf Bäumen im Tropenwald wachsend, von Meereshöhe bis 1500 m Höhe.

Wuchsform: Monopodial; einen kurzen, beblätterten Stamm bildend, 2–10 cm hoch; Blätter schmal, fleischig bis sukkulent, Blattspanne 4–12 cm.

Blüte: Blütenstände seitlich entspringend, waagerecht bis hängend, 2–25 cm lang; 2–20 Blüten, hintereinander oder gleichzeitig öffnend, 1–4 cm groß, meist kurze Blütezeit.

Besonderheiten: Blockkultur empfohlen, Topfkultur möglich.

Pterostylis curta

Renanthera monachica

Pterostylis

R. BROWN 1810

Arten: Etwa 150 Arten.

Beispiele: *Pterostylis curta, Pterostylis erecta, Pterostylis nana, Pterostylis nutans.*

Verbreitung: Australien, Neuseeland, Neukaledonien und Neuguinea. Terrestrisch auf grasbewachsenen Hängen, in Regenwäldern oder an Wasserläufen.

Wuchsform: Sympodial; unterirdische, ellipsenförmige bis ovale Knollen, 1–2 cm groß; Blätter in einer grundständigen Rosette oder am Stamm entlang stehend.

Blüte: Blütenstand terminal, 15–45 cm hoch, aufrecht; 1–4 Blüten, 1–5 cm groß.

Besonderheiten: Topfkultur. Im Winter bei 5–10 °C kultivieren. Substratmischung für terrestrische Orchideen verwenden. Staunässe vermeiden.

kühl – temp.		warm
HS		HS – Sonne
feucht		mäßig
Ja		Nein
AE		AC

Renanthera

LOUREIRO 1790

Arten: Etwa 15 Arten.

Beispiele: *Renanthera coccinea, Renanthera monachica, Renanthera imschootiana, Renanthera philippinensis.*

Verbreitung: In Südostasien bis zu den Philippinen. Lithophytisch, terrestrisch in Sand oder epiphytisch wachsend, halbschattig bis exponiert, in 50–1500 m Höhe.

Wuchsform: Monopodial; Wurzeln wenig, fleischig; Stamm 30–300 cm lang; dicht zweizeilig beblättert, Blätter schmal, ledrig bis sukkulent, 8–15 cm lang,

Blüte: Ein bis mehrere aufrechte oder überhängende, verzweigende Blütenrispen; zahlreiche, 3–7 cm große Blüten, meist orangerot leuchtend.

Besonderheiten: Kultur im Körbchen oder Topf möglich. Kletterhilfe erforderlich.

Restrepia antennifera var. *gigantea*

Restrepiopsis inaequalis

Restrepia

Kunth 1815

Arten: Über 40 Arten.

Beispiele: *Restrepia antennifera, Restrepia elegans, Restrepia filamentosa, Restrepia striata.*

Verbreitung: Venezuela, Kolumbien, Peru, Bolivien und Ecuador. Epiphytisch auf moosbewachsenen Ästen im Nebelwald, in 1500–3900 m Höhe.

Wuchsform: Sympodial; Wurzeln fein; Rhizom sehr kurz, büschelig; Blätter gestielt, Stiel 3–5 cm lang; Blatt schmal bis breit, 4–8 cm lang.

Blüte: Blütenstand blattachselbürtig, 4–6 cm hoch; Einzelblüte, 2–7 cm groß. Meist orangebräunlich bis braunviolett gefärbt.

Besonderheiten: Kleinere Arten sind für Blockkultur geeignet. Einige Arten lassen sich über Blattstecklinge vermehren. Auf gute Wasserqualität achten.

Restrepia		Restrepiopsis
kühl – temp.		*kühl – temp.*
HS		*HS*
feucht		*feucht*
Nein		*Nein*
AB		*AB*

Restrepiopsis

Luer 1978

Arten: Etwa 18 Arten.

Beispiele: *Restrepiopsis inaequalis, Restrepiopsis norae, Restrepiopsis powersii, Restrepiopsis striata.*

Verbreitung: Venezuela, Kolumbien, Peru, Bolivien und Ecuador. Epiphytisch auf moosbewachsenen Ästen im Nebelwald, in 1500–2800 m Höhe.

Wuchsform: Sympodial; Wurzeln fein; Rhizom sehr kurz, büschelig; Stämme 2–3 cm hoch; 1 endständiges Blatt, schmal bis breit, 4–6 cm lang.

Blüte: Blütenstand blattachselbürtig, 2–4 cm hoch; zum Teil mehrblütig, blühen hintereinander, Blütengröße 0,3–1 cm. Blüten oft auf der Blattunterseite.

Besonderheiten: Block- oder Topfkultur möglich. Wie bei *Restrepia* auf gute Wasserqualität achten.

Rhyncholaelia digbyana

Rhynchostele rossii

Rhyncholaelia

SCHLECHTER 1918

Arten: 2 Arten.

Beispiele: *Rhyncholaelia digbyana, Rhyncholaelia glauca.*

Verbreitung: Costa Rica, Belize, Guatemala, Honduras und Mexiko. Epiphyten meist exponierter Lagen, in bis zu 1500 m Höhe.

Wuchsform: Sympodial; Wurzeln fleischig; Pseudobulben aufrecht, 10–15 cm hoch; einblättrig, Blatt sukkulent, fleischig, schmal, 12–20 cm lang.

Blüte: Blütenstand blattachselbürtig, 4–9 cm lang, aufrecht; 1–3 weiße Blüten, feste Textur, 10–16 cm groß, duftend.

Besonderheiten: Topfkultur empfohlen. Arten reagieren sehr empfindlich auf Staunässe und benötigen viel Licht zur Blüteninduktion. Blütenstand anstäben, kann durch Gewicht der Blüte brechen.

Rhyncholaelia		Rhynchostele
temp. – warm		*kühl – temp.*
Sonne		*Sch – HS*
gering		*feucht*
Ja		*Ja*
AB		*A*

Rhynchostele

REICHENBACH f. 1852

Arten: Etwa 15 Arten.

Beispiele: *Rhynchostele bictoniense, Rhynchostele cordata, Rhynchostele rossii, Rhynchostele uroskinneri.*

Verbreitung: Hauptsächlich in Mexiko, aber auch Mittelamerika. Epiphytisch auf Bäumen im Nebelwald, selten lithophytisch, in 1750–3000 m Höhe.

Wuchsform: Sympodial; Pseudobulben oval, flach, beblättert, 3–7 cm hoch; 1–2 endständige Blätter, Blatt krautig, schmal, 10–30 cm lang.

Blüte: Blütenstände blattachselbürtig, aufrecht bis überhängend, traubig besetzt, 10–90 cm lang; 3–20 Blüten, 4–6 cm groß.

Besonderheiten: Tagsüber bei etwa 22 °C kultivieren, nachts bei etwa 12 °C. Am Naturstandort bildet sich morgens und abends viel Tau.

Rhynchostylis coelestis

Rhytionanthos mirum

Rhynchostylis

Blume 1825

Arten: Etwa 4–6 Arten.

Beispiele: *Rhynchostylis coelestis, Rhynchostylis gigantea, Rhynchostylis praemorsa, Rhynchostylis retusa.*

Verbreitung: Vietnam, Malaysia, Indonesien und Philippinen. Epiphytisch in lichten Savannenwäldern, in 0–700 m Höhe.

Wuchsform: Monopodial; Wurzeln dick, fleischig; dicht beblätterter Stamm, 3–30 cm hoch; Blätter zweizeilig, sukkulent bis fleischig, zahlreich, 15–30 cm lang.

Blüte: Blütenstände seitlich, aufrecht oder hängend, traubig, dicht besetzt; Blüten 1–3 cm groß, starke Textur.

Besonderheiten: Kultur im Körbchen empfohlen. Morgens und abends regelmäßig Blattunterseiten besprühen. Zahlreiche Farbvarietäten.

Rhynchostylis		Rhytionanthos
warm		temp. – warm
Sonne		HS
gering		mäßig
Nein		Nein
C		ABD

Rhytionanthos

Garay, Hamer & Siegerist 1994

Arten: Über 10 Arten.

Beispiele: *Rhytionanthos bootanense, Rhytionanthos cornutum, Rhytionanthos mirum, Rhytionanthos plumatum.*

Verbreitung: Vietnam, Himalaja, Laos, Sumatra, Java, Malaysia und Philippinen. Epiphytisch kletternd im tropischen Regenwald, in 1000–1500 m Höhe.

Wuchsform: Sympodial; Wurzeln fein; deutliche, kriechende Rhizome, 1–3 cm lang; Pseudobulben eirund, 2–4 cm groß; 1 endständiges, fleischiges Blatt, 5–15 cm lang.

Blüte: Blütenstand aufrecht oder waagerecht, 3–25 cm lang; 1–4 Blüten, 2–10 cm groß.

Besonderheiten: Kultur in flachen Schalen oder Blockkultur empfohlen.

Robiquetia cerina

Rodriguezia venusta

Robiquetia
BLUME 1829

Arten: Etwa 40 Arten.

Beispiele: *Robiquetia cerina, Robiquetia merrillii, Robiquetia mooreana, Robiquetia spathulata.*

Verbreitung: Südostasien, Salomonen, Borneo bis Nordaustralien und Philippinen. Epiphytisch häufig exponiert in Flussnähe, in 200–1500 m Höhe.

Wuchsform: Monopodial; Wurzeln fleischig; dicht oder locker beblätterter Stamm, 20–150 cm hoch; Blätter zweizeilig, fleischig, zahlreich, 8–25 cm lang.

Blüte: Blütenstände seitlich, hängend, traubig, 14–40 cm lang, sehr dicht bis locker besetzt; wenige bis viele Blüten, 0,3–2 cm groß.

Besonderheiten: Kultur im Körbchen oder Topf möglich. Kletterhilfe bei größeren Pflanzen nötig.

Robiquetia		Rodriguezia
warm		temp.
Sonne		HS
mäßig		mäßig
Nein		Nein
AC		AB

Rodriguezia
RUIZ & PAVON 1894

Arten: Etwa 35 Arten.

Beispiele: *Rodriguezia candida, Rodriguezia batemanii, Rodriguezia secunda, Rodriguezia venusta.*

Verbreitung: In den amerikanischen Tropen mit dem Schwerpunkt Brasilien. Epiphytisch, häufig auf Guave und Kaffeebäumen wachsend, in 300–1800 m Höhe.

Wuchsform: Sympodial; Wurzeln fein, zahlreich, kriechend; Rhizome 2–3 cm lang, kriechend; Pseudobulben abgeflacht, 2–5 cm hoch, beblättert; 1–2 endständige, ledrige Blätter.

Blüte: Blütenstände blattachselbürtig, 10–35 cm lang, aufrecht bis überhängend, locker besetzt; 3–25 Blüten, 2–4 cm groß.

Besonderheiten: Blockkultur ist empfehlenswert, Kultur im Topf ist schwierig. Pflanzen müssen schnell abtrocknen.

Rodrigueziella gomezoides

Rossioglossum grande

Rodrigueziella

O. Kuntze 1891

Arten: Etwa 6 Arten.

Beispiele: *Rodrigueziella gomezoides, Rodrigueziella handroi, Rodrigueziella verboonenii.*

Verbreitung: In den Küstengebirgen Brasiliens. Epiphytisch auf Büschen in feuchten Regenwaldgebieten wachsend, in 500–600 m Höhe.

Wuchsform: Sympodial; Wurzeln fein, zahlreich, kriechend; Rhizome 1–2 cm lang, büschelig bis kriechend; Pseudobulben abgeflacht, 2–4 cm hoch; 1–2 endständige Blätter.

Blüte: Blütenstände blattachselbürtig, 10–15 cm lang, überhängend, locker besetzt; 10–15 meist nicht resupinierende Blüten, 1–3 cm groß.

Besonderheiten: Blockkultur empfohlen, Kultur im Topf schwierig. Pflanzen müssen nach dem Gießen oder Sprühen schnell abtrocknen.

Rodrigueziella		Rossioglossum
temp. – warm		kühl – temp.
HS		Sch – HS
feucht		feucht
Nein		Ja
AB		A

Rossioglossum

(Schlechter) Garay & Kennedy 1976

Arten: Etwa 6 Arten.

Beispiele: *Rossioglossum grande, Rossioglossum insleayi, Rossioglossum splendens, Rossioglossum williamsianum.*

Verbreitung: In Mittelamerika von Mexiko bis Panama. Epiphytisch im Regenwald an schattigen, feuchten Stellen, in 1400–2700 m Höhe.

Wuchsform: Sympodial; Wurzeln fleischig; Rhizom kurz, büschelig; Pseudobulben eiförmig rund, 4–12 cm hoch; 2 endständige Blätter, Blatt ledrig, breit, 20–30 cm lang.

Blüte: Blütenstände vielblütig, aufrecht bis überhängend, traubig besetzt, 25–60 cm lang; 3–10 Blüten, Blüte meist sternförmig, 8–15 cm groß.

Besonderheiten: Wurzeln sind sehr empfindlich, vorsichtig umpflanzen.

Rudolfiella floribunda

Sarcochilus fitzgeraldii

Rudolfiella

Hoehne 1944

Arten: Etwa 5 Arten.

Beispiele: *Rudolfiella aurantiaca, Rudolfiella floribunda, Rudolfiella picta, Rudolfiella saxicola.*

Verbreitung: Tropisches Mittelamerika und nördliches Südamerika bis Peru und Brasilien. Epi- oder lithophytisch im feuchten Regenwald, in 200–800 m Höhe.

Wuchsform: Sympodial; Rhizom kurz; Pseudobulben stark fleischig und fest, 3–6 cm groß; endständig einblättrig, Blätter gestielt, ledrig, 10–40 cm hoch.

Blüte: Blütenstand basal entspringend, aufrecht überhängend, 15–35 cm hoch; 3–15 endständige Blüten, 3–4 cm groß.

Besonderheiten: Topfkultur empfohlen, Blockkultur möglich.

Rudolfiella		Sarcochilus
temp. – warm		warm
HS – Sonne		Sonne
mäßig		mäßig
Ja		Nein
AB		AB

Sarcochilus

R. Brown 1810

Arten: Etwa 12 Arten.

Beispiele: *Sarcochilus ceciliae, Sarcochilus falcatus, Sarcochilus fitzgeraldii, Sarcochilus hartmannii.*

Verbreitung: Nordost-Australien. Epi- oder lithophytisch, an einem hellen Standort, meist in der Nähe von Wasserläufen, in 0–1000 m Höhe.

Wuchsform: Monopodial; Wurzeln fleischig; kurzer Stamm, gelegentlich verzweigend, 1–7 cm hoch; Blätter zweizeilig, schmal, fleischig bis sukkulent, 4–12 cm lang.

Blüte: Blütenstand blattachselbürtig, aufrecht bis überhängend, 2–15 cm hoch; 4–10 Blüten, 1–3 cm groß.

Besonderheiten: Kultur im Topf wie bei *Phalaenopsis.* Kleinere Arten bevorzugen Blockkultur.

Sauroglossum elatum

Scaphosepalum swertiifolium

Sauroglossum

Lindley 1833

Arten: Etwa 9 Arten.

Beispiele: *Sauroglossum dromadum, Sauroglossum elatum, Sauroglossum nigricans, Sauroglossum nitidum.*

Verbreitung: Weit verbreitet in Süd- und Mittelamerika und auf den Westindischen Inseln. Terrestrisch an schattigen Stellen unter Büschen, in 1000–3000 m Höhe.

Wuchsform: Sympodial; Wurzeln knollenartig, unterirdisch; Stamm kurz; Blätter rosettenförmig angeordnet, aufrecht, Blätter 15–25 cm lang, 4–6 cm breit.

Blüte: Blütenstand terminal, aufrecht, 50–95 cm hoch, traubig, locker besetzt; sehr viele Blüten, 0,8–2 cm groß, nicht resupinierend.

Besonderheiten: Gleichmäßig feucht halten. Sandiges Gemisch als Kultursubstrat verwenden.

Sauroglossum		Scaphosepalum
kühl – temp.		kühl – temp.
Sch		HS
feucht		mäßig – feucht
Ja		Nein
E		AB

Scaphosepalum

Pfitzer 1888

Arten: Über 20 Arten.

Beispiele: *Scaphosepalum anchoriferum, Scaphosepalum swertiifolium, Scaphosepalum triceratops, Scaphosepalum verrucosum.*

Verbreitung: Tropisches Amerika, von Mexiko bis Bolivien. Epi-, lithophytisch und terrestrisch wachsend, in 1500–3500 m Höhe.

Wuchsform: Sympodial; Rhizome sehr kurz, büschelig; Stiel sehr kurz, 0,2–2 cm lang; einblättrig, fleischig bis ledrig, 3–8 cm lang.

Blüte: Blütenstand terminal, meist aufrecht bis überhängend, 7–25 cm lang; Einzelblüten, blühen nacheinander, Blüte 1–5 cm groß.

Besonderheiten: Blockkultur vorteilhaft, Topfkultur möglich. Ganzjährig gleichmäßig feucht halten. Es gibt kühl und temperiert zu kultivierende Arten.

Schoenorchis pachyacris

Schomburgkia lyonsii

Schoenorchis

Blume 1825

Arten: Über 25 Arten.

Beispiele: *Schoenorchis fragrans, Schoenorchis gemmata, Schoenorchis juncifolia, Schoenorchis pachyacris.*

Verbreitung: Myanmar bis Neuguinea. Zumeist epiphytisch auf bemoosten Nadelbäumen im Regen- oder Nebelwald wachsend, in 450–2500 m Höhe.

Wuchsform: Monopodial; Wurzeln spärlich; Stamm 0,5–60 cm hoch, gelegentlich an der Basis verzweigend; dicht bis locker beblättert, Blätter fleischig bis sukkulent, 1,5–10 cm lang.

Blüte: Blütenstand seitlich entspringend, 1,5–25 cm lang, auch verzweigend; wenige bis zahlreiche Blüten, klein und fleischig.

Besonderheiten: Je nach Größe aufgebunden oder im Körbchen zu kultivieren.

Schoenorchis		Schomburgkia
temp. – warm		temp. – warm
HS – Sonne		Sonne
mäßig		mäßig
Nein		Ja
ABC		A

Schomburgkia

Lindley 1838

Arten: Etwa 12 Arten.

Beispiele: *Schomburgkia crispa, Schomburgkia splendida, Schomburgkia superbiens, Schomburgkia undulata.*

Verbreitung: Mittelamerika und Westindische Inseln, bis Nordbrasilien. Epiphytisch in Höhenlagen von 200–2000 m, exponiert auf Bäumen.

Wuchsform: Sympodial; Wurzeln fleischig; Rhizom kriechend; Pseudobulben spindelförmig, büschelig, 20–40 cm hoch; endständig zweiblättrig, Blätter 20–50 cm lang, ledrig-sukkulent.

Blüte: Blütenstände endständig der Pseudobulbe entspringend, Infloreszenz bis 250 cm lang, aufrecht bis überhängend; bis zu 60 Blüten, 5–12 cm groß.

Besonderheiten: Topfkultur. Nach Triebabschluss Pflanzen lange trocken halten.

Scuticaria kautskyi

Sedirea japonica

Scuticaria

LINDLEY 1843

Arten: Etwa 5 Arten.

Beispiele: *Scuticaria hadwenii, Scuticaria irwiniana, Scuticaria salesiana, Scuticaria steelei.*

Verbreitung: Brasilien, Guayana und Venezuela. Epi- und lithophytisch, z. T. in trockenen Gegenden mit starker Taubildung, in 600–2000 m Höhe.

Wuchsform: Sympodial; Wurzeln fleischig; Rhizom kriechend; Stamm sehr kurz; einblättrig, Blatt endständig, stielrund-sukkulent, 5–145 cm lang, längsrinnig, aufrecht oder hängend.

Blüte: Blütenstände endständig der Pseudobulbe entspringend, aufrecht oder hängend, 5–15 cm lang; eine oder zwei Blüten (selten), 5–9 cm groß.

Besonderheiten: Kultur im Gittertopf oder Körbchen empfohlen, Blockkultur möglich.

Scuticaria	Sedirea
temp.	temp. – warm
HS	HS – Sonne
gering	mäßig
Nein	Nein
ABC	AB

Sedirea

GARAY & H.R. SWEET 1974

Arten: Monotypisch, wahrscheinlich nur 1 Art.

Beispiele: *Sedirea japonica.*

Verbreitung: China, Korea, Japan, Riukiu-Inseln. Epiphytisch auf Laubbäumen an hellen Plätzen, in Meereshöhe bis 1500 m.

Wuchsform: Monopodial; Wurzeln fleischig; Stämme sehr kurz, dicht beblättert; Blätter breit, hart, 6–12 cm lang.

Blüte: Blütenstand bis 12 cm lang, hängend, dicht besetzt; 3–10 Blüten, 2–3 cm groß, grünlich bis cremeweiß mit roten Streifen, duftend.

Besonderheiten: Topf- oder Blockkultur. Hell und warm kultivieren. Es gibt zahlreiche Varietäten, die insbesondere in Japan gesammelt werden.

Seidenfadenia mitrata

Sievekingia herrenhusana

Seidenfadenia
GARAY 1972

Arten: Monotypisch, nur 1 Art
Beispiele: *Seidenfadenia mitrata.*
Verbreitung: Myanmar und Thailand. Epiphyten hoher Bäume in tropischen, luftfeuchten Gebieten, in 100–800 m Höhe.
Wuchsform: Monopodial; Stamm dicht beblättert, 3–10 cm hoch, aufrecht oder hängend; Blätter schmal, fleischig, stielrund, 15–30 cm lang, z. T. hängend wachsend.
Blüte: Blütenstände seitlich, aufrecht bis überhängend, 10–20 cm lang; dicht besetzt mit 8–25 Blüten, 1,5–3 cm groß, duftend.
Besonderheiten: Blockkultur empfohlen, Kultur im Gitterkorb möglich. Art benötigt viel Licht, Wärme und hohe Luftfeuchte.

Seidenfadenia		Sievekingia
temp. – warm		*temp.*
Sonne		*HS*
mäßig		*feucht*
Nein		*Nein*
BC		*C*

Sievekingia
REICHENBACH f. 1871

Arten: Etwa 14 Arten.
Beispiele: *Sievekingia fimbriata, Sievekingia hirtzii, Sievekingia peruviana, Sievekingia reichenbachiana.*
Verbreitung: In den amerikanischen Tropen, Costa Rica, Panama, Kolumbien. Epiphytisch in 800–1200 m Höhe, regenreiche Gebiete bevorzugt.
Wuchsform: Sympodial; Pseudobulben büschelig angeordnet, kantig, 2–3,5 cm hoch; 1–2 endständige Blätter, Blätter fest, gestielt, 15–25 cm lang, krautig bis ledrig.
Blüte: Mehrere Blütenstände am Grunde der Pseudobulben entspringend, traubig, hängend, locker vielblütig, 5–12 cm lang; 4–12 Blüten, 4–7 cm groß.
Besonderheiten: Nur die Kultur im Körbchen ist möglich.

Sigmatostalix eliae

Smitiandia micrantha

Sigmatostalix

Reichenbach f. 1852

Arten: Über 30 Arten.

Beispiele: *Sigmatostalix amazonica, Sigmatostalix buchtienii, Sigmatostalix eliae, Sigmatostalix graminea.*

Verbreitung: In den amerikanischen Tropen, von Mexiko bis Brasilien. Epiphytisch in 250–1600 m Höhe wachsend. Starke Taubildung am Naturstandort.

Wuchsform: Sympodial; Rhizom 1–3 cm lang, verzweigend; Pseudobulben flach, 1,5–3 cm hoch; 1–2 endständige Blätter, Blatt krautig, schmal, 8–15 cm lang.

Blüte: Blütenstände basal entspringend, aufrecht, locker besetzt, 6–18 cm lang; Blüten 1,5–2,5 cm groß.

Besonderheiten: Blockkultur empfohlen. Während des Wachstums für hohe Luftfeuchtigkeit und Beschattung sorgen. Nach der Blüte trockener halten.

Sigmatostalix		Smitinandia
temp.	Temperatur	temp. – warm
HS	Licht	Sonne
mäßig	Gießen	mäßig
Nein	Ruhezeit	Nein
AB	Kultur	AB

Smitinandia

Holttum 1969

Arten: Etwa 4 Arten.

Beispiele: *Smitinandia helferi, Smitinandia humilis, Smitiandia micrantha, Smitinandia selebensis.*

Verbreitung: Himalaja bis Sulawesii. Epiphytisch in tropischen Gebieten, meistens in lichten, luftfeuchten Wäldern, in 200–1300 m Höhe.

Wuchsform: Monopodial; Stamm dicht beblättert, an der Basis im Alter verzweigend, 5–20 cm hoch; Blätter zweizeilig, Blatt schmal, fleischig, stielrund, 5–10 cm lang, z. T. hängend wachsend.

Blüte: Blütenstände seitlich, überhängend, 5–25 cm lang, 10 oder mehr Blüten, 0,3–0,8 cm groß, fleischig, blühen hintereinander auf.

Besonderheiten: Blockkultur empfohlen. Gattung liebt hohe Luftfeuchte

Sobennikoffia robusta

Sobralia mirabilis

Sobennikoffia

SCHLECHTER 1925

Arten: Wahrscheinlich 4 Arten.
Beispiele: *Sobennikoffia fournieriana, Sobennikoffia humbertiana, Sobennikoffia poissoniana, Sobennikoffia robusta.*
Verbreitung: Im Nordwesten Madagaskars. Epiphytisch, selten terrestrisch, in trockenen, sandigen Wäldern, in 1000–1600 m Höhe.
Wuchsform: Monopodial; Wurzeln fleischig; Stamm aufrecht, dicht beblättert, 10–35 cm hoch; Blätter ledrig, 15–25 cm lang.
Blüte: Blütenstand seitlich entspringend, überhängend, 15–45 cm lang; 10–20 Blüten, 4–6 cm groß, mit langem Sporn, 4–12 cm lang.
Besonderheiten: Kultur im Körbchen vorteilhaft, Block- und Topfkultur möglich. Am Naturstandort Taubildung. Duft in der Nacht.

Sobralia

RUIZ & PAVON 1794

Arten: Etwa über 90 Arten.
Beispiele: *Sobralia candida, Sobralia decora, Sobralia macrantha, Sobralia mirabilis.*
Verbreitung: Tropisches Mittel- und Südamerika. Meist terrestrisch in feuchten Nebelwäldern, selten epiphytisch, auch lithophytisch, in 0–200 m Höhe.
Wuchsform: Sympodial; Rhizom kurz; Stämme rohrartig, 30–200 cm hoch; zweizeilig, locker beblättert, Blätter krautig, lanzettlich, bis 5–15 cm lang.
Blüte: Blütenstände gipfelbürtig, 5–25cm lang; locker besetzt, Blüte 8–14 cm groß.
Besonderheiten: Topfkultur empfohlen, benötigt viel Platz. Einzelne Blüten blühen sehr kurz, aber dafür mehrere Tage hintereinander.

Sobennikoffia		Sobralia
temp. – warm	(Temperatur)	kühl – warm
HS – Sonne	(Licht)	HS
mäßig	(Wasser)	feucht
Nein	(Ruhezeit)	Ja
ABC	(Substrat)	A

Sophronitis coccinea

Spathoglottis plicata

Sophronitis

LINDLEY 1828

Arten: Etwa 10 Arten.

Beispiele: *Sophronitis brevipedunculata, Sophronitis cernua, Sophronitis coccinea, Sophronitis wittigiana.*

Verbreitung: Brasilien und östliches Paraguay. Epi- und lithophytisch, selten terrestrisch im Nebel- und Tropenwald bei konstanter Luftfeuchte, in 600–2500 m Höhe.

Wuchsform: Sympodial; Rhizome kurz, kriechend; Pseudobulben büschelig, fleischig; 3–5 cm hoch; einblättrig, Blätter kurz und sehr sukkulent, 3–6 cm hoch.

Blüte: Blütenstand endständig, 2–4 cm lang; 1–3 Blüten, 2–8 cm groß, orangerot leuchtend.

Besonderheiten: An einem hellen Standort kultivieren. Morgens und abends besprühen, aber für schnelles Abtrocknen sorgen.

Sophronitis		Spathoglottis
temp. – warm		temp.
HS – Sonne		Sch – HS
feucht		feucht
Ja		Ja
AB		AE

Spathoglottis

BLUME 1825

Arten: Über 40 Arten.

Beispiele: *Spathoglottis aurea, Spathoglottis lobbii, Spathoglottis papuana, Spathoglottis plicata.*

Verbreitung: Weit verbreitet in Südostasien, Indien, China, Indonesien, Neuguinea, Australien und den Pazifischen Inseln. Terrestrisch oder lithophytisch in 200 bis 1500 m Höhe.

Wuchsform: Sympodial; Pseudobulben eiförmig; 1–2 endständige Blätter, 10–70 cm lang, 4–8 cm breit.

Blüte: Blütenstand seitlich, aufrecht, 20–65 cm hoch, traubig, dicht bis locker besetzt; fünf oder mehr Blüten, 3–7 cm groß.

Besonderheiten: Einige Arten blühen in der trockenen Jahreszeit in blattlosem Zustand. Es gibt ein großes Farbspektrum innerhalb einer Art.

Spiranthes sinensis

Stanhopea ruckeri

Spiranthes
L. C. Richard 1817

Arten: Je nach Autor 50–300 Arten.

Beispiele: *Spiranthes cernua, Spiranthes purpurea, Spiranthes sinensis, Spiranthes spiralis.*

Verbreitung: Hauptvorkommen in Amerika, auch Europa, Asien und Australien. Terrestrisch im feuchten, nährstoffarmen Grasland, in 200–2000 m Höhe.

Wuchsform: Sympodial; Wurzeln knollenartig geschwollen; Stamm kurz; Blätter rosettenförmig angeordnet, krautig bis fleischig, 4–24 cm lang, schmal bis breit.

Blüte: Blütenstand terminal, aufrecht, 20–65 cm hoch, traubig, dicht besetzt; zahlreiche Blüten, 0,3–0,8 cm groß, spindelförmig angeordnet.

Besonderheiten: Topfkultur empfohlen. Gleichmäßig feucht halten. Sandiges Gemisch als Kultursubstrat verwenden.

Spiranthes		Stanhopea
kühl – temp.		*temp. – warm*
HS		*HS*
feucht		*mäßig*
Ja		*Ja*
AE		*C*

Stanhopea
Hooker 1829

Arten: Über 50 Arten.

Beispiele: *Stanhopea ecornuta, Stanhopea graveolens, Stanhopea tigrina, Stanhopea wardii.*

Verbreitung: In den amerikanischen Tropen von Mexiko bis Peru und Brasilien. Epiphytisch, selten auch lithophytisch, in 400–3200 m Höhe.

Wuchsform: Sympodial; Pseudobulben büschelig angeordnet, fleischig, 5–7 cm hoch; mit 1 endständigen Blatt, Blätter ledrig, gestielt, 20–50 cm hoch, 8–18 cm breit.

Blüte: Mehrere Blütenstände am Grunde der Pseudobulben nach unten entspringend, traubig, hängend, locker besetzt; viele Blüten, 8–15 cm groß, Blüten grotesk geformt.

Besonderheiten: Blätter reagieren empfindlich auf Sprühwasser.

Stelis microphylla

Stenia vasquesii

Stelis

SWARTZ 1800

Arten: Weit mehr als 200 Arten.

Beispiele: *Stelis argentata, Stelis fragrans, Stelis microphylla, Stelis tolimensis.*

Verbreitung: In den Tropen Amerikas, von Mexiko und den Westindischen Inseln bis Bolivien und Brasilien. Meist epiphytisch in Büschen und Bäumen im Regen- oder Nebelwald, in 300–3950 m Höhe!

Wuchsform: Sympodial; Rhizom sehr kurz, büschelig; Stämme aufrecht, 3–10 cm hoch; einblättrig, Blatt schmal länglich, 5–15 cm lang.

Blüte: Blütenstand gipfelbürtig, Blütenstand 8–45 cm lang, dicht bis sehr dicht besetzt; fünf oder mehr Blüten, 0,2–1 cm groß.

Besonderheiten: Blockkultur empfohlen, Topfkultur in kleinen Töpfen möglich. Temperiert bis warm kultivieren, immer für hohe Luftfeuchte sorgen.

Stelis	Stenia
kühl – warm	temp.
Sch – HS	Sch
feucht	feucht
Nein	Nein
AB	A

Stenia

LINDLEY 1837

Arten: Etwa 8 Arten.

Beispiele: *Stenia angustilabia, Stenia calceolaris, Stenia jarae, Stenia pallida.*

Verbreitung: Mittelamerika und nördliches Südamerika. Epiphytisch, auf bemoosten Bäumen im feuchten Regenwald, in 500–2200 m Höhe.

Wuchsform: Sympodial; Wurzeln zahlreich, büschelig; Pseudobulben sehr klein; 1–3 Blätter, weich, fächerartig, bis 3 cm breit, 15 cm lang.

Blüte: Blütenstände grundständig, aufrecht, 2–5 cm hoch; einblütig, Blüten auffällig, 3–6 cm groß. Kann mehrmals pro Trieb blühen.

Besonderheiten: Die Pflanzen nie ganz austrocknen lassen. Vorsicht bei hohen Düngegaben. Pralle Sonne im Sommer vermeiden.

Stenocoryne vitellina

Stenoglottis longifolia

Stenocoryne

LINDLEY 1843

Arten: Etwa 12 Arten.

Beispiele: *Stenocoryne aureofulva, Stenocoryne leucorrhoda, Stenocoryne racemosa, Stenocoryne vitellina.*

Verbreitung: Hauptsächlich in Brasilien. Epiphytisch, selten lithophytisch, in 200–1000 m Höhe.

Wuchsform: Sympodial; Rhizom kurz; Pseudobulben stark fleischig und fest, bis 5 cm hoch; einblättrig; Blätter ledrig, bis 40 cm hoch und 10 cm breit.

Blüte: Blütenstand basal entspringend, aufrecht, 20–45 cm; 3–8 Blüten, 4–6 cm groß, sehr feste Textur, meist orange.

Besonderheiten: Topfkultur empfohlen, Blockkultur möglich. Empfindlich gegen Sprühwasser. Zur Blüteninduktion evtl. kühl stellen.

Stenocoryne		Stenoglottis
temp. – warm		temp.
HS – Sonne		HS
mäßig		feucht
Ja		Ja
AB		E

Stenoglottis

LINDLEY 1837

Arten: Etwa 4 Arten.

Beispiele: *Stenoglottis fimbriata, Stenoglottis longifolia, Stenoglottis woodii, Stenoglottis zambeziaca.*

Verbreitung: Weit verbreitet in Süd- und Ostafrika. Terrestrisch, selten epi- oder lithophytisch, meist im Humus oder auf bemoosten Steinen oder Ästen wachsend, in 500–1500 m Höhe.

Wuchsform: Sympodial; Wurzeln knollenartig, unterirdisch; Stamm kurz; Blätter in grundständigen Rosetten, 3–11 cm lang, 1–3 cm breit.

Blüte: Blütenstand terminal, aufrecht, 10–45 cm hoch, traubig; Blüten 1–2 cm groß.

Besonderheiten: Nach der Blüte bis zum Erscheinen des Neutriebes trockener halten. Lockeres, sandiges Gemisch als Substrat verwenden.

Stenorrhynchos speciosum

Symphyglossum sanguineum

Stenorrhynchos

L. C. Richard 1826

Arten: Über 30 Arten.

Beispiele: *Stenorrhynchos australe, Stenorrhynchos lanceolatum, Stenorrhynchos macranthum, Stenorrhynchos speciosum.*

Verbreitung: In Mittel- und Südamerika und den Westindischen Inseln. Terrestrisch meist auf Grasland, auch in trockenen Laub- oder Kiefernwäldern, in 100–3000 m Höhe.

Wuchsform: Sympodial; Wurzeln knollenartig, unterirdisch; Stamm kurz; Blätter in grundständigen Rosetten, z. T. gemustert, 3–11 cm lang, 1–3 cm breit.

Blüte: Blütenstand terminal, aufrecht, 30–90 cm hoch, traubig; sehr viele Blüten, 2–3 cm groß, meist rötlich mit heller Lippe.

Besonderheiten: Einige Arten blühen blattlos.

Stenorrhynchos		Symphyglossum
kühl – temp.		temp.
HS		HS
feucht		feucht
Ja		Ja
E		AB

Symphyglossum

Schlechter 1919

Arten: Etwa 6 Arten.

Beispiele: *Symphyglossum distans, Symphyglossum ecuadorense, Symphyglossum sanguineum, Symphyglossum strictum.*

Verbreitung: Ecuador, Peru, Kolumbien und Venezuela. Epiphytisch in 1200–2500 m Höhe, sehr häufig an den Westhängen der Anden.

Wuchsform: Kurzes Rhizom; flache, beblätterte, gepresste Pseudobulben mit 2 endständigen Blättern, bis 5 cm hoch; Blätter schmal, krautig, bis 25 cm lang.

Blüte: 1–2 Blütenstände am Grunde der Pseudobulbe austretend, aufrecht bis bogig überhängend; viele Blüten, 2–4 cm im Durchmesser.

Besonderheiten: Topf- und Blockkultur möglich. Im Sommer sollten die Pflanzen nicht über 25 °C kultiviert werden.

Telipogon intis

Tetramicra canaliculata

Telipogon

KUNTH 1816

Arten: Etwa 60 Arten.
Beispiele: *Telipogon bruchmuelleri, Telipogon intis, Telipogon nervosus, Telipogon venustus.*
Verbreitung: Kolumbien, Ecuador, Peru und Bolivien. Epiphytisch, in feuchten Nebelwäldern, an schattigen Plätzen nahe Wasserläufen, in 2000–3200 m Höhe.
Wuchsform: Sympodial; Pseudobulben eiförmig, 1–4 cm hoch, dicht beblättert; Blatt krautig, breit, 5–30 cm lang.
Blüte: Blütenstand basal entspringend, aufrecht, 4–25 cm hoch; 2–3 Blüten, 2–6 cm groß.
Besonderheiten: Pflanzen sehen in der Ruhephase wie abgestorben aus, entwickeln sich erst zur neuen Vegetationsperiode wieder. Auf gute Wasserqualität achten.

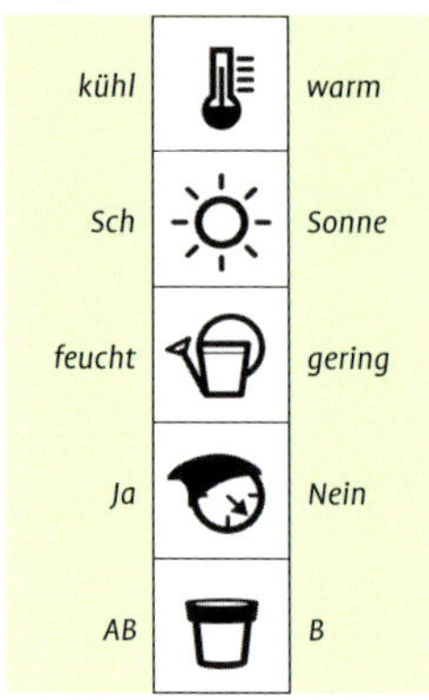

Tetramicra

LINDLEY 1831

Arten: Etwa 10 Arten.
Beispiele: *Tetramicra bulbosa, Tetramicra canaliculata, Tetramicra elegans, Tetramicra parviflora.*
Verbreitung: Florida und Karibik. Epi- oder meist lithophytisch im vollen Sonnenlicht oder unter/in lichten Büschen, in Meereshöhe bis 250 m.
Wuchsform: Sympodial; Wurzeln fleischig; Rhizome 2–8 cm lang, kriechend; Stämme aufrecht, fleischig, dicht beblättert; Blätter gefurcht und sukkulent, 3–6 cm hoch.
Blüte: Blütenstand seitlich, 12–24 cm lang, aufrecht; 3–6 Blüten, 2–3 cm groß, lange Blühdauer.
Besonderheiten: Morgens und abends besprühen, aber für schnelles Abtrocknen sorgen.

Thrixspermum formosanum

Thunia marshalliana

Thrixspermum
Loureiro 1790

Arten: Über 60 Arten.

Beispiele: *Thrixspermum acuminatissimum, Thrixspermum elongatum, Thrixspermum triangulare, Thrixspermum warianum.*

Verbreitung: Sri Lanka bis Samoa, Japan, Malaysia, Philippinen und Indonesien. Epiphytisch auf bemoosten Ästen in 100–1100 m Höhe.

Wuchsform: Monopodial; Stämme manchmal verzweigend, mehr oder weniger dicht zweizeilig beblättert, 5–60 cm hoch; Blätter sukkulent fleischig, 5–25 cm lang.

Blüte: Blütenstände blattachselbürtig, waagerecht bis aufrecht, 5–25 cm lang; Blüte rund bis spinnenförmig, 0,8–9 cm groß, kurze Blühdauer, aber hintereinander blühend.

Besonderheiten: Blockkultur empfohlen. Hohe Luftfeuchtigkeit wichtig.

Thrixspermum		Thunia
temp. – warm	Temperatur	*temp.*
HS – Sonne	Licht	*HS*
mäßig	Gießen	*feucht*
Nein	Ruhezeit	*Ja*
AB	Kultur	*A*

Thunia
Reichenbach f. 1852

Arten: Etwa 6 Arten.

Beispiele: *Thunia alba, Thunia bracteata, Thunia brymeriana, Thunia venosa.*

Verbreitung: Himalaja, Südostasien, Malaysia, Australien und Neuguinea. Lithophytisch, gelegentlich epiphytisch in Astgabeln, in 100–2300 m Höhe.

Wuchsform: Sympodial; Rhizom kurz; Stämme röhrenartig, aufrecht, und an der Spitze beblättert, 30–120 cm hoch; Blätter krautig, schmal, 10–20 cm lang.

Blüte: Blütenstand terminal entspringend, aufrecht bis überhängend; 3–9 Blüten, 4–12 cm groß, meist weiß.

Besonderheiten: Arten können in Epiphytenmischung kultiviert werden. Bei Blattfall weniger gießen und etwas kühler halten. Umtopfen ist nur beim Erscheinen eines Neutriebes möglich.

Tolumnia calochila

Trias picta

Tolumnia

Rafinesque 1837

Arten: Etwa 30 Arten.

Beispiele: *Tolumnia calochila, Tolumnia guianensis, Tolumnia triquetra, Tolumnia pulchella.*

Verbreitung: Westindische Inseln. Epiphytisch wachsend, meist in Küstenregionen in trockenen oder luftfeuchten Gebieten bis zu 100 m Höhe anzutreffen.

Wuchsform: Sympodial; Wurzeln dünn; Rhizom kurz bis sehr lang; Blätter sich überdeckend, zweizeilig angeordnet, sukkulent bis fleischig, 4–12 cm lang.

Blüte: Blütenstände basal entspringend, aufrecht oder überhängend, 10–40 cm lang; 1–15 Blüten, 2–3 cm groß, Blütenstände treiben z. T. wieder aus.

Besonderheiten: Blockkultur empfohlen. Morgens und abends besprühen, kein Wasser in die Blattachseln.

Tolumnia		Trias
warm		temp. – warm
Sonne		HS
mäßig		feucht
Nein		Nein
B		B

Trias

Lindley 1830

Arten: Etwa 14 Arten.

Beispiele: *Trias cambodiana, Trias intermedia, Trias nasuta, Trias oblonga.*

Verbreitung: Von Indien bis Laos, Hauptvorkommen in Thailand. Epiphytisch in feuchten Wäldern, gelegentlich auch epiphytisch auf bemoosten Felsen, in bis zu 1500 m Höhe.

Wuchsform: Rhizome 0,5–6 cm lang, kriechend; Bulben, 1–3 cm groß, kugelig; 1 endständiges Blatt, fleischig-sukkulent, 2–5 cm lang.

Blüte: Blütenstand basal entspringend, aufrecht, 1–5 cm hoch; 1–2 Blüten, 1–3 cm groß. Blüte oft größer als die Pflanze.

Besonderheiten: Blockkultur empfohlen. Nach Besprühen ist schnelles Abtrocknen wichtig. Arten haben keine Ruhephase. Wenn kein Neutrieb erscheint, trockener halten.

Trichocentrum brandtiae

Trichoceros spec.

Trichocentrum

Poeppig & Endlicher 1836

Arten: Etwa 18 Arten.

Beispiele: *Trichocentrum fuscum, Trichocentrum longicalcaratum, Trichocentrum pulchrum, Trichocentrum tigrinum.*

Verbreitung: Brasilien, Ecuador, Peru, Kolumbien, Venezuela, Costa Rica, Panama und Bolivien. Epiphytisch im tropischen Regenwald in 400–1600 m Höhe.

Wuchsform: Wurzeln fleischig; Rhizome 0,5–1 cm lang; Pseudobulben 0,5–1 cm groß; 1 endständiges Blatt, fleischig-sukkulent, 3–9 cm lang.

Blüte: Blütenstand basal entspringend, meist hängend, 3–12 cm lang, 1–3 Blüten, 3–7 cm groß.

Besonderheiten: Blockkultur empfohlen. Nach Besprühen ist schnelles Abtrocknen wichtig. Junge Triebe nicht benetzen!

Trichocentrum		Trichoceros
temp. – warm		*kühl – temp.*
HS – Sonne		HS – Sonne
gering		*mäßig*
Nein		*Ja*
AB		B

Trichoceros

Kunth 1816

Arten: Etwa 5 Arten.

Beispiele: *Trichoceros antennifer, Trichoceros bergoldii, Trichoceros muralis, Trichoceros tupaipi.*

Verbreitung: In den Anden Mittelamerikas (in 1800–3500 m Höhe). Meist epiphytisch wachsend im tropischen Regenwald und Nebelwald, dabei klettern sie Bäume empor. Einige Arten wachsen lithophytisch an Felshängen unter trockenen Bedingungen.

Wuchsform: Wurzeln fleischig; Rhizome 1–9 cm lang, kletternd; Pseudobulben 0,5–1,8 cm groß, beblättert; ein endständiges Blatt, fleischig-sukkulent, 2–6 cm lang.

Blüte: Blütenstand basal entspringend, aufrecht, 8–15 cm lang, 3–5 Blüten, 2–4 cm groß.

Besonderheiten: Blockkultur empfohlen.

Trichoglottis brachiata

Trichopilia gracilis

Trichoglottis

BLUME 1825

Arten: Etwa 60 Arten.

Beispiele: *Trichoglottis brachiata, Trichoglottis fasciata, Trichoglottis pusilla, Trichoglottis sagarikii.*

Verbreitung: Weit verbreitet von Indonesien bis Philippinen, auch Südostasien. Meist epiphytisch kletternd, in 30–2000 m Höhe.

Wuchsform: Monopodial; Wurzeln wenig, manchmal seilartig; Stamm 5–60 cm lang, dicht bis locker zweizeilig beblättert; Blätter schmal, fleischig bis sukkulent, 5–18 cm lang.

Blüte: Blütenstand sehr kurz, blattachselbürtig, 1–2 cm lang, entlang des Stammes; 1–5 Blüten, 0,6–7 cm groß.

Besonderheiten: Kultur im Körbchen oder Blockkultur empfohlen. Einige Arten benötigen Kletterhilfe.

Trichoglottis		Trichopilia
temp. – warm		*temp. – warm*
Sonne		*HS*
gering		*mäßig*
Nein		*Ja*
BC		*ABC*

Trichopilia

LINDLEY 1836

Arten: Etwa 30 Arten.

Beispiele: *Trichopilia fragrans, Trichopilia marginata, Trichopilia tortilis, Trichopilia suavis.*

Verbreitung: Mexiko, Nicaragua, Costa Rica, Panama, Guatemala, Kolumbien und Honduras. Epiphytisch wachsend, meist auf bemoosten Ästen, in 70–2800 m Höhe.

Wuchsform: Sympodial; Rhizom kurz, büschelig; Pseudobulbe länglich, flach, 5–10 cm hoch; einblättrig, Blatt schmal, ledrig, 5–18 cm lang.

Blüte: Blütenstand basal entspringend, 4–15 cm lang, waagerecht bis hängend, entlang des Stammes, 1–5 Blüten, 4–12 cm groß.

Besonderheiten: Orchideen nach der Blüte bis zum Neutrieb kühl und trocken halten.

Trichosalpinx blaisdellii

Trichotosia barbarossa

Trichosalpinx
Luer 1983

Arten: Weit mehr als 100 Arten.
Beispiele: *Trichosalpinx berlineri, Trichosalpinx ciliaris, Trichosalpinx dependens, Trichosalpinx teaguei.*
Verbreitung: In den Tropen Amerikas und der Karibik. Epiphytisch im Regen- oder Nebelwald, in Regionen mit hoher Luftfeuchte.
Wuchsform: Sympodial; Rhizom sehr kurz, büschelig; Blätter gestielt, Stiel 1–15 cm lang, Blatt schmal länglich bis rund, 2–30 cm lang, 0,5–30 cm breit.
Blüte: Blütenstand gipfelbürtig, Blütenstand 2–45 cm lang, eine bis viele Blüten, 0,2–6 cm groß.
Besonderheiten: Kleinere Arten für Blockkultur geeignet, größere im Topf kultivieren. Anspruch an die Kulturtemperatur innerhalb der Gattung ist sehr unterschiedlich. Hohe Luftfeuchte bei allen Arten empfohlen.

Trichosalpinx		Trichotosia
kühl – temp.		*temp.*
Sch – HS		*HS*
feucht		*mäßig*
Nein		*Nein*
AB		*D*

Trichotosia
Blume 1825

Arten: Über 50 Arten.
Beispiele: *Trichotosia aporina, Trichotosia gracilis, Trichotosia iodantha, Trichotosia rotundifolia.*
Verbreitung: In den Tropen des Himalaja bis zu den südwestpazifischen Inseln. Epiphytisch auf Bäumen, besonders in Regionen mit regelmäßigen Niederschlägen vorkommend, in 800–1900 m Höhe.
Wuchsform: Sympodial; büschelig, Stämme rohrgrasartig verlängert, dicht zweizweilig beblättert, kriechend bis lang kletternd, 10–40 cm lang, Stamm und Blätter behaart.
Blüte: Blütenstände gipfel- oder blattachselbürtig, Blütenstände 2–8 cm lang, hängend; 1–8 Blüten.
Besonderheiten: Kultur in flachen Schalen empfohlen. Blockkultur ist schwierig.

Tridactyle bicaudata

Trigonidium egertonianum

Tridactyle

SCHLECHTER 1914

Arten: Etwa 45 Arten.

Beispiele: *Tridactyle bicaudata, Tridactyle gentilii, Tridactyle oblongifolia, Tridactyle verrucosa.*

Verbreitung: Madagaskar und tropisches Afrika. Epiphytisch im Regenwald wachsend, häufig in Gebieten mit hohen Niederschlägen, in 600–1550 m Höhe.

Wuchsform: Monopodial; Stamm aufrecht, basal verzweigend, 10–50 cm hoch, gleichmäßig zweizeilig beblättert; Blattspanne von 10–20 cm, Blatt fleischig, schmal.

Blüte: Blütenstände blattachselbürtig, 2–12 cm lang, büschelig oder gleichmäßig besetzt. Bei einer Sektion schauen die Blüten zu einer Seite.

Besonderheiten: Blockkultur auf langen Unterlagen empfohlen. Bei Topfkultur ist Kletterhilfe nötig.

Tridactyle		Trigonidium
temp.		temp. – warm
HS – Sonne		Sch – HS
mäßig		feucht
Nein		Nein
AB		AB

Trigonidium

LINDLEY 1837

Arten: Etwa 12 Arten.

Beispiele: *Trigonidium acuminatum, Trigonidium egertonianum, Trigonidium grande, Trigonidium obtusum.*

Verbreitung: Weit verbreitet in den Tropen und Subtropen Mittel- und Südamerikas. Häufig epi-, aber auch lithophytisch, meist auf bemoosten Bäumen, in 120–1500 m Höhe.

Wuchsform: Rhizom kurz, selten lang, kriechend; Pseudobulben zylindrisch oder eiförmig, abgeflacht, 4–12 cm hoch; 1–2 endständige, weichlaubige Blätter, 10–60 cm lang.

Blüte: Meist mehrere basale Blütenstände, kurz, 14–40 cm lang; Einzelblüte ist 1–8 cm groß.

Besonderheiten: Alle Arten sind sehr wärme- und feuchtigkeitsliebend. Auf gute Wasserqualität achten.

Trisetella spec.

Trudelia cristata

Trisetella

Luer 1980

Arten: Über 20 Arten.
Beispiele: *Trisetella abbreviata, Tristella cordeliae, Trisetella hirtzii, Trisetella triaristella.*
Verbreitung: Mexiko bis nördliches Brasilien, besonders häufig in den Anden Perus bis Venezuela. Meist epiphytisch, selten lithophytisch im Nebelwald, in Höhenlagen von 200–2000 m.
Wuchsform: Sympodial; Rhizom und Stamm sehr kurz; einblättrig, aufrecht, Blatt fleischig, meist 4–12 cm hoch.
Blüte: Blütenstände basal entspringend, hängend oder aufrecht, eine bis viele Blüten, 0,5–4 cm groß, nacheinander aufblühend.
Besonderheiten: Topf- und Blockkultur möglich. Für hohe Luftfeuchte und Frischluft sorgen. Wenig düngen.

Trisetella		Trudelia
temp.		temp. – warm
HS		Sonne
feucht		mäßig
Nein		Nein
AB		C

Trudelia

Garay 1986

Arten: Etwa 5 Arten.
Beispiele: *Trudelia alpina, Trudelia cristata, Trudelia griffithii, Trudelia pumila.*
Verbreitung: Südostasien, vom Himalaja bis Vietnam. Epiphytisch in trockenen Wäldern hoch in Bäumen wachsend, in 600–2000 m Höhe.
Wuchsform: Monopodial; aufrecht, 10–25 cm hoch, an der Basis verzweigend, zweizeilig dicht beblättert; Blätter sukkulent fleischig, 10–20 cm lang.
Blüte: Blütenrispen aufrecht, 10–15 cm lang, locker besetzt; 5–20 Blüten, 3–5 cm groß.
Besonderheiten: Kultur im Körbchen empfohlen. Von Frühjahr bis Herbst die Blattunterseiten und Wurzeln morgens und abends regelmäßig besprühen.

Vanda tricolor

Vandopsis parishii

Vanda

JONES ex R. BROWN 1820

Arten: Etwa 50–70 Arten.

Beispiele: *Vanda bensonii, Vanda coerulea, Vanda denisoniana, Vanda tricolor.*

Verbreitung: Nordaustralien, Südostasien, Indien, Indonesien und Philippinen. Epiphytisch, manchmal lithophytisch wachsend im Savannen-, Regen- und Mangrovenwald, häufig nahe Wasserläufen, in 100–1700 m Höhe.

Wuchsform: Monopodial; aufrecht, 20–125 cm hoch, an der Basis verzweigend, zweizeilig dicht beblättert; Blätter sukkulent fleischig, 10–45 cm lang.

Blüte: Blütenrispen aufrecht, 20–65 cm lang, locker besetzt; 5–20 Blüten, 3–8 cm groß.

Besonderheiten: Körbchenkultur empfohlen. Von Frühjahr bis Herbst die Blattunterseiten und Wurzeln morgens und abends regelmäßig besprühen.

Vanda		Vandopsis
warm		warm
Sonne		Sonne
mäßig		mäßig
Nein		Nein
C		C

Vandopsis

PFITZER 1889

Arten: Etwa 4–12 Arten.

Beispiele: *Vandopsis gigantea, Vandopsis lissochiloides, Vandopsis parishii, Vandopsis undulata.*

Verbreitung: Himalaja, Thailand bis Vietnam. Epiphytisch in hellen Wäldern, lithophytisch auf Kalkfelsen, bis zu 1300 m Höhe.

Wuchsform: Monopodial, Wurzeln sehr dick, Stamm aufrecht, 8–70 cm hoch, zweizeilig dicht beblättert, Blätter sukkulent fleischig, 10–45 cm lang, schmal oder breit.

Blüte: Blütenrispen aufrecht, 20–65 cm lang, locker besetzt; 5–15 Blüten, 3–8 cm groß.

Besonderheiten: Körbchenkultur empfohlen. Von Frühjahr bis Herbst die Blattunterseiten und Wurzeln morgens und abends regelmäßig besprühen.

Vanilla planifolia

Warmingia eugenii

Vanilla

Miller 1754

Arten: Über 100 Arten.

Beispiele: *Vanilla aphylla, Vanilla grandiflora, Vanilla planifolia, Vanilla pompona.*

Verbreitung: Thailand, Java, Myanmar, Karibik, in den Tropen Amerikas und Afrikas. Epiphytisch, manchmal lithophytisch wachsend, in 270–530 m Höhe, selten höher.

Wuchsform: Monopodial; Wurzeln spärlich; Stamm aufrecht, bis 6 m lang! Zweizeilig beblättert; Blätter sukkulent, 5–15 cm lang, schmal.

Blüte: Blütenrispen seitlich, 5–15 cm lang, dicht besetzt; bis zu 25 Blüten, Blüte weiß oder gelblich, 4–12 cm groß, Blühdauer sehr kurz, mehrmals hintereinander blühend.

Besonderheiten: Topfkultur empfohlen, Kletterhilfe unerlässlich. Stecklingsvermehrung möglich. Blüht erst ab einer Pflanzengröße von 3–4 m.

Vanilla		Warmingia
warm		*temp.*
HS – Sonne		*HS*
mäßig – feucht		*mäßig – feucht*
Nein		*Nein*
A		*AB*

Warmingia

Reichenbach f. 1881

Arten: Etwa 4 Arten.

Beispiele: *Warmingia buchtienii, Warmingia eugenii, Warmingia margaritacea, Warmingia zamorana.*

Verbreitung: Brasilien bis Ecuador. Epiphytisch, meist auf dünnen Zweigen, im tropischen, feuchten Regenwald, wahrscheinlich nicht über 1000 m Höhe vorkommend.

Wuchsform: Rhizome kurz, büschelig; Pseudobulben 1–2 cm lang, einblättrig, 8–12 cm hoch; Blatt ledrig.

Blüte: Blütenstand basal entspringend, hängend, dicht besetzte Traube; 8–30 Blüten, 2–3 cm groß.

Besonderheiten: Blockkultur empfohlen. Für hohe Luftfeuchte sorgen. Pflanzen häufig besprühen, aber auf schnelles Abtrocknen achten. Selten in Kultur, da schwierig!

Xylobium spec.

Zootrophion alvaroi

Xylobium

Lindley 1825

Arten: Etwa 30 Arten.

Beispiele: *Xylobium colleyi, Xylobium elongatum, Xylobium leontoglossum, Xylobium variegatum.*

Verbreitung: In den Tropen und Subtropen Mittel- und Südamerikas, auch auf den Westindischen Inseln. Häufig epi-, aber auch lithophytisch in 600–3000 m Höhe.

Wuchsform: Rhizom kurz, büschelig; Pseudobulben 5–9 cm hoch; 1–2 endständige, gestielte Blätter, 30–90 cm lang.

Blüte: Blütenstand seitlich, 12–30 cm lang, im oberen Drittel locker bis dicht besetzt; 4–30 Blüten, 1,5–5 cm groß.

Besonderheiten: Topfkultur empfohlen. Im Winter kühler und etwas trockener halten. Die Blüteninduktion erfolgt durch Trockenzeit nach der Bulbenentwicklung.

Zootrophion

Luer 1982

Arten: Etwa 12 Arten.

Beispiele: *Zootrophion alvaroi, Zootrophion atropurpureum, Zootrophion dayanum, Zootrophion vulturiceps.*

Verbreitung: In den Tropen Amerikas. Meist epiphytisch auf Büschen und Bäumen im Regen- oder Nebelwald, in 300–1900 m Höhe.

Wuchsform: Sympodial; Rhizom sehr kurz, büschelig; Stämme aufrecht, 3–12 cm lang, einblättrig; Blatt elliptisch bis eiförmig rundlich, 3–7 cm lang, 2–4 cm breit.

Blüte: Blütenstand gipfelbürtig, Blütenstand 2–5 cm lang; Einzelblüte, 1–3,5 cm groß. Blüten öffnen sich nicht, hängen nach unten.

Besonderheiten: Block- oder Topfkultur möglich. Für feuchte Frischluft sorgen; Pflanzen dürfen nie ganz austrocknen.

Xylobium		Zootrophion
kühl – temp.	Temperatur	temp. – warm
HS	Licht	Sch – HS
mäßig	Gießen	feucht
Ja	Ruhezeit	Nein
A	Kultur	AB

Zygopetalum mackayi

Zygostates lunata

Zygopetalum
HOOKER 1833

Arten: Etwa 40 Arten.

Beispiele: *Zygopetalum crinitum, Zygopetalum intermedium, Zygopetalum mackayi, Zygopetalum maxillare.*

Verbreitung: Vorwiegend in den Tropen Südamerikas, in Paraguay, Peru und Bolivien. Meist lithophytisch oder terrestrisch wachsend, in 950–2200 m Höhe.

Wuchsform: Sympodial; Wurzeln dick und zahlreich; Pseudobulben fleischig, 6–9 cm hoch; Blätter 20–50 cm lang, zu Beginn der Ruhephase absterbend.

Blüte: Blütenstände grundständig, aufrecht, 25–65 cm hoch, locker besetzt im oberen Bereich; 6–9 Blüten, 5–8 cm groß.

Besonderheiten: Topfkultur in großen Töpfen empfohlen. Während des Wachstums feucht halten, nach Triebabschluss trocken kultivieren.

Zygopetalum		Zygostates
temp.	(Temperatur)	temp. – warm
HS	(Licht)	Sch – HS
feucht	(Wasser)	feucht
Ja	(Ruhezeit)	Nein
A	(Topf)	AB

Zygostates
LINDLEY 1837

Arten: Etwa 12 Arten.

Beispiele: *Zygostates alleniana, Zygostates bradei, Zygostates kuhlmanni, Zygostates lunata.*

Verbreitung: In den Tropen Brasiliens, Argentiniens und Paraguays. Epiphytisch auf bemoosten Zweigen oder Ästen in feuchten Wäldern, selten über 1100 m Höhe.

Wuchsform: Sympodial; Wurzeln fein, büschelig; Rhizom 0,5–1,5 cm; ohne Pseudobulben; Blätter fächerartig angeordnet, 3–7 cm lang, fleischig.

Blüte: Blütenstände blattachselbürtig, aufrecht bis überhängend, locker bis dicht traubig; 10–25 Blüten, 0,4–0,8 cm klein, weiß bis gelblich.

Besonderheiten: Für gleichmäßige Luftfeuchte sorgen. Am Naturstandort bildet sich morgens und abends viel Tau.

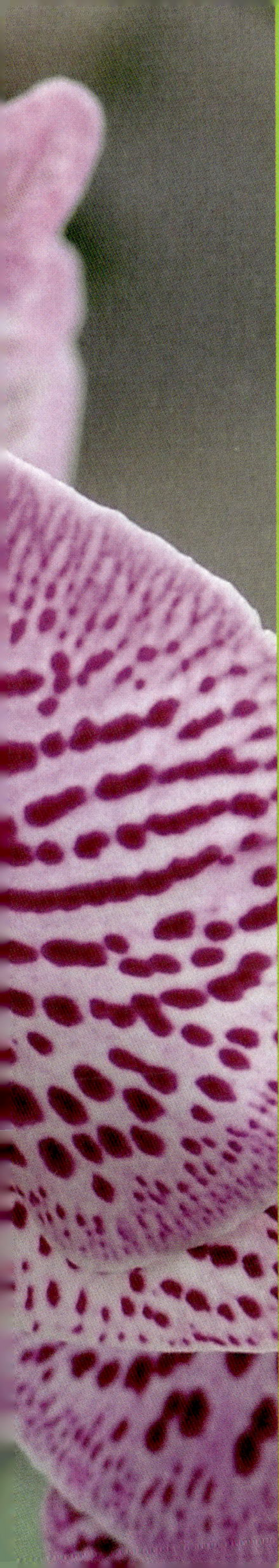

Service

Orchideen auf einen Blick

Gattung	Autor	Abgespaltene Gattungen/ Auswahl an Synonymen	Bedeutung
Acacallis	Lindley	von *Aganisia*	**Akakallis** Geliebte des Apoll
Acampe	Lindley		**akampes** (gr.) steif
Acanthephippium	Blume		**akantha** (gr.) Dorn, **phippion** (gr.) Sattel
Acineta	Lindley		**akinetos** (gr.) unbeweglich
Ada	Lindley	von *Brassia*	**Ada** (gr.) griechische Göttin
Aerangis	Reichenbach f.	von *Angraecum*	**aer** (gr.) Luft, **angos** (gr.) Gefäß
Aeranthes	Lindley		**aer** (gr.) Luft **anthos** (gr.) Blume
Aerides	Loureiro	in *Holcoglossum, Seidenfadenia, Sedirea*	**aer** (gr.) Luft, **eides**, (gr.) ähnlich
Aganisia	Lindley	wird (häufig) mit *Acacallis* vereint	**aganos** (gr.) sanft
Amesiella	Garay		nach Oakes **Ames** (amerik. Botaniker)
Anacheilum	Hoffmannsegg	von *Epidendrum*	**ana** (gr.) oben, **cheilos** (gr.) Lippe
Ancistrochilus	Rolfe	von *Pachystoma, Ipsea*	**ankistron** (gr.) Haken, **cheilos** (gr.) Lippe
Angraecum	Bory	in *Jumellea, Rangaeris, Tridactyle, Ypsilopus*	**angurek** (malai.) epiphytische Orchidee
Anguloa	Ruiz & Pavon	*Acineta, Lycomormium, Catasetum, Stanhopea*	nach Don Francisco de **Angulo**, peruanischer Amateurbotaniker
Ansellia	Lindley		nach John **Ansell**, Entdecker der Typus-Pflanze
Appendicula	Blume	*Agrostophyllum*	
Arachnis	Blume	*Arachnanthe, Esmeralda*	**arachne** (gr.) Spinne
Arachnanthe	Blume	vereint mit *Arachnis*, Syn. *Esmeralda*	**arachne** (gr.) Spinne, **anthos** (gr.) Blume
Arpophyllum	La Llaeve & Lexarza		**harp** (gr.) Sichel, **phyllon** (gr.) Blatt
Ascocentrum	Schlechter ex J. J. Smith	*Ascolabium, Saccolabium, Ascocentropsis*	**ascos** (gr.) Sack, **kentron** (gr.) Sporn
Aspasia	Lindley	in *Cischweinfia*	**Aspasia** (gr.) Athener Frau des Pericles
Baptistonia	Barbosa Rodriguez	in *Oncidium*	nach Dr. **Baptista** Caetano d'A. Nogueira
Barbosella	Schlechter	von *Pleurothallis*	nach Dr. Joao **Barbosa** Rodrigues, Orchideenspezialist
Barkeria	Knowles & Westcott		nach George **Barker**, englischer Orchideenjäger
Batemannia	Lindley	*in Galeottia, Huntleya*	nach James **Bateman**, Orchideensammler, Züchter und Autor
Bifrenaria	Lindley	in *Stenocoryne*	**bi** (lat.) zwei, **frenum** (lat.) Band, Zügel
Bletilla	Reichenbach f.		Verkleinerungsform von Bletia
Bollea	Reichenbach f.		nach Dr. C. **Boll**, deutscher Förderer des Gartenbaus
Brachtia	Reichenbach f.		nach Albert **Bracht**, österreichischer Hauptmann und Pflanzensammler
Brassavola	R. Brown	in *Rhyncholaelia*	nach Antonio Musa **Brassavola**, venetianischer Wissenschaftler
Brassia	R. Brown	in *Ada*	nach William **Brass**, Botaniker und Illustrator
Broughtonia	R. Brown		nach Arthur **Broughton**, englischer Botaniker
Bulbophyllum	Thouars	in *Cirrhopetalum, Megaclinium*	**bulbos** (gr.) Knolle, **phyllon** (gr.) Blatt
Cadetia	Gaudichaud	vereint mit *Dendrobium* (Schlechter)	nach **Cadet** De Gassicourt, französischer Chemiker
Calanthe	R. Brown		**kalos** (gr.) schön, reizend, **anthe** (gr.) Blüte
Catasetum	Kunth	in *Clowesia, Dressleria*	**kata** (gr.) nieder, **seta** (gr.) Borste
Cattleya	Lindley	in *Guarianthe, Cattleyella*	nach William **Cattley**, englischer Orchideengärtner
Caucaea	Schlechter		nach der Region **Cauca** in Kolumbien
Caularthron	Rafinesque		**kaulos** (gr.) Stamm, **arthron** (gr.) gegliedert

Orchideen auf einen Blick (Fortsetzung)

Gattung	Autor	Abgespaltene Gattungen/ Auswahl an Synonymen	Bedeutung
Ceratostylis	Blume		**keras** (gr.) Horn, **stylos** (gr.) Säule
Chamaeangis	Schlechter	in *Microterangis*	**chamai** (gr.) niedrig, **angos** (gr.) Gefäß
Chaubardia	Reichenbach f.		S. B. **Chaubard**, französischer Orchideenliebhaber und Gärtner
Chaubardiella	Garay	von *Ehaubardia*	Verkleinerungsform von *Chaubardia*
Chelonistele	Pfitzer	in *Coelogyne*	**chelone** (gr.) Schildkrötenschale, **stele** (gr.) Säule
Chiloschista	Lindley		**cheilos** (gr.) Lippe, **schistis** (gr.) Spalte
Chondrorhyncha	Lindley	in *Warszewiczella*, *Cochleanthes*	**chondros** (gr.) Knorpel, **rhynchos** (gr.) Schnabel
Chysis	Lindley		**chysis** (gr.) Häufchen
Cirrhaea	Lindley		**kirrhos** (gr.) Ranke
Cirrhopetalum	Lindley	in *Bulbophyllum*	**kirrhos** (gr.) Ranke, **petalon** (gr.) Petale
Cischweinfia	Dressler & Williams	in *Aspasia*, *Trichopilia*	nach Charles **Schweinfurth**, amerikanischer Botaniker
Cleisostoma	Blume		**kleistos** (gr.) geschlossen, **stoma** (gr.) Öffnung
Clowesia	Lindley	von *Catasetum*	nach John **Clowes**, Geistlicher und Orchideenliebhaber
Cochleanthes	Rafinesque	in *Chondrorhyncha*	**kochlias** (gr.) Spiralmuschel, **anthos** (gr.) Blüte
Cochlioda	Lindley	in *Odontoglossum*	**kochliodes** (gr.) spiralig, schneckenartig
Coelia	Lindley	vereint mit *Bothriochilus*	**kolos** (gr.) hohl
Coelogyne	Lindley	*Chelonistele*, *Ptychyognye*, *Hologyne*	**kolos** (gr.) hohl, **gyne** (gr.) weiblich
Comparettia	Poeppig & Endlicher		nach Andreo **Comparetti**, italienischer Botanikprofessor
Condylago	Luer	von *Pleurothallis*	**condylatus** (lat.) knopf-, knaufförmig
Coryanthes	Hooker		**korys** (gr.) Helm, **anthos** (gr.) Blüte
Cryptocentrum	Bentham		**kryptos** (gr.) verborgen, **kentron** (gr.) Sporn
Cryptochilus	Wallich		**kryptos** (gr.) verborgen, **chilum** (gr.) Lippe
Cryptophoranthus	Barbosa Rodrigues	wird (häufig) mit *Pleurothallis* und *Zootrophion* vereint	**kryptos** (gr.) verborgen, **phores** (gr.) tragend, **anthos** (gr.) Blüten
Cuitlauzina	La Llaeve & Lexarza	von *Odontoglossum*	nach **Cuitlauhuatzin**, Gouverneur in Mexiko
Cycnoches	Lindley		**kyknos** (gr.) Schwan, **anchen** (gr.) Nacken, Hals
Cymbidiella	Rolfe		Verkleinerungsform von *Cymbidium*
Cymbidium	Swartz		**kymbes** (gr.) Kahn
Cyrtochilum	Kunth	von *Oncidium*	**kyrtos** (gr.) Schwellung, Bogen, **chilum** (gr.) Lippe
Cyrtopodium	R. Brown		**kyrtos** (gr.) Schwellung, Bogen, **podion** (gr.) Fuß
Cyrtorchis	Schlechter		**kyrtos** (gr.) Schwellung, Bogen, **orchis** (gr.) Hoden, Orchidee
Dendrobium	Swartz	in *Cadetia*, *Cannaeorchis*, *Diplocaulobium*, *Dockrillia*, *Eriopexis*, *Flickingeria*, *Grastidiuim*, *Inobulbum*, *Pseuderi*, *Tetrodon*, *Winika*	**dendros** (gr.) Baum, **bios** (gr.) leben.
Dendrochilum	Blume		**dendros** (gr.) Baum, **cheilos** (gr.) Lippe
Dendrophylax	Reichenbach f.	wird (häufig) mit *Polyradicion* vereinigt	**dendros** (gr.) Baum, **phylax** (gr.) Wächter
Diaphananthe	Schlechter	in *Angraecum*, *Listrostachys*	**diaphanes** (gr.) durchscheinend, **anthos** (gr.) Blüte

Orchideen auf einen Blick (Fortsetzung)

Gattung	Autor	Abgespaltene Gattungen/ Auswahl an Synonymen	Bedeutung
Dichaea	Lindley		**dichaea** (agr. lat.) zweireihig
Diplocaulobium	(Reichenbach f.) Kraenzlin	von *Dendrobium*	**diplos** (gr.) zweifach, **kaulos** (gr.) Stängel, **lobos** (gr.) Lappen
Dipteranthus	Barbosa Rodrigues	wird (manchmal) mit *Ornithocephalus* vereint	**di** (gr.) doppelt, **pteros** (gr.) Flügel, **anthos** (gr.) Blüte
Disa	Bergius		**dis** (lat.) auf die Schönheit der Blüte anspielend
Dockrillia	Brieger	von *Dendrobium*	nach A. W. **Dockrill**, australischer Orchidologe
Domingoa	Schlechter		nach dem Fundort, **Dominikanische** Republik
Doritis	Lindley	wird (manchmal) mit *Phalaenopsis* vereint	**Doritis** (gr.) nach dem Speer der Göttin Aphrodite
Dracula	Luer	von *Masdevallia*	**dracula** (lat.) kleiner Drachen
Dresslerella	Luer	von *Pleurothallis*	nach Robert **Dressler**, amerikanischer Orchidologe
Dryadella	Luer	von *Masdevallia*	**drya** (gr.) ein Baumnymphe, **ella** (gr.) Verkleinerungsform
Dyakia	Christensen	von *Ascocentrum*	**Dyak** (malay.) Ureinwohner Borneos
Embreea	Dodson	von *Stanhopea*	nach Alvin **Embree**, amerikanischer Orchideenliebhaber
Encyclia	Hooker	in *Hagsatera*	**enkyklein** (gr.) einschließen
Epidendrum	Linné	in *Anacheilium, Aulizia, Euchile, Hormidium, Nanodes, Oerstedella, Oestlundiana, Prostechea, Panarica*	**epi** (gr.) darüber, **dendron** (gr.) Baum
Epigeneium	Gagnepain	in *Dendrobium, Katherinea*	**epi** (gr.) auf, **geneion** (gr.) Wange, Kinn
Eria	Lindley		**erion** (gr.) Wolle
Eriopsis	Lindley		**Eria** (gr.) Gattung, **opsis** (gr.) sieht aus wie
Erycina	Lindley	von *Oncidium*	**Erycina** Liebesgöttin in Sizilien
Euanthe	Schlechter	*in Vanda*	**euanthes** (gr.) blühend, prächtig
Eulophia	R. Brown ex Lindley	vereint mit *Lissochilus*	**eu** (gr.) echt, wahr, **lophos** (gr.) Feder, Kamm
Eurychone	Schlechter	von *Angraecum*	**eury** (gr.) breit, **chone** (gr.) Trichter
Fernandezia	Ruiz & Pavon		nach Dr. Gregorio Garcia **Fernandez**, spanischer Botaniker
Flickingeria	Hawkes	von *Dendrobium*	nach Edward A. **Flickinger**, Freund des Beschreibers
Galeandra	Lindley		**galea** (lat.) Helm
Galeottia	A. Richard	wird auch als *Mendoncella* geführt	nach H. **Galeotti**, italienischer Botaniker
Gastrochilus	D. Don		**gaster** (gr.) Bauch, **cheilos** (gr.) Lippe
Gastrorchis	Schlechter	wird (häufig) mit *Phaius* vereint	**gaster** (gr.) Bauch, **orchis** (gr.) Orchidee
Gomesa	R. Brown	in *Rodriguezia*	nach Dr. Bernadino Antonio **Gomez**, portugiesischer Arzt und Botaniker
Gongora	Ruiz & Pavon		nach Don Antonio Caballero y **Gongora**, Vizekönig Kolumbien und Ecuador
Grammangis	Reichenbach f.	von *Grammatophyllum*	**gramma** (gr.) Zeichen, **angos** (gr.) Gefäß
Grammatophyllum	Blume		**gramma** (gr.) Zeichen, **phyllon** (gr.) Blatt
Grobya	Lindley		nach Lord Grey of **Grobyi**, englischer Orchideenliebhaber
Habenaria	Willdenow	in *Bonatea, Platanthera*	**habena** (lat.) Zügel, Peitsche
Haraella	Kudo		nach Mr. Yoshi **Hara**, Entdecker der Art
Helcia	Lindley	wird (manchmal) mit *Trichopilia* vereint	**helicum** (lat.) Kummet

Orchideen auf einen Blick (Fortsetzung)

Gattung	Autor	Abgespaltene Gattungen/ Auswahl an Synonymen	Bedeutung
Hexisea	Lindley	wird (manchmal) mit *Scaphyglottis* vereint	**hex** (gr.) sechs, **isos** (gr.) gleich
Holcoglossum	Schlechter	in *Vanda*	**holcos** (gr.) band, **glossa** (gr.) Zunge
Houlletia	Brongniart		Nach M. **Houllet**, dem französischen Sammler der Typus-Art
Huntleya	Lindley		nach J. T. **Huntley**, englischer Orchideenliebhaber
Ida	Ryan & Oakley	von *Lycaste*	unklar
Ionopsis	Kunth		**ion** (gr.) Veilchen, **opsis** (gr.) sieht aus wie
Isabelia	Barbosa Rodriguez		nach Donna **Isabel**, Comtessa d'Eu
Isochilus	R. Brown		**iso** (gr.) gleich, **cheilos** (gr.) Lippe
Jumellea	Schlechter	von *Angraecum*	nach Dr. Henry **Jumelle**, französischer Botaniker
Kefersteinia	Reichenbach f.		nach Herrn **Keferstein**, Freund von Reichenbach und Orchideenliebhaber
Kingidium	P. F. Hunt	wird (manchmal) mit *Phalaenopsis* vereint	nach Sir George **King**, Mitautor von „Orchids Of Sikkim Himalaya"
Koellensteinia	Reichenbach f.		nach Hauptmann Kellner von **Koellenstein**, Freund von Reichenbach
Lacaena	Lindley		
Laelia	Lindley	in *Sophronitis*	altrömischer Frauenname
Lanium	Lindley	von *Epidendrum*	**lana** (lat.) Wolle
Lemboglossum	Halbinger	von *Odontoglossum*, jetzt *Rhynchostele*	**lembos** (gr.) Boot, **glossa** (gr.) Zunge
Leochilus	Knowles & Westcott		**leios** (gr.) glatt, **cheilos** (gr.) Zunge
Lepanthes	Swartz	von *Pleurothallis*	**lepsis** (gr.) Schuppe, **anthos** (gr.) Blüte
Lepanthopsis	Ames	von *Pleurothallis*	**Lepanthes** Gattung, **opsis** (gr.) sieht aus wie
Leptotes	Lindley		**leptotes** (gr.) Zartheit, Zierlichkeit
Liparis	A. C. Richard		**liparos** (gr.) fett, glänzend
Lophiaris	Raffinesque	von *Oncidium*	**lophos** (lat) Helmbusch
Ludisia	A. Richard		unklar
Lueddemannia	Linden & Reichenbach f.		nach **Lueddemann**, Orchideenzüchter
Luisia	Gaudichaud		nach Don **Luis** De Torres, portugiesischer Botaniker
Lycaste	Lindley		**Lycaste**, Tochter des Priamus von Troja
Lycomormium	Reichenbach f.		**lykos** (gr.) Wolf, **mormo** (gr.) Kobold
Macodes	Lindley		**maktos** (gr.) lang
Macradenia	R. Brown		**makros** (gr.) lang, **aden** (gr.) Drüse
Macroclinium	Barbosa Rodriguez	wird manchmal mit *Notylia* vereinigt	**makros** (gr.) lang, **klinion** (gr.) kleines Bett
Malaxis	Swartz		**malaxis** (gr.) weichwerdend
Malleola	Smith & Schlechter		**malleolus** (lat.) kleiner Hammer
Masdevallia	Ruiz & Pavon		nach Dr. Jose **Masdevall**, spanischer Arzt und Botaniker
Mastigion	Garay, Hamer & Siegerist		Peitschenorchidee ?
Maxillaria	Ruiz & Pavon	in *Lycaste*, *Xylobium*	**maxilla** (lat.) Kiefer
Mediocalcar	J. J. Smith		**medius** (lat.) Mitte, **calcar** (lat.) Sporn
Meiracyllium	Reichenbach f.		**meirykyllion** (gr.) kleines Geschöpf
Mexicoa	Garay	von *Oncidium*	**mexicoa** (lateinisiert) aus Mexiko stammend
Mexipedium	Albert & Chase		**mexi** (latin.) Mexiko, **pedium** (lat.) Schuh
Microcoelia	Lindley		**micros** (gr.) klein, **kollia** (gr.) Hinterleib

Orchideen auf einen Blick (Fortsetzung)

Gattung	Autor	Abgespaltene Gattungen/ Auswahl an Synonymen	Bedeutung
Micropera	Lindley		**micro** (gr.) klein, **pera** (gr.) Sack
Microterangis	Schlechter ex Senghas	siehe *Chamaeangis*	**microter** (gr.) kleiner, **angis** (gr.) Gefäß
Miltonia	Lindley	in *Anneliesia, Miltonioides, Miltoniopsis*	nach Viscount **Milton**, engl. Orchideensammler
Miltoniopsis	Godefroy-Lebeuf	in *Miltonia*	**Miltonia** Orchideengattung, **opsis** (gr.) sieht aus wie
Mormodes	Lindley		**Mormo** (gr.) phantom, **eides** (gr.) sieht aus wie
Mormolyca	Fenzl		**Mormolyca** (gr.) Kobold
Myoxanthus	Poeppig & Endlicher	von *Pleurothallis*	**myoxus** (gr.) Siebenschläfer, **anthos** (gr.) Blüte
Myrmecophila	Rolfe	von *Schomburgkia*	**myrmex** (gr.) Ameise, **philos** (gr.) liebend
Mystacidium	Lindley	in *Aerangis, Angraecum*	**mystax** (gr.) Schnurrbart
Nageliella	L.O. Williams		nach Otto **Nagel**, der die Pflanzen gesammelt hat
Nanodes	Lindley	von *Epidendrum*, manchmal *Neolehmannia*	**nanodes** (gr.) zwerghaft klein
Neobathiea	Schlechter		nach Henri Perrier de la **Bathie**
Neobenthamia	Rolfe		nach George **Bentham**
Neofinetia	H. H. Hu		nach Achille **Finet**
Neodryas	Lindley		**neo** (gr.) neu, **dryas** (gr.) Waldnymphe
Neogardneria	Schlechter	von *Zygopetalum*	nach George **Gardner**
Neolauchea	Kraenzlin		**neo** (gr.) neu, **Lauche** Direktor des Bot. Gartens des Fürsten von Liechtenstein in Eisgrub
Neomoorea	Rolfe		nach F. **Moore**
Nervilia	Gaudichaud-Beaupre		**nervus** (lat.) geadert
Nidema	Britton & Millspaugh	von *Epidendrum*	Anagramm von Dinema
Notylia	Lindley	in *Macroclinium*	**neton** (gr.) Rücken, **tylon** (gr.) Buckel
Oberonia	Lindley		nach dem Elfenkönig **Oberon**
Octomeria	R. Brown		**octo** (gr.) **achtmeros** (gr.) Teil
Odontoglossum	Kunth	in *Amparoa, Aspasia, Cochlioda, Cuitlauzinia, Cyrtochilum, Gomesa, Lemboglossum, Maxillaria, Mesoglossum, Mesopinidium, Miltonia, Miltonioides, Miltoniopsis, Oliveriana, Oncidium, Osmoglossum, Otoglossum, Rossioglossum, Rhynchostele, Solenidiopsis, Symphyglossum, Ticoglossum*	**odonto** (gr.) Zahn, **glossa** (gr.) Zunge
Oeceoclades	Lindley		**oikeios** (gr.) privat, **klados** (gr.) Ast, Zweig
Oeonia	Lindley		**oionos** (gr.) Raubvogel
Oeoniella	Schlechter		Verkleinerung von **Oeonia**
Oerstedella	Reichenbach f.	von *Epidendrum*	nach Anders Sandoe **Oersted**
Onc – Barbata			
Onc – Cucullata		in *Caucaea*	
Onc – Cebolletae		in *Trichocentrum*	
Onc – Concoloria			
Onc – Crispa			
Onc – Cyrtochilum		in *Cyrtochilum*	
Onc - Excavata			
Onc – Heterantha			
Onc – Oblongata			
Onc – Oncidium		in *Tolumnia*	
Onc – Onusta		in *Zelenkoa*	

Orchideen auf einen Blick (Fortsetzung)

Gattung	Autor	Abgespaltene Gattungen/ Auswahl an Synonymen	Bedeutung
Onc – Planifolia			
Onc – Pulvinata			
Onc – Rostrata			
Onc – Stellata		siehe auch *Miltonia* und *Odontoglossum*	
Onc – Synsepala			
Ornithocephalus	Hooker	in *Sphyrastylis, Zygostates*	**ornithos** (gr.) Vogel, **kephale** (gr.) Kopf
Ornithochilus	(Lindley) Bentham	von *Aerides*	**ornithos** (gr.) Vogel, **cheilos** (gr.) Lippe
Ornithophora	Barbosa Rodrigues	manchmal vereint mit *Sigmatostalix*	**ornithos** (gr.) Vogel, **phoros** (gr.) tragend
Osmoglossum	Schlechter	von *Odontoglossum*	**osme** (gr.) Duft, **glossa** (gr.) Lippe
Otoglossum	(Schlechter) Garay & Dunsterville	von *Odontoglossum*	**otos** (gr.) Ohr, **glossa** (gr.) Zunge
Palumbina	Reichenbach f.	von *Oncidium*	**palumbina** (lat.) zu einer Taube gehörig
Panisea	(Lindley) Lindley	von *Coelogyne*	**pas** (gr.) alles, **isos** (gr.) gleich
Paphinia	Lindley		**Paphia** ist der Name der Aphrodite in Zypern
Paphiopedilum	Pfitzer		**Paphia** (gr.) Beiname der Venus, **pedilon** (gr.) Schuh
Papilionanthe	Schlechter	von *Vanda*	**papilio** (gr.) Schmetterling, **anthe** (gr.) Blüte
Papperitzia	Reichenbach f.	von *Leochilus*	nach **Papperitz**, Freund von Reichenbach
Paradisanthus	Reichenbach f.		**pardeisos** (gr.) Paradies, **anthos** (gr.) Blüte
Paraphalaenopsis	A. D. Hawkes	von *Phalaenopsis*	**para** (gr.) nahe, **phalaenopsis** Orchideengattung
Pecteilis	Rafinesque	wird (manchmal) mit *Habenaria* vereinigt	**pectein** (gr.) Kamm
Pelatantheria	Ridley		**pelates** (gr.) Nachbar, **anthera** (gr.) Anthere
Peristeria	Hooker		**peristerion** (gr.) Taube
Pescatoria	Reichenbach f.		nach **Pescatore** von Chateau Celle St. Cloud, Orchideenliebhaber
Phaius	Loureiro	wird (häufig) mit *Gastrorchis* vereinigt	**phaius** (gr.) grau, dunkelfarben
Phalaenopsis	Blume		**phalaina** (gr.) Falter, **opsis** (gr.) sieht aus wie
Phalaenopsis – Aphyllae		überschneidet sich mit *Kingidium*	
Pholidota	Lindley		**pholidotos** (gr.) Schuppe
Phragmipedium	Rolfe		**phragma** (gr.) Teilung, **pedium** (gr.) Pantoffel
Phreatia	Lindley	eine Sektion in *Octarrhena*	**phreatia** (gr.) Quelle, Brunnen
Phymatidium	Lindley		**phyma** (gr.) Geschwulst, **idium** (gr.) Verkleinerungsform
Physosyphon	Lindley	wird (manchmal) mit *Pleurothallis* vereinigt	**physa** (gr.) Blasebalg, **siphon** (gr.) Röhre
Platystele	Schlechter	wird (häufig) mit *Pleurothallis* vereinigt, in *Teagueia*	**platys** (gr.) breit, **stele** (gr. Säule)
Plectrelminthus	Rafinesque	von *Angraecum*	**plektron** (gr.) Sporn, **helminthion** (gr.) Wurm
Plectrophora	Focke		**plektron** (gr.) Sporn, **phorein** (gr.) tragend
Pleione	D. Don		**Pleione**, Mutter der Pleiaden der gr. Mythologie
Pleurothallis	R. Brown	in *Barbosella, Dresslerella, Myoxanthus Trichosalpinx*, etwa 90 weiteren Gattungen	**pleuron** (gr.) Lippe, **thallos** (gr.) kurz
Podangis	Schlechter	in *Listrostachys*	**podos** (gr.) Fuß, **angos** (gr.) Gefäß

Orchideen auf einen Blick (Fortsetzung)

Gattung	Autor	Abgespaltene Gattungen/ Auswahl an Synonymen	Bedeutung
Pollardia	Withner & Harding	von *Epidendrum*	nach **Pollard**, amerikanischer Orchideensammler in Mexiko
Polycycnis	Reichenbach f.	von *Braemia, Lueckelia*	**polys** (gr.) viel, **kycnos** (gr.) Schwan
Polyradicion	Garay	von *Polyrrhiza*	**polys** (gr.) viel, **radicion** (gr.) Wurzel
Polystachya	Hooker		**polys** (gr.) viel, **stachys** (gr.) Ähre
Pomatocalpa	Breda, Kuhl & Hasselt		**poma** (gr.) Tasse, **calpe** (gr.) Wanne
Ponthieva	R. Brown		Henri de **Ponthieu**, französischer Kaufmann
Porroglossum	Schlechter		**porro** (gr.) vorwärts, **glossa** (gr.) Zunge
Promenaea	Lindley		**Promeneia** (gr.) Priesterin von Dodona
Prosthechea	Knowles & Westcott	von *Epidendrum*	unklar
Psychilis	Rafinesque	von *Epidendrum*	**psyche** (gr.) Schmetterling, **cheilos** (gr.) Lippe
Psychopsiella	Lueckel & Braem	von *Oncidium*	**Psychopsis** Orchideengattung, **iella** (gr.) Verkleinerungsform
Psychopsis	Rafinesque	von *Oncidium*	**psyche** (gr.) Schmetterling, **opsis** (gr.) sieht aus wie
Pteroceras	Hasselt ex Hassk.		**pteron** (gr.) Feder, **keras** (gr.) Horn
Pterostylis	R. Brown	in *Oligochaetochilus*	**pteron** (gr.) Flügel, **stylis** (gr.) Säule
Rangaeris	(Schlechter) Summerhayes	von *Aerangis*	Anagramm von Aerangis
Renanthera	Loureiro		**renes** (gr.) Niere, **anthera** (gr.) Staubgefäß
Restrepia	Kunth	wurde (häufig) mit *Pleurothallis* vereinigt	nach Jose E. **Restrepo**
Restrepiopsis	Luer		**Restrepia** Orchideengattung, **opsis** (gr.) sieht aus wie
Rhyncholaelia	Schlechter	von *Brassavola*	**rhynchos** (gr.) Schnabel, **Laelia** (gr.) Orchideengattung
Rhynchostele	Reichenbach f.	von *Odontoglossum* (*Lemboglossum*)	**rhynchos** (gr.) Schnabel, **stele** (gr.) Säule
Rhynchostylis	Blume		**rhynchos** (gr.) Schnabel, **stele** (gr.) Säule, Orchideengattung
Rhytionanthos	Garay, Hamer & Siegerist	von *Bulbophyllum*	*small drinking horn flower* (engl.) kleine Trinkhorn-Blume
Robiquetia	Gaudichaud		nach Pierre **Robiquet**, französischer Chemiker
Rodriguezia	Ruiz & Pavon		nach Don Manuel **Rodriguez**, spanischer Botaniker und Apotheker
Rodrigueziella	O. Kuntze	aus *Hellerorchis, Theodorea, Gomesa, Mesopinidium*	nach Dr. Joao **Barbosa Rodrigues**, Botaniker
Rossioglossum	(Schlechter) Garay & Kennedy	von *Odontoglossum*	nach John **Ross**, englischer Orchideensammler
Rudolfiella	Hoehne		nach Rudolf **Schlechter**, deutscher Botaniker
Saccolabium	Blume	in *Abdominea, Acampe, Adenoncos, Aerides, Ascocentrum, Ascochilopsis, Ascoglossum, Cleisomeria, Cleisostoma, Dyakia, Gastrochilus, Grosourdya, Haraella, Holcoglossum, Hymenorchis, Malleola, Micrococlia, Micropera, Microsaccus, Omoea, Papillabium, Peristeranthus, Plectorrhiza, Pomatocalpa, Porrorhachis, Robiquetia, Rhynchostylis, Saccolabiopis, Sarcoglyphis, Schoenorchis, Smitinandia, Solenangis, Staurochilus, Trichoglottis, Tuberolabium*	**saccus** (lat.) Sack, **labium** (lat.) Lippe
Sarchochilus	R. Brown		**sarx** (gr.) Fleisch, **cheilos** (gr.) Lippe
Sarcoglottis	Presl		**sarx** (gr.) Fleisch, **glotta** (gr.) Zunge
Sarcoglyphis	Garay	Syn. *Sarcanthus*	**sarx** (gr.) Fleisch, **glyphis** (gr.) Schnitzerei
Sarcophyton	Garay	von *Cleisostoma* und *Sarcanthus*	**sarx** (gr.) Fleisch, **phyton** (gr.) Gewächs, Pflanze

Orchideen auf einen Blick (Fortsetzung)

Gattung	Autor	Abgespaltene Gattungen/ Auswahl an Synonymen	Bedeutung
Sauroglossum	Lindley		**sauros** (gr.) Eidechse, **glossa** (gr.) Zunge
Scaphosepalum	Pfitzer	z. T. von *Masdevallia*	**skaphe** (gr.) Schale, Schüssel, **sepalum** (lat.) Kelchblatt
Scaphyglottis	Poeppig & Endlicher	in *Cladobium, Hexadesmia, Hexisea, pachystele, Pseudohexadesmia, Sessilibulbum, Tetragamestus*	**skaphe** (gr.) Schale, **glotta** (gr.) Zunge
Scelochilus	Klotzsch		**skelos** (gr.) Bein, **chilos** (gr.) Lippe
Schlimmia	Planchon & Linden		nach Louis **Schlim**, Orchideensammler für Linden
Schoenorchis	Blume		**schoenos** (gr.) Schilf, Rohr, **orchis** (gr.) hier für Orchidee
Schomburgkia	Lindley	in *Myrmecophila*	nach Sir Richard **Schomburgk**, Naturforscher in British Guayana
Scuticaria	Lindley		**scutica** (gr.) Geißel
Seidenfadenia	Garay	von *Aerides*	nach Gunnar **Seidenfaden**, dänischer Botaniker
Sievekingia	Reichenbach f.		nach Dr. **Sieveking**, damals Bürgermeister von Hamburg
Sigmatostalix	Reichenbach f.	in *Ornithophora*	**sigma** (gr.) c-förmig, **stalix** (gr.) Pfahl
Smitinandia	Holttum	von *Ascocentrum* und *Saccolabium*	nach Tem **Smitinand**, thailändischer Botaniker
Sobennikoffia	Schlechter		nach der Schlechters Frau, einer geborenen **Sobennikoff**
Sobralia	Ruiz & Pavon		nach Dr. Francesco **Sobral**, spanischer Arzt und Botaniker
Sophronitis	Lindley	von *Laelia*	Verkleinerungsform von **Sophronia**, amerikanische Orchideengattung
Spathoglottis	Blume		**spatha** (gr.) Spatha, **glotta** (gr.) Zunge
Sphyrastylis	Schlechter		**sphyra** (gr.) Hammer, **stylis** (gr.) Säule
Spiranthes	L. C. Richard		**speira** (gr.) Spirale, **anthes** (gr.) Blume
Stanhopea	Hooker		nach Philip Henry **Stanhope**, Präsident der Medical-Botanical Society
Staurochilus	Ridley ex Pfitzer	in *Cleisostoma, Stauropsis*	**stauros** (gr.) Kreuz, **chilos** (gr.) Lippe
Stelis	Swartz	in *Humboldtia, Pleurothallis, Salpistele*	**stelis** (gr.) Säule
Stenia	Lindley		**stenos** (gr.) schmal
Stenocoryne	Lindley	wird (häufig) mit *Bifrenaria* vereinigt	**stenos** (gr.) schmal, **koryne** (gr.) Keule
Stenoglottis	Lindley		**stenos** (gr.) schmal, **glotta** (gr.) Zunge
Stenorrhynchos	L. C. Richard	wird (gelegentlich) mit *Spiranthes* vereinigt	**stenos** (gr.) schmal, **rhynchos** (gr.) Schnabel
Stereochilus	Lindley	von *Cleisostoma* und *Pomatocalpa*	**stereos** (gr.) fest, solide, **chilos** (gr.) Lippe
Sunipia	J. E. Smith	von *Bulbophyllum*, in *Ione*	nepalesischer Name für Orchidee?
Symphyglossum	Schlechter	in *Mesospinidium, Odontoglossum*	**symphein** (gr.) zusammengewachsen, **glossa** (gr.) Zunge
Tainia	Blume		**tainia** (gr.) Binde
Telipogon	Kunth		**telos** (gr.) Ende, **pogon** (gr.) Bart
Tetramicra	Lindley		**tetra** (gr.) vier, **micros** (gr.) klein
Thecostele	Reichenbach f.		**theke** (gr.) Kasten, **stele** (gr.) Säule
Thelymitra	J. & G. Forster		**thelys** (gr.) Weib, **mitra** (gr.) Kopfband
Thrixspermum	Loureiro		**thrix** (gr.) Haar, **spermum** (gr.) Samen
Thunia	Reichenbach f.		nach Graf von **Thun** Hohenstein

Orchideen auf einen Blick (Fortsetzung)

Gattung	Autor	Abgespaltene Gattungen/ Auswahl an Synonymen	Bedeutung
Ticoglossum	R. Lucas Rodriguez & Halbinger	von *Odontoglossum*	**tico** (span.) Einwohner Costa Ricas, **glossa** (gr.) Zunge
Tolumnia	Rafinesque	von *Oncidium*	**Tolumnius**, König von Veii in Etrurien (gest. um 428 vor Christus)
Trias	Lindley	wird (gelegentlich) mit *Bulbophyllum* vereinigt	**trias** (gr.) drei
Trichocentrum	Poeppig & Endlicher	in *Acoidium, Cohniella, Lophiaris, Hybochilus, Stilifoilum, Plectrophora*	**tricho** (gr.) Haar, **centron** (gr.) Sporn
Trichoceros	Kunth		**tricho** (gr.) Haar, **ceros** (gr.) Horn
Trichoglottis	Blume	wird (häufig) mit *Staurochilus* vereint	**tricho** (gr.) Haar, **glossa** (gr.) Zunge
Trichopilia	Lindley		**tricho** (gr.) Haar, **pilos** (gr.) Filz
Trichosalpinx	Luer	von *Pleurothallis*	**tricho** (gr.) Haar, **salpinx** (gr.) ???
Trichotosia	Blume	wurde (lange) mit *Eria* vereinigt	**trichotos** (gr.) behaart
Tridactyle	Schlechter	von *Angraecum*	**tri** (gr.) drei, **dactylos** (gr.) Finger
Trigonidium	Lindley		**trigonus** (gr.) dreikantig
Trisetella	Luer	von *Masdevallia*	**trisetus** (gr.) dreihaarig
Trudelia	Garay	von *Vanda*	nach Nikolaus **Trudel**, Schweizer Orchideenliebhaber
Tuberolabium	Yamamoto		**tuber** (lat.) Knolle, **labium** (lat.) Lippe
Vanda	Jones		**vanda** (sanskrit) für *Vanda tessellata*
Vandopsis	Pfitzer		**vanda** Orchideengattung, **opsis** (gr.) sieht aus wie
Vanilla	Miller		**vanilla** (span.) kleine Schote
Warmingia	Reichenbach f.		nach Prof. E. **Warming**, Begründer der Pflanzenökologie
Warrea	Lindley	von *Maxillaria*, Abspaltung in *Warreella*	nach Frederick **Warre**, Orchideensammler
Xylobium	Lindley		**xylon** (gr.) lang, **bios** (gr.) Leben
Zootrophion	Luer	von *Cryptophoranthus*	**zootrophion** (gr.) Menagerie
Zygopetalum	Hooker	in *Acacallis, Aganisia, Batemannia, Koellensteinia, Mendoncella, Neogardneria, Paradisanthus, Zygosepalum*	**zygon** (gr.) Kumt, **petalon** (gr.) Petale, Blütenblatt
Zygosepalum	Reichenbach f.	von *Zygopetalum*	**zygon** (gr.) Kumt, **sepalum** (gr.) Sepale, Blütenblatt

Buchtipps

BERT, ISABELLE, Orchideen im Haus. Das Katalogbuch zum Nachschlagen, Verlag Eugen Ulmer, Stuttgart, 2008.

BÜRGER, ALFONS, Orchideen für Wohnraum und Büro, Verlag Eugen Ulmer, Stuttgart, 2006.

ERFKAMP, JOACHIM, Orchideen-Handbuch, Franckh-Kosmos Verlag, Stuttgart, 2004.

PINSKE, JÖRN, Phalaenopsis, blv Verlag, München, 2007.

PINSKE, JÖRN, Orchideen für jeden, blv Verlag, München, 2005.

RITTERHAUSEN, BRIAN und WILMA, Das große Kosmos Buch der Orchideen, Franckh-Kosmos Verlag, Stuttgart, 2001.

RÖLLKE, LUTZ, Orchideen. Farbig–exotisch–pflegeleicht, Verlag Eugen Ulmer, Stuttgart, 2005.

RÖLLKE, LUTZ, Taschenatlas Orchideen, Verlag Eugen Ulmer, Stuttgart, 2008.

RONSE, ANNE, Orchideen. Verführung pur, Verlag Eugen Ulmer, Stuttgart, 2008.

WOLFF, MANFRED und GRUSS, OLAF, Orchideenatlas, Verlag Eugen Ulmer, Stuttgart, 2007.

Hilfreiche Adressen

Niederlausitzer Orchideen
Gärtnerei Lehradt
Hauptstr. 3
01983 Allmosen
ww.orchideen-lehradt.de

Großräschener Orchideen
Hans Joachim Wlodarczyk
W. Seelenbinder Str. 21
01983 Großräschen
www.orchideenwlodarczyk.de

Ulrich Seidel
Hauptstr. 119a
08115 Lichtentanne
www.orchideen-seidel.de

Orchideengarten Joachim Karge
Inh. Marei Karge
Bahnhofstr. 24
21368 Dahlenburg
www.karge-orchideen.de

Wilhelm Hennis
Große Venedig
31134 Hildesheim
www.hennis-orchideen.de

Röllke Orchideen
Lutz & Frank Röllke
Flößweg 11
33758 Schloß Holte-Stukenbrock
www.roellke-orchideen.de

Hans Lucke Orchideen
Inh. Jörg Fresonke
Bergschenweg 6
47506 Neukirchen-Vluyn
www.orchideen-lucke.de

Cramer Orchideen
Giselher Cramer
Zum Steiner 11
83489 Strub/Berchtesgarden
www.cramer-orchideen.de

Blumen Janke
Mackenbacher Str. 72
67685 Weilerbach/Pfalz
www.blumen-janke.de

Kopf Orchideen
Peter Kopf
Hindenburgstr. 15
94469 Deggendorf
www.orchideen-kopf.de

Currlin Orchideen
Inh. Franz Zeuner
Seeweg
97215 Uffenheim
www.currlin.com

Eisenheimer Orchideen
G. Krönlein & B. Wück
Marktplatz 11
97247 Eisenheim

Schwerter Orchideenzucht
Bergstr. 8
58239 Schwerte/Ruhr
www.schwerter-orchideenzucht.de

Orchids & more GbR
Orchideenzucht
Mayerbacherstr. 94
85737 Ismaning
www.orchideen.com

Sachregister

Pflanzenregister

Bildquellen
Alle Fotos bis auf die folgenden stammen vom Autor.

Baumbach, Dr. Norbert: 96 l.
Hauser, Steffen/botanikfoto: S. 6/7, 60/61
Karlbom, Mikael: S. 118 r., 162 l., 203 r.
Lucyk, Kyle: S. 125 l., 137 r., 151 r.
Luer, Carl: 148 r.
Paternotte, Jenny: 232 r.
Portilla, Alex; Ecuagenera.com: S. 78 r.
Reinhard, Hans: S. 15
Senghas, Karlheinz, Schweizerische Orchideenstiftung am Herbarium Jany Renz: 86 r., 235 r.
Strauß, Friedrich: S. 24/25
Ter Borch, Hermann: S. 8, 194 r.
Wolff, Manfred; Gruss, Olaf: S. 71 l.

Zeichnungen:
Flubacher, Helmuth: S. 10
Rost, Christian: S. 11

Die in diesem Buch enthaltenen Empfehlungen und Angaben sind vom Autor mit größter Sorgfalt zusammengestellt und geprüft worden. Eine Garantie für die Richtigkeit der Angaben kann aber nicht gegeben werden. Autor und Verlag übernehmen keine Haftung für Schäden und Unfälle. Bitte setzen Sie bei der Anwendung der in diesem Buch enthaltenen Empfehlungen Ihr persönliches Urteilsvermögen ein.

Bibliografische Information der Deutschen Nationalbibliothek
Die Deutsche Nationalbibliothek verzeichnet diese Publikation in der Deutschen Nationalbibliografie; detaillierte bibliografische Daten sind im Internet über http://dnb.d-nb.de abrufbar.

Das Werk einschließlich aller seiner Teile ist urheberrechtlich geschützt. Jede Verwertung außerhalb der engen Grenzen des Urheberrechtsgesetzes ist ohne Zustimmung des Verlages unzulässig und strafbar. Das gilt insbesondere für Vervielfältigungen, Übersetzungen, Mikroverfilmungen und die Einspeicherung und Verarbeitung in elektronischen Systemen.

© 2012 Eugen Ulmer KG
Wollgrasweg 41, 70599 Stuttgart (Hohenheim)
E-Mail: info@ulmer.de
Internet: www.ulmer.de
Lektorat: Antje Springorum
Herstellung: Silke Reuter
Umschlagentwurf: Freiraum K, Stuttgart
Satz: pagina GmbH, Tübingen
Druck und Bindung: Neografia a.s., Martin
Printed in Slovakia

ISBN 978-3-8001-7769-1

Aktuelle Informationen rund um Ihren Garten

In **Ulmers Gartenblog** Garten2Null informieren wir Sie **täglich** rund um das Thema **Garten & Pflanzen**, aber auch zu Randthemen wie Küche, Dekorieren & Ambiente und Basteln. Unsere Blogautoren sind u. a. **Autoren** des Ulmer Verlages sowie verschiedene **Gartenexperten** als Gastautoren. Mit unserem Pflanzenbilderrätsel an jedem Freitag und der Interviewreihe „Mein Garten“ können Sie aktiv unseren Blog mitgestalten.

Klicken Sie rein: www.Garten2Null.de

Außerhalb des Blogs sind wir auch in den sozialen Netzwerken aktiv. Besuchen Sie unsere **Facebook-Seite** unter **www.facebook.com/Gaertnern** und diskutieren Sie dort mit uns.

Ganz nah dran. Ulmer

Diese Bücher könnten Sie auch interessieren:

- Herkunft und Botanik der Orchideen
- Über 850 Fotos
- Mit Hinweisen zur Kultur und zur Pflege der Pflanze

Orchideenatlas.
Manfred Wolff, Olaf Gruss. 2007. 480 S., 867 Farbf., 20 Zeichn., geb. mit SU. ISBN 978-3-8001-3870-8.

- Über 1200 Pflanzen für Haus und Garten
- Pflanzenporträts mit den wichtigsten Erkennungsmerkmalen
- Standort- und Pflegeansprüche

1200 Garten- und Zimmerpflanzen. Martin Haberer. 3. Auflage 2012. 688 S., 1220 Farbf., 13 Zeichn., geb. ISBN 978-3-8001-7776-9

Ulmer www.ulmer.de